COLEÇÃO
Eu gosto
m@is

ENSINO FUNDAMENTAL

HISTÓRIA

8º
ano

Marlene Ordoñez
Lizete M. Machado

1ª EDIÇÃO
SÃO PAULO
2012

IBEP

Coleção Eu Gosto Mais
História – 8º ano
© IBEP, 2012

Diretor superintendente	Jorge Yunes
Gerente editorial	Célia de Assis
Editor	Pedro Cunha
Assistente editorial	Gabriele Cristine Barbosa dos Santos
	Ivi Paula Costa da Silva
	Juliana de Paiva Magalhães
Revisão	André Tadashi Odashuio
	Berenice Baeder
	Maria Inez de Souza
	Rhodner Paiva
Coordenadora de arte	Karina Monteiro
Assistente de arte	Marilia Vilela
	Tomás Troppmair
Coordenadora de iconografia	Maria do Céu Pires Passuello
Assistente de iconografia	Adriana Correia
	Wilson de Castilho
Cartografia	Mario Yoshida
	Heber Lisboa
Produção editorial	Paula Calviello
Produção gráfica	José Antonio Ferraz
Assistente de produção gráfica	Eliane M. M. Ferreira
Capa	Equipe IBEP
Projeto gráfico	Equipe IBEP
Editoração eletrônica	Tatiane Santos de Oliveira

CIP-BRASIL. CATALOGAÇÃO-NA-FONTE
SINDICATO NACIONAL DOS EDITORES DE LIVROS, RJ

O76h

Ordoñez, Marlene, 1941-
    História : 8º ano / Marlene Ordoñez, Lizete Mercadante Machado. - 1.ed. - São Paulo : IBEP, 2012.
    il. ; 28 cm   (Eu Gosto Mais)

    ISBN 978-85-342-3430-6 (aluno) - 978-85-342-3434-4 (mestre)

    1. História (Ensino fundamental) - Estudo e ensino. I. Machado, Lizete Mecadante. II. Título. III. Série.

12-5671.   CDD: 372.89
                                  CDU: 373.3.0162:930

10.08.12   17.08.12   038034

1ª edição – São Paulo – 2012
Todos os direitos reservados

EDITORA AFILIADA

Av. Alexandre Mackenzie, 619 – Jaguaré
São Paulo – SP – 05322-000 – Brasil – Tel.: (11) 2799-7799
www.ibep-nacional.com.br   editoras@ibep-nacional.com.br

Apresentação

Caro aluno

Este livro representa o nosso compromisso com a educação. Foi escrito para ajudar você a aprender a História de uma forma gostosa e envolvente.

Queremos que vivencie os fatos históricos, reflita sobre eles e compreenda-os, para assim entender o mundo real. Desse modo, propomos muitas atividades nas quais você terá de dar opiniões, estabelecer relações entre passado e presente, tirar conclusões.

Nosso objetivo mais importante é motivá-lo a olhar o nosso tempo e as forças sociais que nele atuam, conscientizando-se de seu papel como cidadão capaz de escrever a própria história.

Bons estudos!

As autoras.

Sumário

Há milhões de anos: os ancestrais do ser humano aparecem na Terra

Até pouco tempo atrás acreditava-se que o ser humano tinha aparecido há aproximadamente 3 milhões de anos. Descobertas recentes, entretanto, mostram que já existiam hominídeos – denominação usada pelos cientistas para os nossos antepassados – há pelo menos 4 milhões de anos.

Desde seu aparecimento na Terra, e durante o longo período até o presente, a humanidade foi acumulando conhecimentos e aperfeiçoando seus instrumentos. Aprendeu a utilizar e a produzir o fogo; desenvolveu formas de expressão oral; desenvolveu a agricultura, tornou-se sedentário; inventou a escrita; fundou civilizações que se organizaram, expandiram-se e entraram em declínio; aprimorou tecnologias... Enfim, desde sua origem, o ser humano jamais deixou de criar, de se relacionar em grupo, de fazer História.

Museu de Arqueologia Westfälisches, Herne, Alemanha, s.d.

Reconstituição científica do busto de *Homo erectus*.

AKG Images/LatinStock

Um modelo da cabeça do homem de Neanderthal criado por Maurice Wilson, do Museu de História Natural, Londres, Inglaterra.

Museu Neanderthal, Mettmann, Alemanha
Patrick Bernard/AFP/Getty Imagens/s.d.

Reconstituição científica do homem de Neanderthal.

Há diversas maneiras de estudarmos a trajetória humana no planeta. Os historiadores mais tradicionais usam, por exemplo, um acontecimento que consideram de extrema importância como marco divisor da evolução da humanidade: a invenção da escrita, ocorrida por volta do ano 4000 a.C. Todo o período anterior é denominado Pré-História, tudo que vem depois constitui a História. Essa divisão é atualmente, bastante criticada, porque carrega um preconceito: considera as sociedades letradas (que conhecem a escrita) superiores às não letradas. Na verdade, todas as sociedades são importantes, todas criam e desenvolvem modos de se relacionar em grupo, todas elas têm sua bagagem cultural, independente do domínio ou não da escrita. Portanto, a divisão em Pré-História e História deve ser utilizada apenas para fins didáticos, ou seja, deve ser empregada apenas para facilitar o estudo cronológico da humanidade.

Em razão da ausência de documentação escrita do período pré-histórico, para conhecê-lo, precisamos analisar os vestígios deixados nas cavernas e nas regiões ocupadas por grupos humanos daquela época: instrumentos, armas, restos de alimentos, fósseis etc.

Top Foto/Keystone/s.d.

Pintura rupestre encontrada na gruta de Lascaux, na França. O conjunto de representações de Lascaux é datado de aproximadamente 15 mil a.C.

Fumdham, s.d.

Pintura rupestre na Toca do Boqueirão da Pedra Furada, no Parque Nacional Serra da Capivara, Piauí.

Quem eram os primeiros seres humanos? Onde surgiram? Qual a sua aparência? Eram semelhantes a nós? Como viviam? Os primeiros ancestrais da espécie humana eram muito diferentes? Muitas mudanças ocorreram?

The Complete Work of Charles Darwin Online

Quem respondeu a essas perguntas foi um cientista chamado Charles Darwin, que viveu no século XIX. De acordo com ele, na natureza existiria uma **seleção natural** entre as espécies. Em cada uma delas, os grupos que tivessem características que os ajudassem a se adaptar melhor à natureza teriam mais chance de sobreviver e reproduzir-se. Assim, ao longo do tempo, as espécies vegetais e animais foram se transformando, ou evoluindo. Com o homem não poderia ser diferente.

TORRENTEGUY, Teófilo. *A Pré-História*. São Paulo: FTD, 1995. p. 11.
(Coleção Para conhecer melhor)

Charles Darwin, fotografado em 1881 por Elliot e Fritto.

Coleção particular/ASA7PPCOOL, s.d.

Ossos de um *Australopithecus africanus* (fêmea) encontrados perto do Lago Chade, na África, datado de aproximadamente 2,5 milhões de anos.

Segundo os pesquisadores, os primeiros hominídeos surgiram no continente africano. São conhecidos como *Australopithecus* ("macaco do sul") e não tinham mais do que um metro e meio de altura. Teriam surgido há cerca de 4,2 milhões de anos. Caminhavam sobre os dois membros inferiores, adquirindo, dessa forma, uma postura bípede. Viviam em pequenos bandos e conseguiam alimentos coletando frutos e raízes e caçando animais de pequeno porte.

Há aproximadamente dois milhões de anos, surgiu o *Homo habilis* ("homem habilidoso"). Seus fósseis foram encontrados, pela primeira vez, na África oriental. Seu cérebro era maior do que o do *Australopithecus* e ele foi o primeiro a produzir artefatos em pedra lascada, como machados de mão usados para cortar a carne dos animais mortos. O *Homo erectus* viveu entre 2 milhões e 400 mil anos. Seus fósseis mais antigos foram encontrados na África oriental e, mais tarde, também na Ásia e na Europa. Sua coluna vertebral era quase igual à do ser humano de hoje. Abrigava-se em cavernas; adaptou-se em diferentes regiões; fabricava raspadores, machados, facas de pedra; aprendeu a utilizar e a produzir o fogo. Intensificou a atividade de caça e, em busca de animais, migrava constantemente.

Há aproximadamente 300 mil anos, surgiu o *Homo sapiens* ("homem sábio"). Seus vestígios foram encontrados na Europa, na Ásia e na África. Depois foram descobertos na Europa fósseis do *Homo sapiens neanderthalensis*, que viveu há cem mil anos e é considerado o espécime mais próximo de nós. O homem de Neanderthal, como passou a ser conhecido, dedicava-se intensamente à caça, desenvolveu a arte rupestre e supõe-se que cultuava os espíritos. Possuía uma organização social e se comunicava pela linguagem falada.

A espécie à qual pertencemos, o *Homo sapiens sapiens*, surgiu há cerca de 100 mil anos. Seus vestígios foram encontrados em várias partes do mundo, inclusive na América e na Oceania.

Coleção particular/Kenya

Crânio do *Homo habilis*, em fotografia de 2005.

Museu Nacional, Rio de Janeiro, RJ, s.d.

Reconstrução do rosto de Luzia.

Quem foram os primeiros habitantes do território que hoje é o Brasil?

Até há pouco tempo, pressupunha-se que os habitantes das Américas teriam resultado de três ondas migratórias: uma de populações asiáticas, outra de grupos que teriam originado os chamados povos Na-Dene, que ocupam a porção noroeste da América do Norte, e outra que teria originado os esquimós. Mas a reconstituição da face de Luzia, alguns anos atrás, trouxe novas variáveis.

Recentemente Luzia foi apresentada ao grande público e apareceu estampada na capa de revistas famosas, no Brasil e no exterior. A partir de um crânio datado em 11500 anos e retirado de escavações feitas na região de Lagoa Santa (MG), foram modelados os tecidos musculares, a pele e os demais órgãos. E o resultado surpreendeu muita gente: Luzia apresenta, de fato, traços muito mais parecidos com os grupos que habitavam a África e a Austrália, do que com aqueles típicos nos grupos asiáticos.

Disponível em: <www.itaucultural.org.br/arqueologia/>. Acesso em: jun. 2012.

1 De acordo com os historiadores tradicionais, o que é a Pré-História? Que fatos marcaram seu início e seu fim? Discuta as implicações do uso desse termo com o professor e seus colegas, e depois escreva as suas conclusões abaixo.

_____

_____

_____

_____

_____

2 De que forma conhecemos os hominídeos daquela época?

_____

_____

_____

_____

Refletindo

3 Olhe com atenção as fotos da página 10, que mostram os crânios dos primeiros hominídeos, o *Australopithecus* e o *Homo habilis*. Compare com as reconstituições desses dois hominídeos, ao lado, e depois, converse com seus colegas sobre a aparência dos dois.

Tony Wirts/NPS, s. d.

Lillyundfreya Museu de Arqueologia Westfälisches, Herne, Alemanha

Escultura de uma reconstituição do *Australopithecus* feita por Tony Wirts.

Reconstituição do *Homo habilis* em fotografia de 2007.

4 Com base no texto sobre a descoberta do fóssil de Luzia, faça uma pesquisa, com o seu grupo, a respeito das teorias sobre o povoamento da América. Pesquise em jornais, revistas, enciclopédias, livros e na internet. Anote as informações mais importantes para conversar com os demais alunos.

5 Imagine que tenham pedido a você para fazer uma carta para as próximas gerações contando as principais realizações dos grupos humanos pré-histórico e as implicações dessas realizações para a espécie humana moderna. Tome como base as informações contidas na introdução do capítulo e complemente-as com informações extraídas de outras fontes: internet, livros e revistas. Depois escreva a carta e a exponha no mural da classe.

Paleolítico – A luta pela sobrevivência

A etapa compreendida entre o aparecimento do homem e a invenção da escrita é denominada tradicionalmente de Pré-História. Nesse período, o mais longo da vida da humanidade, ocorreram, lentamente, muitas mudanças, tendo início a história do homem.

Costuma-se dividir a Pré-História em dois períodos: o Paleolítico, mais antigo e de maior duração, também conhecido como o da Pedra Lascada, e o Neolítico, ou da Pedra Polida.

O Paleolítico inicia-se com o aparecimento do homem e termina com a Revolução Agrícola ou surgimento da agricultura. É um período bastante longo – compreendido entre 500 mil a 18 mil anos antes de Cristo – durante o qual a humanidade, superando grandes dificuldades, desenvolveu as habilidades que lhe permitiram, gradativamente, vencer o meio em que vivia.

Coleção particular/José Manuel Benito Álvarez

Utensílios de pedra (cutelos, bifaces, lâminas diversas) da região de Aquitânia, na França. A datação das peças varia de 150 mil a 35 mil a.C.

O hominídeo do Paleolítico conseguia alimentos com a caça, a pesca e a coleta de raízes e frutos. Ele era nômade, pois estava sempre à procura de regiões com mais animais e peixes. Abrigava-se em cavernas, onde se protegia do frio, das tempestades e dos ataques dos animais.

Inicialmente, para se defender, utilizava o que a natureza lhe oferecia: pedras e pedaços de madeira.

Aos poucos, foi criando mais condições de sobrevivência. Aprendeu a confeccionar **artefatos** de pedra lascada, como o furador e o raspador. Com os instrumentos que inventava, fazia outros: machadinha de madeira, arpão de osso, lanças e assim por diante.

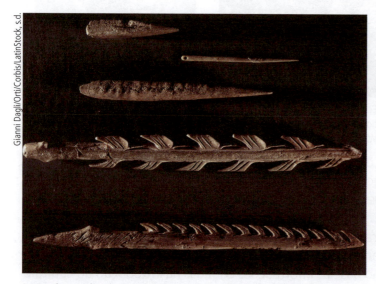

Gianni Dagli/Orti/Corbis/LatinStock, s.d.

Arpões de osso da cultura magdalenense, que se desenvolveu na França e no norte da Europa, 10000 a 9000 a.C.

Museu de Antiguidades Nacionais, St. Germain-en-Laye, França/The Bridgeman Art Library/Keystone, s.d.

Lâminas de sílex da cultura solutrense (França), 21000 a 17500 a.C.

O domínio do fogo foi uma importante conquista da humanidade. O fogo fornecia calor, protegia contra os animais e era usado para o endurecimento dos utensílios de barro; posteriormente, passou a ser utilizado para a preparação de alimentos. No princípio, os grupos humanos conservavam o fogo que encontravam naturalmente, mas então aprenderam a produzi-lo e assim suas chances de sobrevivência se ampliaram.

Os hominídeos do Paleolítico associavam-se em **hordas** pouco numerosas. Não havia a propriedade privada. Os bens pertenciam a todos e os trabalhos eram realizados coletivamente. Somente os instrumentos de trabalho, as vestimentas e os adornos eram propriedade individual.

No final do período Paleolítico, os instrumentos de pedra já estavam mais aperfeiçoados. Surgiram também as primeiras manifestações artísticas da humanidade: a **arte rupestre**. Nas paredes das cavernas, o ser humano desenhava animais, provavelmente com sentido mágico, para favorecer a caça. Supõe-se que ele acreditava que, pintando os animais, eles apareceriam durante a caçada.

Pintura rupestre na gruta de Lascaux na França. Detalhe do "painel" da chamada Sala dos Touros. Foto de 2002.

Pintura rupestre representando um bisão, na gruta de Altamira, na Espanha. A datação dessas imagens remonta a 17 mil anos.

Pinturas rupestres do sítio arqueológico da Serra da Capivara, no município de São Raimundo Nonato, no Piauí, têm de 6 mil a 12 mil anos, e foram descobertas em 1970 pela arqueóloga franco-brasileira NIède Guidon. As pinturas mostram pequenas figuras de homens e animais. Foto de 2007.

13

Neolítico – A Revolução Agrícola

Denomina-se Neolítico o período compreendido entre o aparecimento da agricultura, cerca de 12000 a.C., e a invenção da escrita (aproximadamente 4000 a.C.). A passagem do Paleolítico para o Neolítico é marcada pela Revolução Agrícola. O ser humano, começando a praticar a agricultura, deixa de ser coletor para se tornar produtor de alimentos. Dessa maneira, consegue exercer maior domínio sobre o meio natural.

O cultivo da terra gerou várias transformações. A humanidade adquiriu condições de sedentarização, pois a produção de alimentos lhe garantia uma forma mais segura de sobrevivência. Além disso, também podia estocá-los. Essa nova situação trouxe como resultado a melhora do padrão de vida, a diminuição da mortalidade, maior **longevidade** e, naturalmente, tornou possível um rápido aumento da população.

O ser humano procurou morar próximo aos lugares mais férteis para plantar, por isso passou a construir habitações nas margens dos rios e lagos, denominadas de palafitas.

Gradativamente, iniciou a atividade do pastoreio, com a finalidade de obter de alimentos e tração. Também passou a se dedicar a outras atividades, como a tecelagem, a cestaria e a cerâmica.

Mais tarde, por volta do sexto milênio a.C., iniciou a utilização dos metais. Primeiro foi usado o cobre, depois, o estanho. Em seguida, foram desenvolvidas as técnicas de fundição, que permitiram a obtenção de metais mais resistentes. Nosso ancestral então obteve o bronze da liga de cobre e estanho e fundiu o ferro.

Começou a existir uma divisão do trabalho. Enquanto os homens praticavam a caça e a pesca, às mulheres ficava reservado o papel de plantar e colher alimentos. Além disso, enquanto alguns cuidavam da terra, outros dedicavam-se ao artesanato, produzindo utensílios.

A produção começou a ser maior do que o consumo. Entretanto, o excedente, que deveria pertencer a todos, passou a ser apropriado por alguns, o que provocou o aparecimento da propriedade privada. A terra, o gado e os instrumentos de trabalho também passaram a ser propriedade de poucos, surgindo assim a desigualdade social.

Para garantir a propriedade, os donos das terras e dos instrumentos de trabalho estabeleceram leis e criaram o Estado, para garantir que fossem respeitadas. Nasceu o poder político propriamente dito. Algumas pessoas ficaram encarregadas da administração e outras, das tarefas militares.

O culto aos mortos e às forças da natureza favoreceu o aparecimento dos sacerdotes.

Inventou-se a escrita, tornando possível, a partir daí, o registro mais sistemático dos acontecimentos, a comunicação escrita, e assim por diante.

Gianni Dagli Orti/Corbis/Latinstock, s.d.

Mó neolítica: instrumento usado para triturar grãos.

Museu Arqueológico Neolítico, Tessalônica, Grécia/ Michael Greenhalgh, s.d.

Instrumentos de pedra polida e cerâmica de Olinto, Macedônia, do fim do período Neolítico – 4.000 a 3.000 a.C.

A história é um processo contínuo, mas, para facilitar seu estudo, foi feita uma divisão em quatro etapas ou idades: Antiga, Média, Moderna e Contemporânea. Essa divisão foi elaborada por historiadores europeus, que se basearam em acontecimentos particulares de seu continente. Não se pode imaginar, por exemplo, que todos os povos do planeta passaram por essas etapas ao mesmo tempo.

De acordo com essa divisão, a Idade Antiga estende-se da invenção da escrita até a queda do Império Romano do Ocidente, em 476. Desta data até 1453, com a queda de Constantinopla, capital do Império Bizantino (Império Romano do Oriente), tem-se a Idade Média. A Idade Moderna é o período que vai de 1453 até 1789, com o início da Revolução Francesa. A partir daí, até os dias atuais, tem-se a Idade Contemporânea.

ATIVIDADES

1 Leia o texto a seguir.

Os historiadores acostumaram-se a separar a coleta e a agricultura como se fossem duas etapas da evolução humana absolutamente diferentes e a supor que a passagem de uma a outra teria sido uma mudança repentina e revolucionária. Hoje, entretanto, sabe-se que esta transição se produziu de maneira gradual e matizada. Da etapa em que o homem era exclusivamente caçador-coletor, passou-se a outra em que ele começou a ter atividades de cultivo de plantas silvestres e de manipulação de animais. Porém, tudo isto era realizado como uma atividade complementar da coleta e da caça.

A passagem à agricultura será precedida pela "domesticação" de plantas e animais, que iniciará um processo de seleção artificial. Porém, a domesticação não é mais do que uma das condições da transição à agricultura, a qual só culmina quando se completar a obtenção de uma dieta que proporcione todos os elementos nutritivos necessários (cereais, carne, legumes) e que possibilite depender por completo do abastecimento de plantas e de animais domesticados. Os homens convertem-se, então, em sedentários, procuram aumentar a produção agrária com novos métodos (como a irrigação, que permite tornar a agricultura independente da meteorologia), criando as condições que possibilitarão o surgimento de cidades, da civilização e das primeiras formas de Estado.

FONTANA, Josep. *Introdução ao estudo da História Geral.* Bauru: Edusc, 2000. p. 105.

O texto faz uma crítica ao conceito de **Revolução Agrícola**. Que crítica é essa?

Refletindo

2 Leia a afirmativa a seguir. Ela está **incorreta**. Explique por quê.

No Paleolítico, os hominídeos viviam da caça e da pesca. Essas atividades lhes permitiram acumular riquezas, o que resultou no aparecimento da propriedade privada.

3 Palafitas, sedentarismo, agricultura, cerâmica e tecelagem são características de qual período da Pré-História?

_____

4 Compare o modo de vida do ser humano no período Paleolítico e no período Neolítico. Aponte o que permaneceu, de um período para o outro, e o que mudou.

_____

_____

_____

_____

_____

5 Na divisão de trabalho no período Neolítico, quais as tarefas da mulher? Na divisão de trabalho existente na nossa sociedade, a mulher ainda tem tarefas semelhantes?

_____

_____

_____

_____

_____

6 De acordo com o texto, no período Neolítico...

[...] a terra, o gado e os instrumentos de trabalho também passaram a ser propriedade de poucos. Com isso, surgiu a desigualdade social.

Reescreva a frase, de modo que quem a leia entenda que o texto trata da desigualdade social na nossa sociedade hoje. Sublinhe o que for diferente.

_____

_____

_____

_____

_____

7 Explique a seguinte afirmação:

A passagem de uma economia coletora, pescadora e caçadora para uma economia agrícola e de pastoreio implicou uma significativa transformação da vida humana.

_____

_____

_____

8 Explique como surgiu a desigualdade social e o Estado na Pré-História.

_____

_____

_____

Trabalhando em grupo

9 Temos uma série de necessidades que são as mesmas dos primeiros grupos humanos, como alimentação e abrigo. Temos outras, entretanto, que são próprias do nosso tempo e eram desconhecidas no passado mais remoto. Converse com o seu grupo:

a) Quais são algumas dessas necessidades?

b) Por que passamos a tê-las?

c) Todas elas são realmente essenciais para a nossa vida?

Agora, preencha o quadro abaixo.

Necessidades humanas na Pré-História	Necessidades humanas hoje
Obter alimentos na natureza	
Fabricar utensílios com pedra e madeira	
Encontrar abrigo em cavernas	

Pesquisando

10 Pesquise e discuta com seus colegas: quem é e o que faz um arqueólogo?

11 Faça uma pesquisa sobre os sítios arqueológicos brasileiros (quantos são, onde se localizam, que tipos de vestígios contêm) e sobre como esses locais são explorados e preservados no Brasil. Compare os problemas enfrentados pelos arqueólogos nacionais com aqueles enfrentados pelos arqueólogos que pesquisam a gruta de Lascaux, na França.

17

"O Egito é uma dádiva do Nilo"

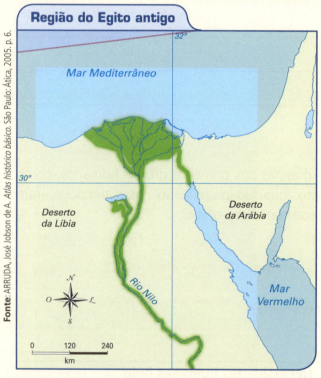

Região do Egito antigo

Mar Mediterrâneo

Deserto da Líbia

Deserto da Arábia

Rio Nilo

Mar Vermelho

0   120   240
km

Fonte: ARRUDA, José Jobson de A. *Atlas histórico básico*. São Paulo: Ática, 2005. p. 6.

O Rio Nilo fertiliza o nordeste da África, correndo por quase 7 mil quilômetros, até desaguar no Mar Mediterrâneo.

Localizada na Região Noroeste da África, a civilização egípcia destacou-se por volta dos anos 4000 a 500 a.C. Era um enorme oásis, cercado por desertos, com mais de mil quilômetros de comprimento, cortado pelo Rio Nilo. Nas águas desse rio havia boa variedade de peixes e aves aquáticas.

Nos trechos lodosos eram encontrados animais selvagens: patos, marrecos, codornas, grous; nas lagoas pantanosas viviam hipopótamos e jacarés. No vale, a vegetação era abundante, destacando-se o papiro, planta usada para fabricar uma espécie de papel. Para além das terras irrigadas pelo rio, havia apenas deserto. Toda a região do Delta do Nilo foi chamada de Baixo Egito. A área mais ao sul ficou conhecida como Alto Egito.

O Rio Nilo era também a grande via de transporte e de comunicação para os egípcios. Em suas águas trafegavam várias embarcações, que levavam mensageiros com as ordens do governo, peregrinos, comerciantes, famílias ricas a passeio, pescadores em barcos feitos com caules de papiro bem amarrados.

De junho a setembro, abundantes chuvas na cabeceira do Nilo provocavam enchentes em suas margens. Quando as águas voltavam ao volume normal, deixavam no vale um limo fertilizante que, em algumas regiões, chegava a atingir dez metros de espessura.

Graças à fertilidade do vale, a agricultura pôde ser amplamente desenvolvida, constituindo a base da economia egípcia. Eram cultivados cereais, oliveiras, alface, cebola, alho, uva, figo, linho etc. Os egípcios aprenderam a aproveitar as águas das enchentes do rio, construindo canais de irrigação e diques, o que lhes possibilitava aumentar a área de cultivo.

O Egito foi a mais conhecida sociedade africana na Antiguidade e teve intensa ligação tanto com as sociedades que se desenvolveram no Oriente quanto com aquelas do interior do continente africano.

Os antigos egípcios dividiam o ano em três estações de quatro meses cada uma. A primeira, que começava em junho, era a estação da cheia, uma época inquietante para todo mundo. Até que eles vissem a água subindo pelas margens do rio não podiam ter certeza de que Hapi, o deus do rio, ainda cuidaria do Egito. Quando a cheia atingia o auge, havia cerimônias de agradecimento.

A estação seguinte era o cultivo. As principais colheitas eram de trigo e cevada. Arar era fácil, já que a nova camada de lodo não tinha pedras nem ervas daninhas. Na época de as plantas começarem a brotar, o lodo estava seco e precisava de água. Todos os campos tinham uma vala ligada a um canal. A entrada dessa vala era aberta e a água fluía por ali.

A última estação era a da colheita. Nessa época, os agricultores aproveitavam para consertar os canais, que já estavam secos, preparando-os para a cheia seguinte.

FERREIRA, Olavo Leonel. *Como seria sua vida no Egito antigo*. São Paulo: Scipione, 1997. p. 26.

ATIVIDADES

1. Observe com atenção o mapa da página 18. Releia o texto. Imagine que você vivesse no Egito nos três milênios anteriores ao início da era cristã.
Escreva um texto, em primeira pessoa, falando da importância do Rio Nilo para o seu povo.

2. Com base no texto de Olavo Ferreira, destacado no boxe acima, escreva um pequeno texto sobre a agricultura egípcia. No seu texto, informe:
a) qual era a base da agricultura;
b) onde ela era desenvolvida;
c) como era possível aos egípcios ampliar a área de cultivo.

_____

_____

_____

_____

_____

3. Os egípcios dividiam o ano em três estações de quatro meses cada uma. Hoje, entre algumas sociedades, o ano está dividido em quatro estações. Faça um quadro comparativo entre a divisão do ano estabelecida pelos egípcios e a divisão atual. No quadro, informe:

a) quais são essas estações;

b) o início e o término de cada uma;

c) o que caracteriza cada uma.

4. Procure saber a importância, no Brasil, do Rio São Francisco e de seus afluentes para a população dos lugares por onde passa. Pesquise em livros, revistas e na internet. Destaque o debate recente sobre a transposição de suas águas. Compare a utilização e a importância desse rio para essas populações com a utilização e a importância do Nilo para os egípcios.

Vida política

Com o desenvolvimento da agricultura, aproximadamente em 5000 a.C., surgiram ao longo das margens do Rio Nilo aldeias agropastoris independentes, os **nomos**, cujos governantes, chamados **nomarcas**, eram, ao mesmo tempo, reis, juízes e chefes militares. Esse período da história egípcia é normalmente conhecido como período pré-dinástico. Apesar de independentes, os nomos reuniam-se com frequência para a execução de grandes obras de drenagem e construção de

Pinturas de uma das câmaras do templo de Ramsés II, em Abu Simbel, Egito, com várias inscrições em hieróglifos. Foto de 2004.

canais por meio do Rio Nilo. Por volta de 4000 a.C., os nomos foram reunidos, formando-se dois reinos: o Baixo Egito, no Delta do Nilo, e, mais ao sul, o alto Egito. Esses reinos mantiveram-se independentes por cerca de mil anos.

Entretanto, por volta de 3000 a.C., os dois reinos foram unificados, e teve início o chamado período dinástico do Egito antigo, que costuma ser dividido em: Antigo Império, Médio Império e Novo Império.

O Antigo Império

No Antigo Império, as capitais foram Tínis e Mênfis, e a forma de governo, a monarquia **teocrática**. O rei era denominado faraó, cujo caráter era divino, sendo considerado filho do deus Sol. O faraó tinha poder absoluto e atuava como chefe político, supremo legislador, juiz e sacerdote. Nessa época, o Egito não possuía exército permanente.

O faraó era auxiliado por ministros escolhidos entre os membros da alta nobreza. Os escribas – pessoas que sabiam ler e escrever – tinham funções administrativas, principalmente ligadas à cobrança de impostos. Esses impostos possibilitavam ao faraó acumular grandes riquezas e realizar obras, como a construção de pirâmides e templos.

As pirâmides mais conhecidas são as dos faraós Quéops, Quéfren e Miquerinos, na planície de Gizé; elas são guardadas pela Esfinge, enorme escultura com corpo de leão e cabeça humana.

As pirâmides de Gizé, no Egito, são consideradas uma das Sete Maravilhas do Mundo antigo. Suas construções datam de 2550 a.C. e levaram 20 anos para ficarem prontas. Foto de 2011.

Após um período de paz e prosperidade, por volta de 2300 a.C., o Antigo Império entrou em crise devido ao fortalecimento do poder dos nomarcas. Houve uma crise política, apenas solucionada por volta do ano 2000 a.C., quando os governantes da cidade de Tebas submeteram os nomos à sua autoridade.

O Médio Império

O Médio Império marcou o restabelecimento da monarquia nacional. A capital do Egito passou a ser a cidade de Tebas. Foram construídos muitos canais de irrigação e reservatórios de água; o território foi expandido com a conquista da Palestina e da Núbia (sul do Egito e parte do atual Sudão).

Por volta de 1750 a.C., o Egito foi invadido pelos hicsos, povo oriundo da Ásia. Eram militarmente superiores aos egípcios – possuíam armas mais eficientes e carros de guerra puxados por cavalos – e durante quase dois séculos mantiveram o domínio do território. Crises internas decorrentes dessa invasão marcaram o fim do Médio Império. Com a expulsão dos hicsos, em 1580 a.C., teve início uma nova fase, o Novo Império.

O Novo Império

O Novo Império estendeu-se até 525 a.C. e caracterizou-se pelo militarismo e imperialismo. Com um exército bem organizado, muitos faraós partiram para a conquista de vários povos e estenderam as fronteiras egípcias até o Rio Eufrates, na Mesopotâmia.

Na formação do Império Egípcio, destacaram-se os faraós Tutmés III e Ramsés II.

Gastos com as campanhas militares e com guerras internas acabaram por enfraquecer o Império Egípcio, favorecendo a invasão de diferentes povos. Os assírios invadiram o império em 670 a.C. e só foram expulsos em 653 a.C. Em 525 a.C., os persas, comandados por Cambises, venceram a Batalha de Pelusa e dominaram o Império, governando-o durante aproximadamente 200 anos.

Mais tarde, em 332 a.C., Alexandre Magno, da Macedônia, conquistou a região e, finalmente, em 30 a.C., os egípcios caíram nas mãos dos romanos.

Fonte: ARRUDA, José Jobson de A. *Atlas histórico básico*. São Paulo: Ática, 2005. p.6.

Veja, no mapa, as regiões dominadas pelos exércitos egípcios – Núbia, Palestina, Fenícia – durante o Novo Império.

A economia egípcia

A agricultura era a principal atividade econômica do Egito antigo. A pecuária não apresentou grande desenvolvimento; eram criados bois, asnos, burros, porcos, carneiros, cabras e aves, como patos e gansos. Também eram praticadas a caça e a pesca.

Durante o período de inundação do Nilo, os camponeses trabalhavam gratuitamente para os faraós, na construção de túmulos e templos.

O comércio interno realizava-se em mercados, onde os produtos eram expostos. O comércio externo era controlado pelo Estado e só teve início no Médio Império.

Museu do Louvre, Paris, França, s.d.

Detalhe de pintura mural do túmulo de Ounsou mostra trabalhadores agrícolas. Painel de aproximadamente 1479-1425 a.C.

Os egípcios faziam comércio com a Fenícia, a Ilha de Creta, a Palestina e a Síria. Exportavam trigo, cevada, tecidos e cerâmica; importavam madeiras, marfim e metais preciosos. Devido à ausência de moedas, as trocas eram diretas.

Eles também desenvolveram o artesanato e as manufaturas; produziam joias, móveis, armas, ferramentas, tecidos, enfeites, utensílios de vidro etc.

Caça e pesca

Os egípcios das aldeias caçavam animais selvagens nas redondezas e pescavam de barco, com lanças ou redes. Algumas vezes saíam para matar crocodilos ou, menos frequentemente, hipopótamos. Eles consideravam esses dois animais muito perigosos. Era importante também exterminar as pragas que ameaçavam as colheitas, principalmente os camundongos e os gafanhotos. Os egípcios criavam (e às vezes adoravam) gatos. Alguns, pertencentes a nobres esportistas, eram treinados para recolher os pássaros mortos com lanças. Os gatos matavam os ratos, mas nada podia defender os campos de uma invasão de gafanhotos. Se eles chegavam antes da colheita, como escreveu um poeta egípcio, os ricos ficavam preocupados, e cada homem era visto carregando armas. Assegurar-se de uma boa colheita era, pois, uma questão de vida ou morte.

MACDONALD, Fiona. *Egípcios antigos*. São Paulo: Moderna, 1996. p. 31. (Desafios).

O artesanato egípcio se organizava em dois níveis. Nas propriedades rurais e nas aldeias existiam oficinas que produziam tecidos grosseiros, vasilhas utilitárias, tijolo, artigos de couro, produtos alimentícios (pão, cerveja) etc. Já o artesanato de luxo, de alta especialização e qualidade excepcional — ourivesaria, metalurgia, fabricação de vasos de pedra dura ou de **alabastro**, **faiança**, móveis, tecidos finos, barcos, pintura e escultura etc. —, concentrava-se em oficinas mais importantes, pertencentes ao rei ou aos templos.

CARDOSO, Ciro Flamarion S. *O Egito antigo*. São Paulo: Brasiliense, 1982. p. 35. (Tudo é História).

Museu Calouste Gulbekian, Lisboa, Portugal, s.d.

Estatueta funerária esculpida em madeira representa um jovem em movimento de marcha.

A sociedade egípcia

Na sociedade egípcia havia rígida hierarquia entre as camadas sociais. A mobilidade social praticamente inexistia, pois as profissões, os cargos e as funções eram, na maior parte das vezes, transmitidos por herança.

A posição mais alta da hierarquia social era ocupada pelo faraó e sua família, geralmente muito numerosa, já que ele podia ter várias esposas e **concubinas**. Abaixo do faraó vinham os nobres, que ocupavam altos postos no governo e no exército. Seguiam-se os sacerdotes, considerados intermediários entre os deuses e os homens e que também se dedicavam às atividades intelectuais e científicas. Os nobres e os sacerdotes detinham grandes privilégios.

Em seguida, vinha a camada dos funcionários reais, destacando-se os escribas, aqueles que ocupavam altos postos militares, os artesãos especializados, os comerciantes e os militares. Na posição inferior da sociedade egípcia, estavam os não privilegiados e os trabalhadores braçais – artesãos e camponeses (chamados felás).

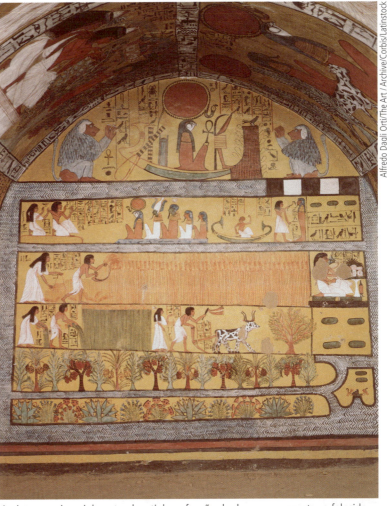

A pintura cerimonial em tumbas tinha a função de decorar, apresentar o falecido aos deuses e contar fatos de seu cotidiano. Na foto, pinturas na Tumba de Sennedjem, em Tebas, Egito.

Compunham a maioria da população e eram obrigados a entregar ao faraó parte de sua colheita, além de ter de pagar impostos aos nobres e sacerdotes. Também eram forçados a trabalhar nas construções de palácios, templos, canais de irrigação etc., e submetidos a castigos físicos.

A pequena camada dos escravos era formada por estrangeiros aprisionados nas guerras. Os escravos eram encarregados das tarefas domésticas ou dos trabalhos mais pesados.

Haremhab foi um general do exército sob o governo do rei Tutancâmon. Nesta escultura, escolheu ser retratado como um escriba, o que indica a importância do letramento no Egito.

23

Religião

Museu do Louvre, Paris, França, s.d.

Múmia do faraó Ramsés II, guardada em museu de Paris, França.

A religião desempenhou importante papel na vida dos egípcios e deixou marcas em quase todos os setores: nas artes, na literatura, na filosofia e até mesmo nas ciências. Os egípcios eram politeístas, com deuses antropomórficos e zoomórficos, dentre os quais se destacavam: Rá, Osíris, Ísis, Hórus. Certos animais eram considerados sagrados, como o gato, o crocodilo, o escaravelho, o boi.

Os egípcios acreditavam na imortalidade da alma e na sua volta para o mesmo corpo. Essa crença levou-os a desenvolver técnicas para a conservação dos corpos dos mortos. A mais sofisticada delas foi a mumificação ou embalsamamento, cujo processo completo era acessível apenas aos privilegiados. Junto do morto, eram colocados alimentos, armas, ferramentas etc., que, segundo a crença, seriam necessários quando ressuscitasse.

Acreditava-se também que a alma era julgada por um tribunal presidido pelo deus Osíris. Eram apresentadas as ações boas ou más do falecido, para julgar se ele merecia o castigo ou a salvação eterna. Seu coração era colocado num dos pratos de uma balança e, no outro, uma pena. Se os pratos se equilibrassem, sua alma estaria salva.

Durante o Novo Império, o faraó **Amenófis IV** fez uma reforma religiosa, impondo o monoteísmo. Aton, representado pelo disco solar, seria o único deus, e o próprio faraó mudou o seu nome para Akenaton. Essa reforma religiosa teve também caráter político, pois o faraó pretendia reduzir a autoridade dos sacerdotes. Entretanto, o monoteísmo teve curta duração, e o faraó seguinte, Tutancâmon, restaurou o politeísmo.

Museu Egípcio, Cairo, Egito

Máscara mortuária do faraó Tutancâmon, que morreu aos 19 anos, em 1324 a.C. Foto de 2002.

A escrita dos egípcios

Os egípcios possuíam três sistemas de escrita: o **demótico** (mais popular), o **hierático** (utilizado pelos sacerdotes) e o **hieroglífico** (mais complexo, utilizado pelos escribas). Em 1822, a escrita egípcia foi decifrada por Jean-François Champollion, graças a um bloco de pedra encontrado na região de **Roseta** pelos soldados de Napoleão Bonaparte, quando da campanha do Egito. Esse bloco trazia um texto em três escritas: hieroglífica, demótica e grega.

Pedra de Roseta, encontrada em 1799, na cidade de Roseta, perto de Alexandria, pelos soldados de Napoleão Bonaparte, general francês em campanha no Egito. Com base nas inscrições desta pedra, o linguista Jean-François Champollion decifrou a escrita hieroglífica dos antigos egípcios em 1822.

Poema egípcio escrito em um papiro, provavelmente de Mênfis, da época da 19ª dinastia (cerca de1204 a.C.). Esta é uma das primeiras peças da literatura egípcia lida por Jean-François Champollion (1790-1832), o pesquisador francês que decifrou os hieróglifos do Egito antigo. O manuscrito, em hierático, contém a cópia feita por um escriba do poema clássico "Os Ensinamentos do Rei Amenemhat I", criado sete séculos antes.

A decifração da escrita permitiu a tradução de textos que revelaram muito da história e do cotidiano do povo egípcio.

Por exemplo, as pessoas mais ricas compravam dos sacerdotes o Livro dos mortos, um conjunto de fórmulas mágicas escritas num papiro que facilitariam sua salvação após a morte. Ao estudar esses materiais, além descobrirem que a escrita já tinha uso comercial entre os egípcios, pesquisadores puderam conhecer melhor a religião desse povo.

Também ficaram conhecidos textos poéticos de grande sensibilidade.

Fragmento de um papiro do *Livro dos mortos* em que os desenhos representam o momento do julgamento da pessoa que morreu.

25

As artes e as ciências

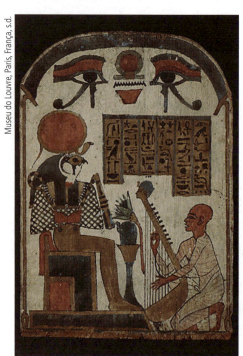

Museu do Louvre, Paris, França, s.d.

Os egípcios desenvolveram a arquitetura, a pintura e a escultura. Na arquitetura, destaca-se a construção de pirâmides, palácios e templos amplos e sólidos. A pintura e a escultura eram auxiliares da arquitetura. Na pintura, desconheciam a perspectiva, assim, as figuras eram representadas sempre de perfil.

Nas ciências, os egípcios desenvolveram a astronomia, a matemática e a medicina, que estavam voltadas para a resolução de problemas práticos do cotidiano, como o controle das inundações, a construção de canais de irrigação, o combate às doenças etc.

Estela (monumento de pedra) com representação de um músico que toca harpa diante do deus Rá. É um exemplo do estilo egípcio de pintura, em que as figuras são retratadas de perfil.

Britânicos buscam segredos da medicina dos faraós

Cientistas britânicos estão tentando desvendar os segredos dos remédios usados pelos egípcios há 5 mil anos. Uma equipe da Universidade de Manchester está viajando para a Península do Sinai, no Egito, para pesquisar como os egípcios adquiriam conhecimentos sobre remédios.

Eles vão comparar vestígios de plantas encontrados em tumbas milenares com espécies modernas de plantas da região e outras usadas por tribos – como os beduínos, por exemplo.

O projeto está sendo desenvolvido pelo KNH Centre for Biomedical Egyptology. O pesquisador Ryan Metcalf disse à BBC: "A medicina do Egito Antigo era incrivelmente avançada para a época. Várias coisas que eles usavam nós ainda usamos hoje."

Projeto de Biodiversidade

Segundo Metcalf, os egípcios usavam remédios naturais. Por exemplo, mascavam casca de salgueiro, que contém propriedades similares às da aspirina. Ou usavam mel para curar feridas.

O foco do projeto será tentar descobrir de onde vinha este conhecimento. Os cientistas sabem que havia extensas rotas comerciais ligando o Egito Antigo a outras regiões.

"É perfeitamente possível que tanto as plantas como o conhecimento para usá-las tenha sido negociado entre regiões e países", disse Metcalf. "Ao compararmos as receitas nos papiros médicos ao uso de plantas medicinais pelos povos beduínos nós esperamos poder determinar as origens da medicina faraônica", disse.

Os papiros, antecessores do papel, eram folhas de material laminado feitas de tiras finas da planta *Cyperus papyrus*. Os pesquisadores vão trabalhar em associação com o Projeto de Conservação das Plantas Medicinais Egípcias no Sinai.

O objetivo do projeto, que conta com a cooperação de beduínos locais, é preservar a biodiversidade da região.

BBC Brasil, 31 de janeiro de 2007.
Disponível em: <www.bbc.co.uk/portuguese/ciencia/story/2007/01/070130_medicinaegitopesquisamv.shtml>. Acesso em: jun. 2012.

1 Leia o texto a seguir.

A prática de embalsamamento no Egito antigo

Um conhecimento considerável da anatomia humana teria surgido da prática egípcia do embalsamamento. A preservação de todas as partes do corpo era assunto sério para um povo que acreditava na vida material após a morte. A ideia geral era de que, assim como o deus Osíris foi morto e esquartejado por Seti e surgiu outra vez quando seu corpo foi reunido, assim também um indivíduo ressurgiria quando os vários componentes de uma pessoa viva – alma, sombra, nome, coração e corpo – fossem reunidos outra vez. Quanto ao aspecto físico, não só essas partes tinham de ser cuidadosamente preservadas como o trabalho devia ser feito de modo suficientemente estético para atrair de volta os componentes espirituais.

Os métodos mais elaborados eram reservados às personagens reais, nobres, sacerdotes – enfim, às castas mais altas da sociedade – e envolviam algumas cirurgias. O cérebro, os intestinos e outros órgãos vitais eram retirados e, depois de lavados em vinho, colocados com ervas em vasos. As cavidades do corpo eram preenchidas com perfumes e resinas docemente aromáticas, e o corpo era, então, costurado. A seguir, imergiam-no em salitre por setenta dias e, então, era lavado e envolto em bandagens umedecidas em material viscoso. Finalmente, o corpo era colocado no sarcófago e selado.

Um método menos elaborado consistia em injetar óleo de cedro no cadáver, imergi-lo em salitre por setenta dias e, então, retirá-lo da solução, extrair o óleo e as partes carnosas, deixando apenas a pele e os ossos. Para os pobres, apenas os intestinos eram retirados, e o cadáver, coberto com salitre por setenta dias. Mas, com os dois primeiros métodos de tratamento, os embalsamadores adquiriram um grande conhecimento do corpo humano e esse conhecimento reunido a sua experiência cirúrgica resultou num acervo valioso de conhecimento de anatomia. Mas, ao que parece, isso não estimulou qualquer pesquisa sobre o funcionamento do corpo.

Adaptado de RONAN, Colin A. *História ilustrada da ciência*: das origens à Grécia. Rio de Janeiro: Zahar, 1987. V.1. p. 28-29.

a) Segundo o texto, por que a prática de embalsamamento era uma prática relevante no Egito antigo?

_____

_____

b) O embalsamamento era igual para todos os egípcios?

_____

_____

c) Em que a prática do embalsamamento ajudou no conhecimento científico dos egípcios?

_____

2 Relacione cada período dinástico do Egito antigo às informações correspondentes.

| Antigo Império |

| Construção de muitos canais de irrigação e reservatórios de água. |

| Considerava-se o rei, chamado de faraó, o filho do deus Sol, com poderes divinos. |

| Médio Império |

| Campanhas militares e guerras internas enfraqueceram o Império. |

| Novo Império |

| Período de construção das mais famosas pirâmides: Quéops, Quéfren e Miquerinos. |

| Capital do Egito passa a ser a cidade de Tebas. |

3 Sobre a economia no Egito antigo, marque as frases corretas abaixo e corrija aquelas que estiverem incorretas.

(   ) A agricultura era a principal atividade.

_____

_____

(   ) Os camponeses trabalhavam de graça para o faraó, durante o período de inundação do rio Nilo.

_____

_____

(   ) A criação de animais apresentou grande desenvolvimento também.

_____

_____

(   ) Os egípcios não gostavam de gatos e temiam os gafanhotos.

_____

_____

(   ) Os egípcios contavam com comércio interno em mercados e faziam trocas com Fenícia, Ilha de Creta, Palestina e Síria.

_____

_____

Refletindo

4 Leia o documento a seguir.

Ó senhor de todos! Rei de todas as casas. Nas decisões mais distantes fazes o Nilo celeste para que desça como chuva e açoite as montanhas, como um mar para regar os campos e jardins estranhos. Acima de tudo, porém, fazes o Nilo do Egito que emana do fundo da terra. E assim, com os teus raios, cuidas de nossas hortas. Nossas colheitas crescem, e crescem por ti [...]. Tu estás em meu coração. Nenhum outro te conhece, a não ser teu filho Akenaton.

a) Quem é o autor do texto?

_____

b) A quem ele está se dirigindo? E de que modo?

_____

_____

_____

_____

c) Relacione o documento ao conteúdo do capítulo.

_____

_____

_____

_____

5 Explique por que a mobilidade social era praticamente inexistente no Egito antigo.

_____

_____

_____

_____

6 Leia com atenção o seguinte texto sobre o cotidiano dos faraós:

A vida no palácio dos faraós

Os faraós e sua família viviam em meio a um tal luxo e conforto, que mesmo hoje causam admiração. Os palácios eram equipados com móveis de cedro, de ébano, revestidos às vezes de ouro e de marfim; os utensílios de uso diário eram também de qualidade superior, demonstrando a riqueza daqueles que os

29

possuíam, bem como a habilidade e perícia dos artesãos que os fabricavam. A presença de uma legião de servidores – criados, músicos, cantores, dançarinas e copeiros – colaborava ainda mais para tornar confortável a vida diária dos governantes do país. As caçadas e pescarias frequentes, a prática de jogos diversos contribuíam também para que fosse agradável o dia a dia dos "deuses vivos" que governavam o Egito e daqueles que com eles conviviam.

FERREIRA, Olavo Leonel. *Egito, terra dos faraós*. São Paulo: Moderna, 1993.

Agora, responda:

a) Na hierarquia social do Egito, qual a posição ocupada pelo faraó e sua família?

_____

_____

_____

b) Por que o autor do texto refere-se aos faraós como "deuses vivos"?

_____

_____

_____

7 Releia o item sobre "A escrita dos egípcios", deste capítulo. Observe também as gravuras.

a) Quando e como Jean-François Champollion conseguiu decifrar a escrita egípcia?

_____

_____

_____

b) Que característica tem a escrita dos papiros retratados na página 25?

_____

_____

_____

Pesquisando

8 Após a leitura do texto da página 26, faça uma pesquisa sobre o termo **biodiversidade**. Escreva um pequeno texto com sua opinião sobre como a preservação da biodiversidade proposta pelos cientistas mencionados no texto pode contribuir para a compreensão da medicina egípcia do passado e qual a importância dessa ação para a medicina do futuro.

A MESOPOTÂMIA

Vários povos, muitos conflitos

No Oriente Médio, onde hoje se localiza o Iraque, desenvolveu-se, por volta de 3500 a.C., a civilização mesopotâmica, contemporânea à civilização egípcia. A denominação de "Mesopotâmia", para a região compreendida entre os rios Tigre e Eufrates, foi dada pelos gregos antigos e significa "terra entre rios".

Fonte: KINDER, Hermann; HILGEMANN, Werner; HERGT, Manfred. *Atlas histórico mundial*. Madri: Akal, 2007.

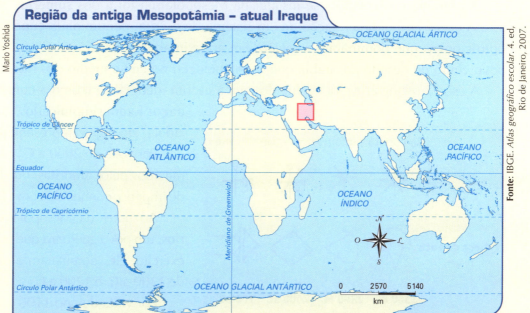

Fonte: IBGE. *Atlas geográfico escolar*. 4. ed, Rio de Janeiro, 2007.

Planisfério com destaque para a região do atual Iraque, onde, por volta de 3500 a.C., desenvolveu-se a civilização mesopotâmica.

Observe, no mapa da Antiguidade da página anterior, que o território da Mesopotâmia era cortado, no sentido norte-sul, por um extenso vale no qual correm os rios Tigre e Eufrates, que nascem nas montanhas da Armênia e desembocam no Golfo Pérsico. A leste, ficam os Montes Zagros, que separam a Mesopotâmia do Irã, e a oeste encontra-se o Deserto da Arábia. Essa situação geográfica estratégica desempenhou importante papel na história da Mesopotâmia.

Os antigos povos da Mesopotâmia davam nomes às regiões em que habitavam:

• a Suméria correspondia ao sul, próximo ao Golfo Pérsico.

• a Acádia ficava no centro, no curso médio dos rios.

• a Assíria localizava-se ao norte, próximo das nascentes dos rios.

Os rios Tigre e Eufrates sofriam períodos de cheias, que iniciavam em março, época em que o gelo das montanhas da Armênia começava a derreter. O aumento do volume das águas provocava inundações, principalmente no sul.

Quando as águas baixavam, muitas áreas se transformavam em **pântanos**.

Museu Britânico, Londres, Inglaterra, s.d.

Placa de argila com registros em pictogramas. Como a região da Mesopotâmia não possuía pedras ou madeira em abundância, os povos da região escreviam em pedaços de argila molhada, com estiletes feitos de cana, em forma de cunha (daí o nome de escrita cuneiforme.)

Os mesopotâmicos desenvolveram um complexo sistema hidráulico para dessecar os pântanos e armazenar água para o período das secas. Com essas medidas e a construção de diques e canais de irrigação, tornou-se possível o desenvolvimento da agricultura e do pastoreio.

A região da Mesopotâmia estava menos isolada do que o Egito. Consequentemente, diferentes povos atravessavam-na ou nela se instalavam como conquistadores. Por isso, nessa região, sucederam-se grandes impérios e sua história é agitada e sangrenta.

A primeira civilização a se instalar na Mesopotâmia foi a dos **sumérios**, por volta de 3 mil a.C. A eles é atribuída a criação de um sistema de escrita, denominada **cuneiforme**, usado pelos outros povos que dominaram a região. Em aproximadamente 2550 a.C., foi a vez dos **acádios**, povo vindo do deserto da Arábia que se estabeleceu no curso médio dos rios.

A escrita pictográfica foi evoluindo para a escrita ideográfica (como a cuneiforme), na qual os traços foram simplificados, guardando apenas a "ideia" do objeto representado.

Por volta de 2000 a.C., os acádios foram dominados pelos **amoritas**, que fundaram um grande império, conhecido como **Império Babilônico**.

Ao norte da Mesopotâmia, viviam os **assírios**, um povo guerreiro que possuía um poderoso exército. Eles dominaram a região entre os anos de 1300 a.C. e 1200 a.C.

Por volta do ano 1100 a.C., os **caldeus** fizeram renascer o Império Babilônico e passaram a controlar a Mesopotâmia.

BATALHA, Elisa. *O abecê da escrita*. Disponível em: <www.invivo.fiocruz.br/cgi/cgilua.exe/sys/start.htm?infoid=911&sid=7>. Acesso em: jun. 2012.

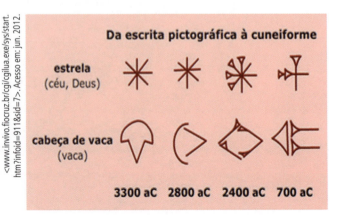

Da escrita pictográfica à cuneiforme

	3300 aC	2800 aC	2400 aC	700 aC
estrela (céu, Deus)				
cabeça de vaca (vaca)				

A escrita cuneiforme desenvolveu-se a partir de representações simples de fenômenos e elementos da natureza.

32

1 Tanto a civilização egípcia, sobre a qual vimos no capítulo anterior, quanto a civilização mesopotâmica desenvolveram-se nas margens de rios, por isso, são também conhecidas como civilizações hidráulicas. Explique por que os rios são importantes para essas civilizações.

_____

_____

_____

_____

_____

2 Na Mesopotâmia antiga, quais foram as técnicas utilizadas que possibilitaram o aumento na quantidade e na qualidade das colheitas?

_____

_____

_____

3 Por que a situação geográfica desempenhou papel importante na história da Mesopotâmia?

_____

_____

_____

_____

4 Leia o texto abaixo de Denize e Oscar Aquino, e depois responda ao que se pede.

Teoricamente, os deuses eram proprietários da terra da cidade. Na prática, a maior parte dessas terras era entregue aos camponeses. Cada família recebia um lote de terra de dimensões variáveis para cultivar e, pelo seu uso útil, devia entregar ao templo uma parte da colheita. A outra parte das terras, "propriedade pessoal" do templo, era cultivada por assalariados (recebiam o pagamento em produtos, como cevada) ou arrendatários (que também pagavam como renda uma fração da produção obtida).

AQUINO, Denize; AQUINO, Oscar. *História das sociedades.* Rio de Janeiro: Ao Livro Técnico, 1999.

a) Os camponeses recebiam lotes de terra. A produção pertencia totalmente a eles? Explique.

_____

_____

_____

b) Quem cultivava as terras que eram propriedade do templo na antiga Mesopotâmia?

_____

_____

_____

c) Por que os autores afirmam que, teoricamente, os deuses eram proprietários das terras?

_____

_____

_____

Refletindo

5 Observe as imagens da página 32. Leia com atenção a legenda. Compare a escrita mesopotâmica com a escrita egípcia, na página 25 e converse com os colegas sobre o que observaram.

6 Desenhe no planisfério a seguir:

a) O Egito e a Mesopotâmia.

b) Os rios que banham essas regiões.

Mapa-múndi com divisão em continentes

Mario Yoshida

Fonte: IBGE. *Atlas geográfico escolar.* 4. ed. Rio de Janeiro, 2007.

Os sumérios

Os povos que dominaram a Mesopotâmia conseguiram constituir grandes impérios, dominando povos vizinhos.

Os sumérios são considerados os primeiros povoadores da Mesopotâmia. Estabeleceram-se ao sul da região (Baixa Mesopotâmia), onde havia pântanos e desertos, por volta do ano 3000 a.C. Organizaram-se em cidades-estados, ou seja, cidades que tinham autonomia política, econômica e religiosa. As principais foram Ur, Uruk, Lagash e Nippur que eram governadas pelo **patesi**, representante do deus local, chefe religioso, militar e político.

Zigurate construído pelos cassitas na cidade de Dur-Kuringalzu, atual Agar-Quf, no Iraque.

Em cada cidade havia um **zigurate**, uma construção em forma de pirâmide truncada que, funcionava como centro político, administrativo e econômico. Nele eram depositadas as riquezas que a cidade acumulava. Possuía armazéns, celeiros e oficinas, onde trabalhadores especializados fabricavam pão, cerveja, tecidos, objetos de madeira, cerâmica e metal.

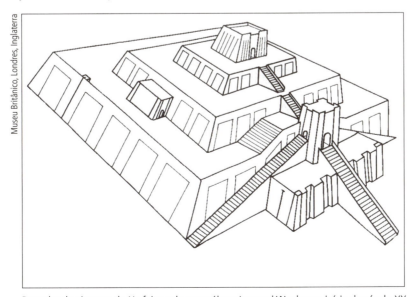

Desenho do zigurate de Ur, feito pelo arqueólogo Leonard Wooley no início do século XX.

Também era o local onde viviam os arquitetos, responsáveis por planejar os canais de irrigação, os palácios e as residências, e os escravos. No topo do zigurate havia um templo dedicado à principal divindade.

A base econômica das cidades era a agricultura. Para a irrigação da terra, eram construídos canais.

Os babilônios

Os amoritas, também conhecidos como babilônios, fixaram-se ao norte da Suméria e transformaram a Babilônia na capital de seu Império. Para essa cidade, convergiam muitas rotas comerciais do Oriente Próximo.

Um dos mais importantes reis babilônicos foi Hamurábi (c. 1810 a 1750 a.C.) que impôs seu domínio sobre as demais cidades-estados da Mesopotâmia, originando o **Império Babilônico**.

Hamurábi governou de forma absoluta e elaborou o primeiro código de leis escritas que a História registra, baseado na chamada pena de Talião: "**Olho por olho, dente por dente**". Por esse código, as pessoas que tinham posição social privilegiada recebiam tratamento diferenciado.

Conheça alguns artigos do Código de Hamurábi

8º Se alguém rouba um boi ou uma ovelha ou um asno ou um barco, se a coisa pertence ao Deus ou à Corte, ele deverá dar trinta vezes tanto; se pertence a um liberto, deverá dar dez vezes tanto; se o ladrão não tem nada para dar, deverá ser morto.

53º Se alguém é preguiçoso no ter em boa ordem o próprio dique e não o tem, e em consequência se produz uma fenda no mesmo dique e os campos da aldeia são inundados d'água, aquele, em cujo dique se produziu a fenda, deverá **ressarcir** o trigo que ele fez perder.

Detalhe do texto escrito do Código de Hamurábi.

Museu do Louvre, Paris, França

54º Se ele não pode ressarcir o trigo, deverá ser vendido por dinheiro juntamente com os seus bens, e os agricultores de quem o trigo foi destruído dividirão entre si.

55º Se alguém abre o seu reservatório d'água para irrigar, mas é negligente e a água inunda o campo de seu vizinho, ele deverá restituir o trigo conforme o produzido pelo vizinho.

195º Se um filho espanca seu pai, se lhe deverão decepar as mãos.

196º Se alguém arranca o olho a um outro, se lhe deverá arrancar o olho.

199º Se ele arranca um olho de um escravo alheio, ou quebra um osso ao escravo alheio, deverá pagar a metade de seu preço.

Disponível em: <www.culturabrasil.org/zip/hamurabi.pdf>. Acesso em: jun 2012.

Com a morte de Hamurábi, seus sucessores enfrentaram diversas revoltas e invasões dos cassitas e hititas, e viram o Império ruir. Os povos invasores só foram expulsos por volta de 1150 a.C. pelos assírios, que passaram a ter o controle da região.

Os assírios

Os assírios, dedicados principalmente à agricultura e ao pastoreio, viviam no norte da Mesopotâmia. Sua principal cidade era Assur, às margens do Rio Tigre.

Os reis assírios, a partir do século VIII a.C., começaram a expandir seu território, militarizando o Estado. Os exércitos assírios eram superiores aos dos demais povos – usavam armas de ferro, carros de guerra e cavalos –, e, pela crueldade com que tratavam os povos vencidos, eram muito temidos. Conquistaram várias regiões, incluindo a Babilônia, a Síria, a Fenícia, o reino de Israel, o Egito e o Elam, formando um vasto Império. A primeira capital foi Assur e a segunda, Nínive.

A muralha da China começou a ser construída em 221 a.C. e levou mais de dois milênios para ficar pronta, sendo concluída apenas no século XV. Foto de 2011.

No Império Assírio, havia uma brutal exploração dos povos vencidos, apoiada em uma política de terror. Esses povos tinham suas riquezas pilhadas pelos guerreiros assírios, que contavam com o apoio dos reis.

No reinado de Assurbanípal (c. 668 a 627 a.C.), foi construída a Biblioteca de Nínive, com mais de 22 mil tabletes de argila contendo grande parte da literatura mesopotâmica, conhecimentos de astronomia etc.

Constantes rebeliões dos povos dominados provocaram a decadência do Império Assírio. Em 612 a.C., os caldeus, provenientes do sul da Mesopotâmia, comandados por Nabopolassar, cercaram e destruíram Nínive.

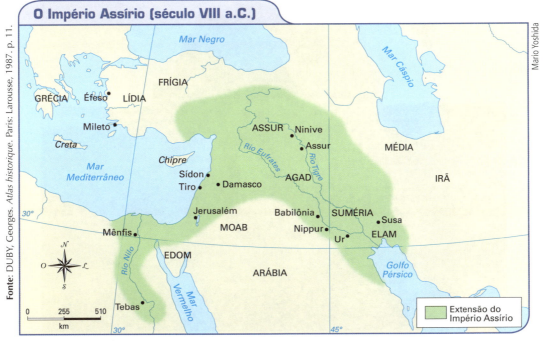

Observe a extensão máxima atingida pelo Império Assírio. Seu apogeu ocorreu nos reinados de Sargão II, que conquistou o reino de Israel; Senaqueribe, que tomou a Síria e destruiu a Babilônia; e Assurbanípal, que invadiu o Egito e tomou a cidade de Tebas.

Os caldeus

Entre os anos de 616 e 539 a.C., a cidade da Babilônia voltou a se destacar na Mesopotâmia. Com a derrota dos assírios, teve início o **Segundo Império Babilônico** ou **Novo Império Babilônico**, que compreendia toda a Mesopotâmia, a Síria, a Palestina e o Elam. A Babilônia se tornou um importante centro comercial e cultural do Oriente Próximo.

O apogeu do império caldeu ocorreu durante o governo do rei Nabucodonosor (c. 632 a 562 a.C.). Nesse período, foram feitas inúmeras construções públicas, entre elas, os Jardins Suspensos, considerados pelos gregos uma das maravilhas do mundo, e um zigurate com 215 metros de altura, conhecido como Torre de Babel.

Os caldeus dominaram também a Síria e o Reino de Judá, fazendo os hebreus prisioneiros. Esse episódio ficou conhecido como Cativeiro da Babilônia.

Após a morte de Nabucodonosor, lutas internas levaram ao enfraquecimento do Império, que foi dominado por Ciro, rei da Pérsia, em 539 a.C.

Religião, artes e ciências

Os povos da Mesopotâmia eram politeístas e acreditavam que seu mundo era controlado por deuses e deusas, demônios e monstros. Havia uma centena de deuses responsáveis por tudo no mundo, desde os rios e árvores até a fabricação do pão e da cerâmica.

Cada cidade era protegida por seu próprio deus ou deusa e sua família. Grandes templos foram construídos no centro das cidades para que os deuses vivessem neles e para que os sacerdotes os louvassem por meio de rituais especiais. Havia, também, pequenos templos espalhados por toda a cidade, onde as pessoas podiam fazer oferendas.

Museu de Kunsthistorisches, Viena, Áustria, s.d.

A Torre de Babel, por Pieter Brueghel (1525-1569), século XVI. A primeira evidência do zigurate da Babilônia encontra-se em textos datados por volta de 700 a.C. O zigurate é descrito na Bíblia, 150 anos depois, como "A Torre de Babel".

Baixo-relevo do palácio de Assurbanípal, em Nimrud (antiga Kalhu), norte do Iraque, de cerca 883-859 a.C. Retrata uma caçada a leões, esporte típico da realeza. De acordo com relatos escritos, Assurbanípal teria matado um total de 450 leões ao longo de sua vida.

Os demônios, com corpos humanos e cabeças de pássaros ou outros animais, foram criados pelos deuses e podiam ser tanto ruins quanto bons. Os sumérios acreditavam em deuses de origem cósmica – Anu (rei do céu), Enhol (rei da Terra) e Ea (rei do oceano) – e deuses astrais – Shamash (o Sol), Sin (a Lua) e Ishtar (o planeta Vênus).

Marduque, deus do comércio e protetor da cidade da Babilônia, quando do apogeu do Império Babilônico, foi elevado à condição de principal deus da Mesopotâmia.

Os assírios adotaram os deuses sumérios, mas praticavam sacrifícios humanos, principalmente de crianças, para acalmar os demônios que habitavam a Terra.

Os caldeus acreditavam que a vida das pessoas era influenciada pelos astros. Por isso, os sacerdotes estudavam astrologia e elaboravam horóscopos.

As artes e as ciências da Mesopotâmia foram fortemente influenciadas pela religião. A arte mais desenvolvida foi a arquitetura, que era grandiosa e luxuosa. Na escultura, destacaram-se os baixos-relevos assírios. Sua temática eram cenas de guerra, de caça e atividades sagradas.

Nas ciências, os mesopotâmicos se destacaram na Matemática e na Astronomia. Dividiram o ano em 12 meses, a semana em 7 dias, a hora em 60 minutos, e o minuto em 60 segundos; previram eclipses; dividiram o círculo em 360 graus.

Imagem do deus Enlil, um dos mais importantes da Mesopotâmia. Enlil era o protetor da cidade de Nipur, onde reis de toda a Mesopotâmia iam prestar-lhe homenagens. É o deus responsável por guardar as "tábuas do destino", nas quais ele escreve o destino de todos os seres da Terra.

1 Leia com atenção os textos a seguir e observe com atenção a imagem da página 38.

[...] uma torre maciça com o comprimento e a largura de um estádio [cerca de 180 m]; no topo dessa torre foi construída outra, e no topo dessa ainda outra, e assim sucessivamente até completar oito torres; a rampa de acesso é construída externamente, em espiral em torno de todas as torres. Na última torre há um grande templo... (Heródoto, historiador grego, nascido no séc. V a.C., escreveu esse relato depois de uma visita à Babilônia.)

In: *História*. Brasília: UnB, 1988.

Toda a terra tinha uma só língua, e servia-se das mesmas palavras. Alguns homens, partindo para o oriente, encontraram a terra de Senaar*, uma planície onde se estabeleceram. E disseram uns aos outros: "Vamos, façamos tijolos e cozamo-los no fogo". Serviram-se de tijolos em vez de pedras, e de betume** em lugar de argamassa***. Depois disseram: "Vamos, façamos para nós uma cidade e uma torre cujo cimo atinja os céus. Tornemos assim célebre o nosso nome, para que não sejamos dispersos pela face de toda a terra". Mas o Senhor desceu para ver a cidade e a torre que construíam os filhos dos homens. "Eis que são um só povo, disse ele, e falam a mesma língua [...]. Vamos: desçamos para lhes confundir a linguagem, de sorte que já não se compreendam um ao outro". Foi dali que o Senhor os dispersou daquele lugar pela face de toda a terra, e cessaram a construção da cidade. Por isso deram-lhe o nome de Babel****, porque ali o Senhor confundiu a linguagem de todos os habitantes da terra, e dali os dispersou sobre a face de toda a terra.

* Senaar: região ao sul da Mesopotâmia, habitada pelos babilônicos.
** betume: mistura de minerais, escura e viscosa, que se usa para vedar a água.
*** argamassa: mistura de cimento.
**** Babel: palavra ligada ao verbo "balal": misturar, confundir.

Gênesis, 11: 11-9. *Bíblia Sagrada*. São Paulo: Ave Maria, s.d.

a) Considerando os dois fragmentos anteriores como fontes para a História, quais as informações que eles nos dão sobre a arquitetura babilônica?

_____

_____

_____

_____

b) Faça agora a análise da pintura de Pieter Brueghel, considerando a época em que a obra foi feita e, de acordo com os textos, o que o pintor quis retratar.

_____

_____

_____

_____

2 Converse com os colegas de classe sobre os artigos do Código de Hamurábi transcritos na página 36:

a) Que grupos sociais são citados nos artigos?

b) De que forma se evidencia, por esses artigos, o tratamento diferenciado dado às camadas privilegiadas da sociedade?

c) Vocês acham que, na nossa sociedade, as camadas privilegiadas também recebem tratamento diferenciado? Por quê?

d) Que relação podemos estabelecer entre o código, as condições geográficas e a economia mesopotâmica?

e) Qual é a sua opinião sobre esse código?

3 Leia a notícia a seguir.

Bagdá

O famoso tesouro de Nimrud, desaparecido há dois meses em Bagdá, foi encontrado. Cerca de 50 itens, do Museu Nacional do Iraque, estavam desaparecidos desde os saques que seguiram à invasão de Bagdá pelas forças da coalizão anglo-americana.

Os tesouros de Nimrud datam de aproximadamente 900 a.C. e foram descobertos por arqueólogos iraquianos nos anos 1980, em quatro túmulos reais na cidade de Nimrud, perto de Mosul, no norte do país. Os objetos, de ouro e pedras preciosas, foram encontrados no cofre do Banco Central, em Bagdá, dentro de um outro cofre, submerso pela água da rede de esgoto, segundo informaram as autoridades das forças de coalização anglo-americana.

Os tesouros, um dos achados arqueológicos mais significativos do século 20, não eram expostos ao público desde a década de 1990. Uma equipe de pesquisadores do Museu Britânico chegará na próxima semana a Bagdá para estudar como proteger os objetos.

O Estado de S. Paulo, 7 jun. 2003. Versão eletrônica. Disponível em: <www.estadao.com.br>.
Citado no Vestibular UFSCAR-2006.

Observação: Nimrud foi construída pelo rei assírio Shalmaneser I, mas só ganhou importância quando Ashurnasirpal II resolveu fazer dela a capital do seu reino. Nimrud permaneceu uma das cidades mais importantes do reino e uma das residências reais até 612 a.C., quando foi totalmente destruída.

Com base na notícia acima e em seus estudos do capítulo, explique:

a) As condições em que foi encontrado o tesouro de Nimrud.

_____

_____

_____

_____

b) A que civilização mesopotâmica pertencia o tesouro de Nimrud e quais as características dessa civilização.

_____

_____

_____

_____

c) Segundo o texto, Nimrud foi totalmente destruída em 612 a.C. O que aconteceu nessa data?

_____

_____

_____

_____

d) Por que os objetos do Museu Nacional do Iraque estavam desaparecidos?

_____

_____

_____

_____

e) Por que as forças de coalização invadiram Bagdá?

_____

_____

_____

_____

_____

4 Procure em um dicionário ou enciclopédia o significado da expressão "olho por olho, dente por dente" e escreva um pequeno texto sobre sua origem.

_____

_____

_____

_____

Trabalhando em grupo

5 Após os atentados que destruíram as torres gêmeas nos EUA em 11 de setembro de 2001, teve início uma verdadeira cruzada, liderada pelos norte-americanos, contra o terrorismo. O Iraque, sob a acusação de possuir armas de destruição em massa, foi invadido, e o ditador Saddam Hussein, que governava ao país, foi preso e condenado à morte.
Leia o texto abaixo, sobre o contexto histórico desses acontecimentos.

O atual Iraque, que fica na região da antiga Mesopotâmia, fez parte do Império Otomano e foi ocupado pelo Reino Unido durante a Primeira Guerra Mundial (1914-1918). A independência do país foi obtida em 1932, quando se estabeleceu uma monarquia.

O regime monárquico foi deposto em 1958 em um golpe militar, e a república foi proclamada, seguida de um período de instabilidade que presenciou golpes e contragolpes. Em 1968, um golpe de Estado levou o partido Baath, um partido socialista secular, ao poder. Saddam Hussein tornou-se presidente, em 1979, de um país rico graças ao petróleo. Porém, as guerras contra o Irã (1980-1988) e do Golfo (1990-1991), seguidas de sanções internacionais, devastaram a economia iraquiana, e a população empobreceu.

Em 20 março de 2003, uma força de coalizão liderada pelos EUA invadiu o Iraque. A justificativa foi a suposta existência de armas de destruição em massa no país – o que nunca foi comprovado. O regime de Saddam foi deposto. O ditador, condenado pelo assassinato de 148 muçulmanos xiitas na vila de Dujail em 1982, foi executado em dezembro de 2006.

Folha Online – 20/03/2007 - Disponível em: <www1.folha.uol.com.br/folha/mundo/ult94u105639.shtml>. Acesso em: jun 2012.

Soldados norte-americanos próximos às ruínas da cidade de Babilônia durante a Guerra do Iraque. Foto de 2005.

A partir deste texto, pesquisem em grupo sobre a situação atual do Iraque. Cada grupo fará um quadro-resumo dos principais acontecimentos do conflito, suas motivações e consequências econômicas, sociais e políticas para os envolvidos. Apresentem o trabalho com desenhos, figuras, fotos e mapas em forma de cartaz. Exponham os cartazes no mural da classe e discutam:

a) A existência de alguma relação entre o atual conflito e os conflitos que marcaram a região da Mesopotâmia no passado.

b) A importância dos recursos naturais na região e sua relação com as lutas políticas e econômicas.

Capítulo 4

A PALESTINA

A Bíblia conta como era a vida do povo hebreu

O povo hebreu vivia na Palestina, região que atualmente corresponde ao Estado de Israel. Localizava-se junto ao Mar Mediterrâneo, numa zona montanhosa e de clima árido.

Apenas no vale banhado pelo Rio Jordão as terras eram favoráveis ao desenvolvimento da agricultura. Em suas origens, a Palestina era bem maior do que Israel hoje.

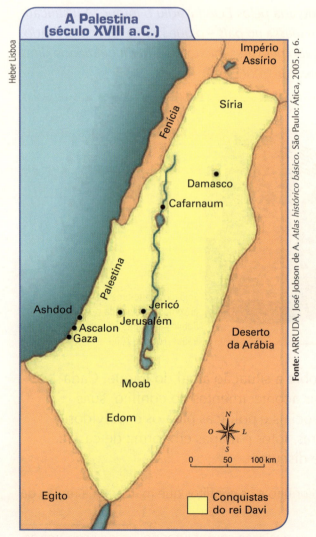

Observe o mapa do local onde viveu o povo hebreu na Antiguidade.

Mapa do atual Estado de Israel.

Fonte: IBGE. *Atlas geográfico escolar*. 4. ed. Rio de Janeiro, 2007.

Localização de Israel no planísfério

Mario Yoshida

OCEANO GLACIAL ÁRTICO

Círculo Polar Ártico

Trópico de Câncer

OCEANO ATLÂNTICO

OCEANO PACÍFICO

Equador

OCEANO PACÍFICO

Meridiano de Greenwich

Trópico de Capricórnio

OCEANO ÍNDICO

OCEANO PACÍFICO

Círculo Polar Antártico

OCEANO GLACIAL ANTÁRTICO

0   2570   5140
km

Planisfério com destaque para a região da Palestina na Antiguidade.

A história dos hebreus é bem diferente da dos demais povos do Oriente antigo, principalmente no que se refere à religião. Eram monoteístas, e Iavé ou Javé (Deus) não podia ser representado por imagens, nem possuía um "nome": Iavé ou Javé quer dizer "Ele é".

O Antigo Testamento da Bíblia é a mais importante fonte histórica para o estudo da Palestina e do povo hebreu. Por meio dela, pode-se ter conhecimento de quase todos os aspectos da vida hebraica.

Vamos conhecer o relato bíblico sobre a ida dos hebreus à Palestina.

Segundo a Bíblia, os hebreus viviam na cidade de Ur, na região da Caldeia (Mesopotâmia). Dedicavam-se ao pastoreio e dividiam-se em tribos, cada uma chefiada por um **patriarca**, ou **chefe de família**.

Por volta de 1800 a.C., enquanto rezava, o patriarca Abraão acreditou ter ouvido a voz de Iavé, que lhe dizia:

Sai de tua terra e da terra de teus parentes e da casa de teu pai, para a terra que eu te mostrarei.
Para ti farei uma grande nação e te abençoarei e engrandecerei o teu nome...

(Gênesis, 12: 1, 2)

Aceitando a missão de conduzir seu povo a Canaã, a Terra Prometida, Abraão mandou destruir os ídolos que seu povo adorava e partiu. Durante a viagem, os hebreus tiveram muitos desentendimentos, enfrentaram fome e guerras.

Abraão já era de idade bastante avançada quando chegou a Canaã. Ele e sua mulher, Sara, não tinham filhos, mas Iavé cumpriu sua promessa e fez nascer um filho dos dois que recebeu o nome de Isaac.

A Palestina já era habitada por outros povos, os cananeus e filisteus, quando os hebreus lá chegaram. Por isso, para se instalarem, tiveram de travar lutas pela posse da terra.

Os hebreus acabaram por ocupar os vales férteis do Norte e as zonas montanhosas do Sul. Dedicaram-se à agricultura e ao pastoreio.

1 Onde se localizava a Palestina?

_____

_____

_____

_____

2 Observe o mapa atual da região onde se formou a Palestina. Quais Estados aí se localizam?

_____

_____

3 Em relação aos hebreus:

a) O que os diferenciava dos demais povos do Oriente antigo?

_____

_____

_____

b) Qual é a mais importante fonte histórica para o seu estudo na Antiguidade?

_____

_____

_____

c) Onde, primitivamente, viviam os antigos hebreus? Como se dividiam?

_____

_____

_____

4 Os hebreus foram os primeiros habitantes de Canaã?

_____

_____

_____

Vida política

Os hebreus não formaram um império. Sua história foi marcada pela religião. No decorrer de muitos séculos, apesar de sofrerem perseguições e discriminações, mantiveram sua identidade. Isso se deve aos princípios morais e religiosos que seguem.

Politicamente, os hebreus conheceram três formas de governo: o patriarcado, o juizado e a monarquia.

O patriarcado

Os patriarcas eram os membros mais velhos e os líderes das tribos. Eram, ao mesmo tempo, sacerdotes, juízes e chefes militares. O primeiro patriarca, Abraão, foi substituído por seu filho Isaac, e este, por Jacó, que teve seu nome mudado para Israel, que significa "forte com Deus". Essa é a razão de o povo hebreu ser conhecido como israelita ou povo de Israel.

Por volta de 1700 a.C., a Palestina enfrentou uma grande crise de fome, causada pela seca que assolou a região. Sob o comando de Jacó, uma parte das tribos hebraicas migrou para o Egito, onde havia alimentos, estabelecendo-se numa região do Delta do Nilo. Permaneceram nesse país cerca de 400 anos. Alguns hebreus chegaram a ocupar altos postos no governo. A presença dos hebreus no Egito coincidiu com a invasão dos hicsos.

Durante um longo período, os hebreus gozaram de liberdade no Egito. Viviam unidos, preservando seus costumes e tradições. Contudo, essa situação mudou após a expulsão dos hicsos.

O relato bíblico nos informa que José era o filho predileto de Jacó e, por isso, seus irmãos o invejavam. Um dia, quando estavam no campo cuidando dos rebanhos, os irmãos de José planejaram matá-lo. Entretanto, graças a um deles, Rubem, acabaram desistindo, mas venderam-no a uma caravana de mercadores que se dirigia para o Egito.

No país do Nilo, José foi vendido como escravo, mas, graças à sua inteligência, atingiu altos postos. Ganhou fama pela interpretação que fazia de sonhos.

Certa vez, foi chamado para interpretar dois sonhos do faraó. No primeiro, o faraó havia visto, perto do Rio Nilo, sete vacas gordas e belas serem devoradas por sete vacas magras e feias. No segundo, vira sete espigas grossas serem comidas por sete espigas finas.

A interpretação que José deu foi a de que haveria no Egito sete anos de fartura, seguidos por sete anos de miséria e fome. Então, sugeriu ao faraó que armazenasse os alimentos produzidos nos anos de fartura, para suprir as necessidades do povo nos sete anos de miséria. Satisfeito, o faraó escolheu José para administrar o palácio.

José interpretando os sonhos do faraó, por Peter von Cornelius, 1816-1817. Afresco da Casa Bartholdy, em Roma, Itália.

Old National Gallery, Berlim, Alemanha, s.d.

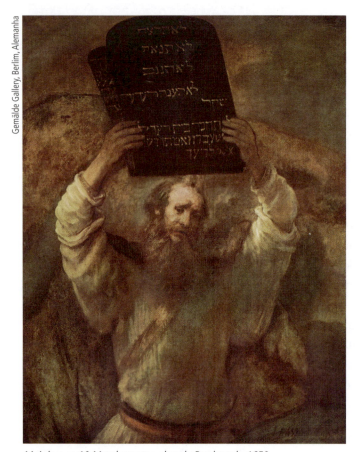

Moisés e os 10 Mandamentos, obra de Rembrandt, 1659.

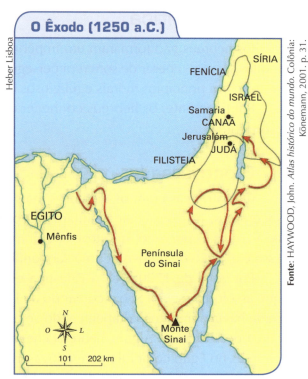

O Êxodo (1250 a.C.)

SÍRIA
FENÍCIA
ISRAEL
Samaria
CANAÃ
Jerusalém
JUDÁ
FILISTEIA
EGITO
Mênfis
Península do Sinai
Monte Sinai
N
O — L
S
0 101 202 km

Observe a longa caminhada dos hebreus até chegar à Terra Prometida. Atravessaram o Mar Vermelho, percorreram desertos e, enfim, chegaram ao seu destino. No entanto, encontraram a Palestina ocupada por vários povos, entre eles os filisteus.

Os hebreus passaram a ser perseguidos, perderam seus bens e foram escravizados. A Bíblia nos relata que um faraó teve medo de que o povo de Israel se tornasse numeroso e dominasse o Egito. Por isso, ordenou que todos os recém-nascidos judeus do sexo masculino fossem mortos. Para salvar seu filho, uma judia colocou-o num cesto e lançou-o no Rio Nilo. O menino foi encontrado e criado por uma filha do faraó. Foi chamado de Moisés, que significa "salvo das águas". Por volta de 1250 a.C., sob o comando de Moisés, conseguiram sair do país, fato conhecido como **Êxodo**. Durante a juventude, Moisés viveu na corte do faraó. Ao descobrir sua origem, revoltou-se contra a opressão de seu povo e o guiou de volta a Canaã.

Ainda segundo a Bíblia, após a saída do Egito, Moisés recebeu de Deus, no alto do Monte Sinai, as Tábuas da Lei. Eram mandamentos que deveriam nortear o comportamento do povo em relação a Deus e à comunidade. Os hebreus vagaram 40 anos pelo deserto. Moisés morreu antes de chegar à Palestina e foi substituído por Josué.

Monte Sinai, Egito. Foto de 2008.

The National Gallery, Londres, Inglaterra

Sansão e Dalila, obra de Peter Paul Rubens de aproximadamente 1609-1610. A Bíblia relata que Sansão foi juiz por 20 anos (Juízes, 16:31) e liderou os israelitas contra os filisteus. Distinguia-se por ter uma força sobre-humana que, segundo a Bíblia, era-lhe fornecida pelo Espírito do Senhor por intermédio de seus cabelos, que deveriam ser mantidos longos. Subjugava facilmente seus inimigos e produzia feitos inalcançáveis, como rasgar um leão novo ao meio, enfrentar um exército inteiro e derrubar uma grande construção (Juízes, 14:6; 15:14; 16:23). De acordo com o texto bíblico, Sansão apaixonou-se por Dalila, que o traiu entregando-o aos filisteus, depois de saber que os cabelos eram o segredo de sua força.

Os juízes

Josué liderou a luta de seu povo pela reconquista da Palestina, que encontrava-se ocupada por vários povos. Essa luta levou ao fortalecimento dos chefes militares, que assumiram o comando político e religioso e são conhecidos como juízes. Dentre eles, destacaram-se Gideão, Sansão e Samuel.

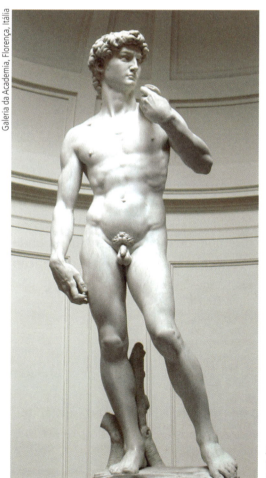

Galeria da Academia, Florença, Itália

Após a reconquista da Palestina, o território foi dividido entre as 12 tribos de Israel. Com o objetivo de manter a unidade do povo e garantir a defesa do território, por volta do ano 1000 a.C., Samuel, o último juiz, instituiu a monarquia.

A monarquia

A monarquia durou quase um século. O rei centralizava todo o poder, sendo ao mesmo tempo chefe religioso, político e militar.

O primeiro rei foi Saul; em seu governo, os filisteus atacaram e derrotaram os hebreus. Para não cair em mãos inimigas, o rei se suicidou. Seu sucessor foi Davi, que unificou as tribos e estabeleceu a capital em Jerusalém. Fez inúmeras campanhas militares, expandido o território da Palestina.

Em 966 a.C., Davi foi sucedido por seu filho Salomão, que herdou uma monarquia consolidada. Em seu governo, houve grande desenvolvimento do comércio, do artesa-

Davi é uma das esculturas mais famosas do artista renascentista Michelangelo, que levou três anos para concluí-la (de 1501 a 1504). Feita em mármore, a estátua mede 5,17m.

49

Fonte: HAYWOOD, Jonh. Atlas histórico do mundo. Colônia: Könemann, 2001. p. 31.

Reinos de Israel e de Judá na Antiguidade

Território de Israel
Território de Judá

O mapa mostra a divisão dos Reinos de Israel (ao norte) e de Judá (ao sul).

nato e das construções públicas. Nessa época, foi construído o Templo de Jerusalém, santuário onde deveria ficar a Arca da Aliança, uma urna com as Tábuas da Lei. Para cobrir os gastos com a realização dessas obras, houve significativo aumento dos impostos, o que descontentou o povo.

Foram instituídas várias festas religiosas:

• **Sabbat**, comemoração do sétimo dia da criação;

• **Páscoa**, comemoração do Êxodo;

• **Pentecostes**, comemoração do recebimento das Tábuas da Lei;

• **Tabernáculo**, comemoração da permanência no deserto.

Com a morte do rei Salomão, seu sucessor não foi aceito pelos hebreus. Ocorreu o **Cisma**, que representou o rompimento da unidade política do povo hebreu. As tribos formaram dois reinos:

• Israel, ao norte, com capital em Samaria, formado por dez tribos;

• Judá, ao sul, com capital em Jerusalém, formado por duas tribos.

A separação enfraqueceu o povo hebreu, que acabou sendo dominado pelos povos conquistadores do Oriente Próximo. Em 722 a.C., o Reino de Israel foi dominado pelos assírios, chefiados por Sargão II; em 586 a.C., o Reino de Judá caiu em mãos dos caldeus, comandados por Nabucodonosor. Muitos habitantes foram aprisionados e levados para a Babilônia (**Cativeiro da Babilônia**). Em 539 a.C., quando o rei Ciro, da Pérsia, dominou a Mesopotâmia, libertou os hebreus e permitiu que voltassem à Palestina.

Fonte: KINDER Hermann; HILGEMANN, Werner; HERGT, Manfred. *Atlas histórico mundial*. Madri: Akal, 2007. p. 580.

Posteriormente, a Palestina foi conquistada por Alexandre Magno, da Macedônia (333 a.C.), e pelos romanos (63 a.C.).

Em 70 d.C., os romanos destruíram o segundo Templo de Jerusalém, provocando a revolta dos hebreus. A cidade de Jerusalém foi arrasada pelos invasores.

Mais tarde, em 131, o imperador romano Adriano empreendeu violenta repressão aos hebreus, levando-os a se dispersar pelo mundo. Esse episódio é conhecido como Diáspora.

Busto de Alexandre Magno, de 330 a.C. Autoria desconhecida.

Durante muitos séculos, os judeus viveram em diferentes países, mas conseguiram manter a sua unidade cultural. Isso se deve principalmente à religião, que os une. Após a Segunda Guerra Mundial, muitos judeus conseguiram retornar à Palestina. Em 29 de novembro de 1947, o Estado de Israel foi criado e reconhecido pela ONU – (Organização das Nações Unidas).

O judaísmo

Os fundamentos do judaísmo estão no Antigo Testamento. As principais características dessa religião são:

- o monoteísmo, ou seja, a crença em um único Deus;
- o salvacionismo, a crença na vinda de um messias ou salvador para libertar o povo hebreu.

Por volta do século VII a.C., em épocas de crise religiosa, surgiram os profetas, homens que declaravam receber a revelação de Deus, reafirmando o monoteísmo e o salvacionismo.

A literatura dos hebreus foi fortemente influenciada pela religião. Compuseram vários poemas, como *Cântico dos cânticos*, de Salomão, e os *Salmos*, de Davi.

O judaísmo deu origem ao cristianismo e influenciou o islamismo, duas religiões atuais.

O Muro das Lamentações é o local mais sagrado do judaísmo. Trata-se do único vestígio do antigo templo de Herodes, destruído pelo imperador romano Tito no ano de 70. Muitos fiéis judeus o visitam para orar e depositar seus desejos por escrito em suas frestas.

Você sabia?

O profeta Amós denunciou as injustiças sociais:

"Vocês vendem o homem justo por dinheiro e o indigente, por um par de sandálias."

"Vocês esmagam os fracos e enganam os pobres."

"Vocês transformam o direito em veneno e derrubam a justiça."

O profeta Isaías fala do poder e da glória do Messias, que há de vir para salvar seu povo:

"Porque um menino nascerá, um filho nos será dado [...] O seu império será grande e a paz será sem fim, sobre o trono de Davi e em seu Reino [...]"

Salmo 23

Deus, pastor do homem

O Senhor é meu pastor, nada me falta.

Em verdes prados ele me faz deitar.

Conduz-me junto às águas refrescantes,

Refaz a minha alma.

Pelos caminhos retos ele me leva,

Por amor do seu nome.

Ainda que eu atravesse o vale escuro,

Nada temerei, pois estás comigo.

Vosso bordão e vosso báculo

São o meu amparo.

Preparais para mim a mesa

À vista de meus inimigos.

Ungis de óleo a minha cabeça,

Transborda a minha taça.

Graça e misericórdia hão de seguir-me

Por todos os dias da minha vida.

E habitarei na casa do Senhor

Na amplidão dos tempos.

O Livro dos Salmos (chamado de Saltério) é o livro de oração dos antigos hebreus. A palavra *salmo* é a tradução do termo hebraico que quer dizer *louvor*. A autoria de numerosos salmos é atribuída ao rei Davi.

ATIVIDADES

1. Observe a imagem (*Sansão e Dalila*) da página 49. Leia com atenção a legenda e o texto sobre o período dos Juízes.

   a) Descreva a imagem.

   _____

   _____

   _____

   _____

b) Como personagem da história dos hebreus, qual a importância de Sansão?

_____

_____

_____

_____

c) Pesquise como termina a história de Sansão. Você pode consultar a Bíblia: Livro dos Juízes, Capítulo 16, versículos 19 a 30.

_____

_____

_____

_____

_____

_____

Refletindo

2 Troque ideias com os colegas sobre as três formas de governo do povo hebreu na Antiguidade e, em seguida, informe:

a) O nome de cada forma de governo;

_____

b) A função dos governantes em cada uma delas;

_____

_____

_____

c) Um fato importante de cada um desses períodos políticos.

_____

_____

3 Escreva um pequeno texto sobre a história da Palestina e do povo hebreu, dividido em três partes:

a) Abandono da Palestina;   b) Reconquista da Palestina;   c) Cisma.

53

4 Observe com atenção os textos e mapas das páginas 44, 50 e 51.

a) Quando e por que os hebreus perderam seu território?

_____

_____

_____

_____

b) Quando foi criado o Estado de Israel?

_____

_____

_____

c) Pode-se afirmar que a proposta da ONU é a que vigora na atualidade?

_____

_____

_____

5 Que fatos justificam o que se afirma na frase abaixo?

"No decorrer de longos séculos, apesar de sofrerem perseguições e discriminação, os hebreus mantiveram sua identidade".

_____

_____

_____

Pesquisando

6 Procure, em jornais, revistas e na internet informações sobre o Estado de Israel hoje e os conflitos que ocorrem na região. Anote o que achar mais importante e troque ideias com a classe sobre o que descobriu.

Trabalhando em grupo

7 No século XX, houve grande perseguição aos judeus, movida pelo governo de Hitler, da Alemanha. Pesquise, junto com o seu grupo:

a) Os motivos alegados para a perseguição;
b) Como se deu essa perseguição e suas consequências para o povo judeu.

Depois, discutam esta questão com a classe: um povo tem direito a subjugar outro povo? Escrevam a conclusão a que a classe chegar e exponham no mural da sala de aula.

CRETA E FENÍCIA

Cretenses e fenícios: povos do mar

Percorrer as áreas banhadas pelo Mediterrâneo é um dos roteiros turísticos mundiais mais requisitados atualmente. Existem variadas rotas aéreas, marítimas e terrestres ligando toda a região. Entretanto, há três mil anos, apesar de todos os perigos, o mar era a única rota confiável e rápida para o transporte e o comércio dos diferentes povos da região. Quem se arriscasse por terra encontrava poucas e mal preservadas estradas.

Mario Yoshida

Fonte: ARRUDA, José Jobson de A. Atlas histórico básico. São Paulo: Ática, 2005.

Mapa da região de Creta e Fenícia, século III a.C.

Nasa

Mar Mediterrâneo em foto de satélite da Nasa, de junho de 2007.

A agricultura e a pecuária sustentavam boa parte dos habitantes do Mediterrâneo. A navegação era uma aventura traiçoeira, poucos se arriscavam para além da área costeira. Todavia, alguns povos não habitavam regiões propícias à criação de animais ou às plantações, tornando-se o mar a única possibilidade de sobrevivência.

Havia, na época, um intenso comércio entre a Mesopotâmia, o Egito e os habitantes da costa europeia do Mediterrâneo. Dois povos acostumados com o mar pela falta de opções em terra dominaram esse comércio: os cretenses e os fenícios.

A Ilha de Creta está situada no Mar Mediterrâneo. Em seu litoral, existiam ótimos portos naturais, o que favoreceu o desenvolvimento da navegação. A ascensão da civilização cretense deu-se por volta de 2000 a.C. e se estendeu até 1200 a.C. Sua economia baseava-se no artesanato e no comércio marítimo.

Os cretenses exportavam objetos de cerâmica, joias, vinho e azeite; importavam ouro, cobre, estanho, tecidos e marfim.

A Fenícia, atual Líbano, compreendia uma estreita faixa entre o Mar Mediterrâneo e as montanhas. Devido à existência de poucas terras férteis, não possuía condições de desenvolver a agricultura e o pastoreio. Contudo, tinha costas marítimas bem recortadas, favorecendo a navegação.

Quando os cretenses entraram em decadência, os fenícios aproveitaram-se para monopolizar o comércio no Mar Mediterrâneo. Fundaram postos comerciais e colônias no norte da África, na Sicília, na Sardenha e até na Península Ibérica.

As águas do mar Mediterrâneo são mais tranquilas do que as do oceano. Isso permitiu que os povos situados na orla mediterrânea entrassem em contato uns com os outros. Entretanto, os navegantes tinham de enfrentar numerosos perigos e superar muitas dificuldades. Ao atravessar estreitos ou contornar cabos, podiam deparar-se com ventos contrários ou correntes marítimas que eles, em sua imaginação, acreditavam tratar-se de forças misteriosas, que as pessoas não sabiam controlar: as sereias cantando para atrair os marinheiros e impedi-los de seguir seu rumo.

Mas também poderiam encontrar perigos reais. Durante muito tempo, houve no Mediterrâneo comunidades que viviam da pirataria: atacavam de surpresa os barcos para apoderar-se das mercadorias ou aprisionar os tripulantes para vendê-los como escravos.

Adaptado de BORRAS, M.; GARCIA, C. et al. *Ciências Sociales*. Barcelona: Barcanova, s.d.

ATIVIDADES

1 Identifique as principais características que distinguiam as civilizações cretense e fenícia dos demais povos da Antiguidade.

_____

_____

2 Qual era a base da economia cretense?

_____

_____

3 Qual Estado corresponde atualmente à Fenícia? Onde se localiza?

_____

_____

4 Por que os fenícios não desenvolveram a agricultura e o pastoreio?

_____

_____

5 Como os fenícios aproveitaram a decadência dos cretenses?

_____

_____

6 Complete as frases abaixo, com base no texto adaptado de Borras e Garcia, reproduzido na página 56.

a) As águas do oceano são mais _____do que as do Mediterrâneo.

b) Os povos situados na orla do Mediterrâneo precisavam superar dificuldades causadas por fenômenos naturais como ventos contrários e _____.

c) Além do medo de forças místicas de dos fenômenos naturais, eles precisaram enfrentar perigos reais como _____.

A civilização cretense

As civilizações que floresceram em Creta e na Fenícia tiveram enorme influência na cultura dos povos que se desenvolveram posteriormente na Europa. Aproveitando a situação geográfica, ambas as civilizações desenvolveram o comércio marítimo. Creta atingiu vários lugares do Mediterrâneo oriental, e a Fenícia foi até a Península Ibérica. Atreveram-se a ultrapassar o estreito de Gibraltar e chegaram até as Ilhas Britânicas.

Os cretenses foram os fundadores do primeiro Império marítimo que se conhece e responsáveis por uma das mais notáveis civilizações que conhecemos. Devido à sua localização, a Ilha de Creta funcionava como ponto de encontro entre a Europa e o Oriente Médio, e, por isso, seus habitantes desempenharam importante papel na assimilação de elementos culturais a Antiguidade oriental. Esses elementos, depois de transformados e desenvolvidos, foram transmitidos em grande parte para a cultura grega.

Com a madeira das florestas da ilha, construíram navios de até 20 metros de comprimento. Nas férteis planícies da ilha, os cretenses cultivavam cereais, vinhas e oliveiras. Os artesãos cretenses revelaram grande habilidade no trabalho com metais e com cerâmica. Vasos fabricados com excelente cerâmica, artisticamente decorados, bem como vasos de bronze, eram vendidos em todo o Mediterrâneo oriental.

O domínio da técnica de construção de barcos e da navegação, somado à capacidade de produzir objetos em metais – cobre, ouro, prata, bronze – e cerâmicos e à capacidade de produzir excedentes agrícolas fizeram com que os mercadores cretenses monopolizassem o comércio no Mar Egeu. Sua frota percorria da Península Itálica até o Mar Negro. Exportavam vinho, azeite, cerâmica,

Patrick Kosmider

As civilizações que floresceram em Creta e na Fenícia tiveram enorme influência na cultura dos povos que se desenvolveram posteriormente na Europa. Aproveitando a situação geográfica, ambas as civilizações desenvolveram o comércio marítimo. Creta atingiu vários lugares do Mediterrâneo oriental, e a Fenícia foi até a Península Ibérica. Atreveram-se a ultrapassar o estreito de Gibraltar e chegaram até as Ilhas Britânicas.

Nasa

Imagem de satélite destacando a posição da Ilha de Creta no Mar Mediterrâneo. Foto de 2007.

joias; importavam ouro, prata, estanho, tecidos, marfim. As principais cidades eram Cnossos e Faístos. Essas cidades cretenses, das quais temos ruínas bem conservadas de alguns palácios, tinham ruas acompanhando as curvas de nível; eram estreitas e pavimentadas, com ruas, calçadas, sarjetas, lojas de comércio e bairros residenciais, possuindo também rede de água e esgoto.

Uma poderosa monarquia instalou-se em Cnossos, entre 1700 e 1450 a C., período em que essa cidade deteve a supremacia de toda a ilha. Apoiada no poderio da marinha e na aliança com as classes mercantis, essa monarquia expandiu a dominação cretense, criando um verdadeiro império comercial-marítimo, denominado talassocracia (grego *talossos*: mar, oceano; *cracta*: poder).

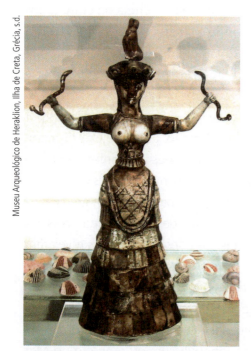

Museu Arqueológico de Heraklion, Ilha de Creta, Grécia, s.d.

Estatueta cretense de c.1650 a.C. representando uma deusa.

É possível, embora incerto, que "Minos" fosse um termo usado para identificar um governante cretense específico, mas, pode ser também um termo geral para designar os reis dessas monarquias. De qualquer modo, a palavra deu origem à expressão civilização minoica, também utilizada para designar a civilização cretense. Tudo estava sob sua orientação: exército, administração, comércio e indústria.

A sociedade cretense caracterizava-se pela pequena distinção entre as classes sociais e pela pequena importância dada à escravidão. Possuíam escravos, embora em número reduzido. Os vestígios de habitações encontrados nos fazem supor que não havia grandes desigualdades sociais. A posição social das pessoas dependia daquilo que elas possuíam, ou seja, aquela não era uma sociedade na qual a pessoa já nascia dentro de uma determinada casta. Os cretenses gostavam muito de esportes, como o atletismo, e a música e a dança tinham um papel muito importante na vida social, tendo inventado a flauta e a cítara para animar as reuniões que faziam.

A religião era politeísta e matriarcal. A divindade principal era a deusa-mãe considerada a deusa da fecundidade, da maternidade, da terra e dos homens. Representava o bem e o mal ao mesmo tempo. Era também a senhora dos animais e a ela eram consagrados os pássaros, leões e serpentes. Em sua homenagem, o povo organizava festividades, jogos, torneios, touradas em que os rapazes se exibiam em perigosos exercícios ginásticos, mas sem matar o touro, pois o consideravam um animal sagrado.

Representação de mulheres em afresco do Palácio de Cnossos, Creta.

Também tinham outras divindades que viviam rodeadas de pássaros, de serpentes, de touros ou de seres fantásticos com corpo humano e cabeça de animal, como o Minotauro. Praticavam o culto aos mortos, enterrados com alimentos, ferramentas e objetos de adorno.

A presença da mulher em exibições perigosas e de grande habilidade e também nas festas aparece em diversas pinturas, em cerâmicas e nos afrescos, o que demonstraria o espaço dado à mulher na civilização cretense em detrimento daquele observado nas demais civilizações da Antiguidade.

A arte cretense expressava o gênio de um povo acostumado à independência. Era cheia de fantasia, vida, delicadeza, graciosidade e originalidade. Os artistas eram capazes de representar o momento de fúria de um touro ou o suave movimento de um polvo. Na escultura, representavam principalmente figuras humanas, em tamanho natural ou em miniatura. Os artesãos trabalhavam a cerâmica, o ouro, a prata, o bronze, com os quais faziam lindas peças e objetos de adorno.

Na arquitetura, destacaram-se pela construção de grandes palácios, como o de Faístos e o de **Cnossos** – chamado de Labirinto por possuir inúmeras salas que se comunicavam entre si por meio de corredores e escadarias. A sala principal do palácio era, ao mesmo tempo, santuário e sala do trono. As paredes dos palácios-templos cretenses eram cobertas de pinturas nas quais se nota a ausência de guerras ou batalhas. Associados ao palácio, estavam casas, lojas, banhos, oficinas e armazéns. As cidades cretenses cresciam ao redor do palácio central.

Amuleto cretense com representação de abelhas, s.d.

Afresco do toureador, século XVI a.C., encontrado no Palácio de Cnossos, em Creta. O touro teria sido um animal sagrado para os cretenses, e sua imagem estava presente em quase todas as manifestações artísticas.

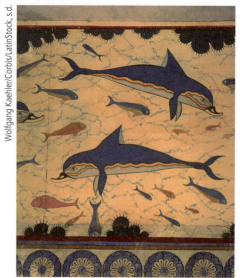

Wolfgang Kaehler/Corbis/LatinStock, s.d.

Aproximadamente em 1400 a.C., Creta foi invadida pelos aqueus, que assimilaram grande parte de sua cultura, dando origem à civilização creto-micênica. Quase dois séculos depois, os dórios, hábeis guerreiros, possuidores de armas de ferro, invadiram e ocuparam Creta. As cidades foram saqueadas e arrasadas. Houve um retrocesso cultural, que marcou o fim da civilização creto-micênica. Mas, de qualquer modo, será dessa fusão que nascerá a civilização grega.

Detalhe de afresco com representação de golfinhos, palácio de Cnossos, Ilha de Creta, Grécia.

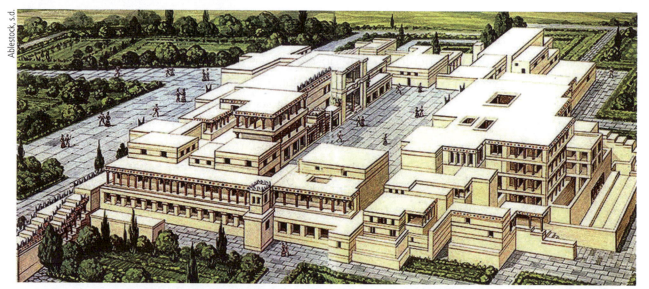

Ablestock, s.d.

Reconstituição do Palácio de Cnossos, em Creta, como teria sido entre 1550 a.C. e 1450 a.C.

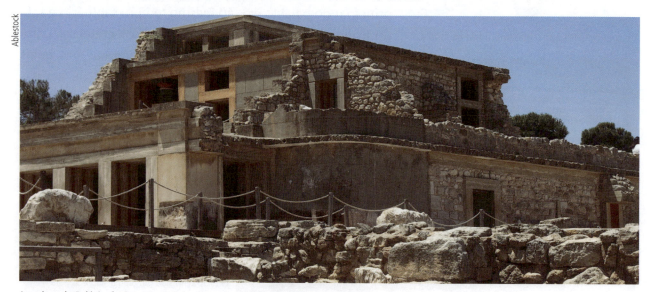

Ablestock

As ruínas do Palácio de Cnossos, Grécia, é o maior sítio arqueológico da Idade do Bronze da ilha grega de Creta, um importante centro político. Foto de 2011.

A Fenícia

A Fenícia, terra de marinheiros e comerciantes, ocupava uma estreita área, com aproximadamente 40 km de largura, entre o Mar Mediterrâneo e as Montanhas do Líbano. Atualmente essa região corresponde ao Líbano e parte da Síria.

O solo montanhoso da Fenícia não era favorável ao desenvolvimento agrícola e pastoril. Vivendo espremido em seu território, o povo fenício percebeu a necessidade de se lançar ao mar e desenvolver o comércio pelas cidades do Mediterrâneo. Entre os fatores que favoreceram o sucesso comercial e marítimo da Fenícia, podemos destacar o fato de a região ser uma encruzilhada de rotas comerciais e escoadouro natural das caravanas de comércio que vinham da Ásia em direção ao Mediterrâneo. Além disso, era rica em cedros, que forneciam a valiosa madeira para a construção de navios e possuía bons portos naturais em suas principais cidades (Ugarit, Biblos, Sidon e Tiro).

Os fenícios chegaram às costas libanesas por volta de 4000 a.C. A origem desse povo não está muito bem definida. Sabe-se que eram semitas provenientes do Golfo Pérsico, ou da Caldeia. No começo, estiveram divididos em pequenos Estados locais, dominados às vezes pelos Impérios da Mesopotâmia e do Egito, dos quais adquiriram boa parte da sua cultura. Apesar de uma condição submissa, os fenícios conseguiram desenvolver uma florescente atividade econômica que lhes permitiu, com o passar do tempo, transformar-se numa das potências comerciais hegemônicas do mundo banhado pelo Mar Mediterrâneo.

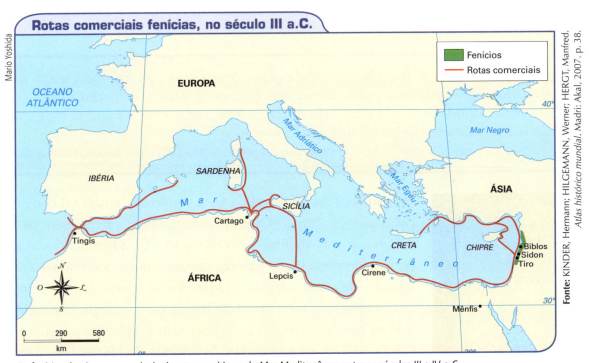

Os fenícios dominaram as principais rotas marítimas do Mar Mediterrâneo entre os séculos III e IV a.C.

A dependência dos primeiros fenícios em relação ao poderio egípcio iniciou-se com a 4ª dinastia (por volta de 2613-2494 a.C.), e é notada pela grande quantidade de objetos de influência egípcia encontrados nas escavações arqueológicas. No século XIV a.C., a civilização grega de Micenas passou a exercer forte influência sobre a cultura fenícia. As invasões dos chamados povos do mar significaram uma grande mudança para o mundo mediterrâneo: os filisteus se instalaram na Fenícia, enquanto Egito e Creta começavam a decair como potências. Dessa forma, a Fenícia estava preparada para iniciar sua expansão marítima no século XIII a.C.

61

A Fenícia não formou um Estado unificado, permaneceu dividida em cidades-estados, porém com costumes e tradições comuns. A forma de governo era a monarquia aristocrática e o poder do rei era limitado, em razão da influência exercida pela câmara dos comerciantes. As principais cidades fenícias eram:

Biblos: situada ao norte, foi a primeira cidade a se destacar. Mantinha relações comerciais com Chipre e o Egito, vendendo madeira e comprando papiro.

Sidon: impôs sua supremacia comercial entre 1500 e 1300 a.C., quando foram fundados alguns entrepostos comerciais em ilhas do Mar Egeu e regiões litorâneas do Mar Negro. Sua riqueza era, em grande parte, oriunda da pesca do múrice, um molusco do qual se extraía a púrpura, tintura utilizada no tingimento dos tecidos. A cidade foi destruída pelos filisteus em 1100 a.C.

Tiro: foi a última cidade a atingir a liderança comercial e marcou o apogeu da Fenícia. Os tírios dominaram o comércio no Mar Mediterrâneo, onde fundaram entrepostos e colônias. Atravessaram o Estreito de Gibraltar e atingiram as Ilhas Canárias e a Inglaterra. A principal colônia dessa cidade foi Cartago, ao norte da África.

Ruínas de templo fenício na cidade de Biblos, Líbano. Foto de 2006.

> Os cretenses serviam-se de barcos longos, muito estreitos e afilados, de proa muito levantada, rápidos, mas de fraca tonelagem. Os fenícios, que herdaram sua experiência, construíram duas espécies de barcos: uns, barcos de comércio, eram de bordo bastante alto, de flancos roliços e extremidades erguidas; os outros, barcos de guerra, eram mais longos e munidos de um esporão na frente para quebrar o flanco dos barcos inimigos.
>
> ISAAC, J.; DEZ, G.; WEILER, A. *Oriente e Grécia*: curso de História. São Paulo: Mestre Jou, 1964.

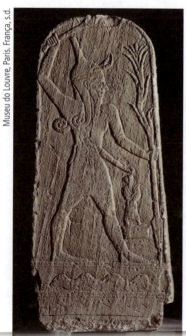

Estela com a representação do deus Baal, séculos XV-XIII a.C.

No final do século VIII a.C., a região da Fenícia foi conquistada pelos assírios e, em 573 a.C., a cidade de Tiro caiu nas mãos de Nabucodonosor, rei babilônico. No século VI a.C., a Fenícia passou a fazer parte do Império Persa, mas o golpe derradeiro ocorreu em 332 a.C., quando Alexandre Magno, da Macedônia, conquistou a região.

O comércio foi a atividade básica da economia mesopotâmica, mas os fenícios também desenvolveram a indústria naval, a produção de tecidos e a metalurgia. As florestas do Líbano permitiram aos fenícios construir uma frota numerosa. Importavam ferro e prata da Península Ibérica (onde fundaram a cidade de Gadir – hoje Cádis), escravos, ouro e marfim do Norte da África (onde fundaram a colônia de Cartago), papiro e trigo do Egito; exportavam joias, vasos, estatuetas e tecidos.

No reinado fenício, a classe dos comerciantes ricos exercia o domínio político em cada cidade, governada por um rei. A diversidade arquitetônica das casas fenícias que foi possível conhecer revela a existência de uma marcada diferenciação social. A camada dominante era formada pelos comerciantes, aristocratas e sacerdotes. Abaixo vinham os pequenos comerciantes e artesãos. A camada dos não privilegiados, a maioria da população, era composta pelos trabalhadores (agricultores, artesãos, marinheiros) e escravos.

A religião fenícia era politeísta, semelhante à de outros povos do Oriente Médio, embora também apresentasse características e influências de religiões e crenças de outras áreas como o Mar Egeu, o Egito e mais tarde a Grécia, em consequência dos contatos comerciais. Sua origem semita os condicionava a um parentesco com os hebreus e se autointitulavam como cananeus.

Painel fenício de marfim que representa um leão devorando um jovem, séculos IX-VIII a.C.

Cada cidade tinha seu deus, Baal (senhor), associado muitas vezes a uma entidade feminina – Baalit. O Baal de Sidon era Eshmun (deus da saúde). Biblos adorava Adônis (deus da vegetação), cujo culto se associava ao de Ashtart (a caldeia Ihstar; a grega Astarteia), deusa dos bens terrestres, do amor e da primavera, da fecundidade e da alegria. Em Tiro, rendia-se culto a Melcart e Tanit.

Entre os rituais fenícios mais praticados, tiveram papel essencial os sacrifícios de animais, mas também os humanos. Em geral os templos, normalmente divididos em três espaços, eram edificados em áreas abertas dentro das cidades. Os sacerdotes e sacerdotisas frequentemente herdavam da família o ofício sagrado.

A arte fenícia foi fortemente influenciada pelos modelos egípcio e mesopotâmico. Não fizeram grandes construções, dedicando-se mais à confecção de estatuetas e joias. No campo das ciências, desenvolveram relativamente a astronomia, para orientação nas navegações, e a matemática, para a construção de embarcações.

A civilização ocidental deve aos fenícios a difusão do alfabeto, cuja origem é indefinida, talvez de procedência egípcia. É muito provável que tenha sido concebido devido à necessidade de identificação de produtos a ser comercializados. O alfabeto fenício foi criado com 22 consoantes que se escreviam da direita para a esquerda e difundiu-se pelo Mediterrâneo, sendo adotado por judeus e gregos, que introduziram as vogais. Os gregos foram os primeiros a receber essa importante herança fenícia, que remonta ao século XIV a.C.

Alfabeto fenício.

1 Qual o papel da mulher na sociedade cretense? Em que medida era diferente das demais sociedades da Antiguidade?

_____

_____

_____

_____

_____

_____

2 Que relação podemos estabelecer entre a religião e a valorização da mulher na civilização cretense?

_____

_____

_____

3 O alfabeto é uma invenção que parte da ideia de representar não a coisa em si, mas o som. O alfabeto é uma tentativa de desenhar o som da língua. Ele é resultado da decomposição do som das palavras em sílabas ou em fonemas – o som das letras. Comparando com a escrita dos egípcios e mesopotâmicos, qual a importância da invenção do alfabeto pelos fenícios? Conversem sobre essa questão.

_____

_____

_____

_____

_____

4 Quais fatores levaram os fenícios a desenvolverem o comércio marítimo e dominarem as rotas do Mediterrâneo?

_____

_____

_____

_____

5 Leia com atenção o texto a seguir.

Teseu e o Minotauro

Nasceu um menino, que cresceu vigoroso e forte como um herói. Aos dezesseis anos seu vigor físico era tão impressionante que Etra decidiu contar-lhe quem era o pai e o que se esperava dele. Teseu ergueu então a enorme pedra antes movida por Egeu, recuperou a espada e as sandálias do pai, e dirigiu-se para Atenas.

Em Atenas o rei Egeu, já idoso, estava casado com a feiticeira Medeia, que tentava acabar com a famosa esterilidade do rei também por meio de encantamentos. A princípio, Teseu não mostrou os objetos que trouxera e não foi reconhecido pelo pai; mas Medeia percebeu imediatamente quem era o jovem e fez planos para se livrar dele.

Minotauro no labirinto, num mosaico romano, encontrado em Conímbriga, Portugal.

Medeia fez então com que o rei convidasse Teseu para jantar, para que ela pudesse envená-lo discretamente. Na ocasião, porém, Egeu reconheceu a espada em poder do jovem, derramou a taça de veneno e disse a todos os presentes que Teseu era seu filho e herdeiro. Medeia foi repudiada e banida para a Ásia.

Por esse tempo Atenas vivia torturada pelo pesado tributo em vidas humanas que se via obrigada a pagar a Minos, rei de Creta.

O caso é que um filho de Minos, Androgeu, que fora a Atenas participar de certos jogos, vencendo-os, despertara a inveja e o ciúme de muitos jovens atenienses que, despeitados, o assassinaram. Minos declarou guerra a Atenas, venceu e fixou o seguinte tributo: a cada três anos (ou todos os anos, ou ainda a cada nove anos), os atenienses teriam de mandar a Creta sete rapazes e sete moças, que seriam oferecidos ao furioso animal, metade homem, metade touro, que vivia encerrado no Labirinto. Se o Minotauro morresse, o tributo cessaria.

Chegou a época da terceira remessa de jovens, e Teseu fez questão de ser um deles: queria vencer o monstro e livrar a cidade. Egeu concordou, a contragosto, e combinou um sinal com o filho: se tudo corresse bem, o navio retornaria com velas brancas; caso contrário, com velas negras.

Quando os rapazes e moças desembarcaram em Creta, Ariadne, filha de Minos e Pasífae, apaixonou-se por Teseu e resolveu ajudá-lo: deu-lhe um rolo de fio para marcar o trajeto dentro do labirinto e, assim, sair sem problemas. Teseu enfrentou então o Minotauro, venceu-o e, após sabotar os navios cretenses para evitar qualquer perseguição, voltou a Atenas com os companheiros e Ariadne.

No retorno, porém, Teseu não foi tão feliz. Durante uma parada na ilha de Naxos, Ariadne desapareceu ou, segundo outra versão, foi abandonada por Teseu; logo depois, o deus Dioniso recolheu-a e fez dela sua esposa.

O herói esqueceu-se, também, do que combinara com o pai, e não colocou velas brancas no navio. Em Atenas, Egeu aguardava o retorno de Teseu; vendo que o navio se aproximava com velas negras, pensou que havia perdido o único filho e lançou-se ao mar, do alto da acrópole. É em sua homenagem que o Mar Egeu tem esse nome.

Disponível em:<http://greciantiga.org/>. Acesso em: jun 2012. Texto adaptado.

a) Conversem com o professor e seus colegas sobre a lenda e o que ela poderia simbolizar quanto à civilização cretense.

b) Em grupo, criem uma história em quadrinhos ou uma dramatização da lenda do Minotauro. Exponham os quadrinhos no mural da classe ou apresente a dramatização. Depois da exposição/apresentação, conversem com os demais grupos sobre as diferentes interpretações que foram feitas.

6 Releia o texto de J. Isaac, G. Dez e A. Weiler na página 62. Com base na descrição, desenhe um barco cretense e um barco fenício.

Barco cretense	**Barco fenício**

Trabalho em grupo

7 Para encerrar, vamos fazer um jogo rápido. A classe deve dividir-se em duas turmas e responder às questões a seguir. Cada resposta certa vale 1 ponto. Qual turma fará mais pontos?

a) Povo que valorizava as mulheres.

b) Dedicaram-se ao comércio marítimo e viviam em uma ilha.

c) Inventaram o alfabeto.

d) Comercializavam uma tinta púrpura extraída de moluscos.

e) Dedicaram-se ao comércio marítimo e estavam localizados em uma região do Oriente Próximo.

f) Segundo a mitologia, um herói grego libertou o povo de um monstro que vivia em um labirinto. Quem foi esse herói?

g) O labirinto citado na lenda de fato existiu. Foram encontradas ruínas de um palácio que corresponde à descrição da lenda. Como se chama esse palácio e onde fica?

h) Fundaram muitas colônias, inclusive na Península Ibérica.

i) Qual a região marítima dominada comercialmente primeiro por cretenses e depois por fenícios?

A PÉRSIA

Os dominadores do Oriente antigo

Tribos nômades, originárias da Ásia Central e do sul da Rússia, estão na origem étnica do Império Persa (539 a.C.-331 a.C.). Os primeiros habitantes do planalto onde hoje se localiza o Irã dedicaram-se ao pastoreio e, nos vales férteis, desenvolveram o cultivo de cereais, frutas e hortaliças. A região era rica em recursos minerais, encontrados nas montanhas vizinhas: ferro, cobre, prata etc.

O povo persa conseguiu organizar um vasto império que se estendeu da Ásia Menor até o vale do Rio Indo. Nesse Império, houve a fusão cultural entre os persas e os povos conquistados, dos quais eram exigidos pesados impostos.

O Império Persa foi governado por uma monarquia absoluta teocrática. Possuiu quatro capitais: Susa, Persépolis, Babilônia e Ecbátana. Destaca-se o sistema administrativo persa, que foi um dos mais perfeitos da Antiguidade oriental.

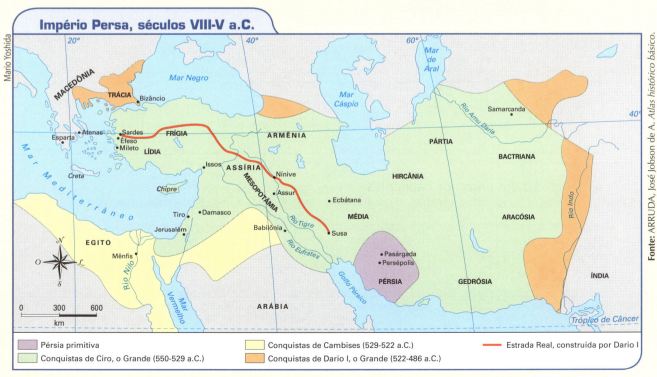

Império Persa, séculos VIII-V a.C.

Mario Yoshida

Fonte: ARRUDA, José Jobson de A. *Atlas histórico básico.* São Paulo: Ática, 2005. p. 9.

- Pérsia primitiva
- Conquistas de Ciro, o Grande (550-529 a.C.)
- Conquistas de Cambises (529-522 a.C.)
- Conquistas de Dario I, o Grande (522-486 a.C.)
- Estrada Real, construída por Dario I

Remonta a 6 000 a.C., data presumível da primeira comunidade instalada no planalto iraniano, entre o Mar Cáspio e o Golfo Pérsico. Segundo Heródoto e outros historiadores gregos da Antiguidade, o nome Pérsia deriva de Perseu, antepassado mitológico dos soberanos daquela região. Desde tempos ancestrais, sucessivos grupos étnicos estabeleceram-se na região. Ao longo do terceiro e do segundo milênios anteriores à era cristã, foram formados os reinos dos guti, dos cassitas e dos elamitas, entre outros. No segundo milênio, surgiram também as primeiras tribos indo-europeias, provavelmente originárias das planícies do sul da Rússia, e, no início do primeiro milênio, ocorreu a segunda chegada de povos indo-europeus, entre os quais estavam os medos, que se instalaram ao norte, e os persas, ao sul.

Desde o século VIII a.C., os medos tinham constituído um reino e um exército ágil e organizado. Valendo-se disso, submeteram os outros povos iranianos, inclusive os persas, cobrando-lhes tributos. Essa situação prolongou-se até 550 a.C., quando o príncipe Ciro, o Grande, liderou uma rebelião contra os medos e saiu vitorioso. Com o objetivo de obter riquezas e resolver problemas causados pelo aumento da população e pela baixa produção agrícola local, Ciro, o Grande, deu início ao expansionismo persa. Em poucos anos, o exército persa apoderou-se de uma imensa área. Ciro tornou-se, então, o imperador do Oriente antigo.

ATIVIDADES

1 Escreva uma frase relativa à Pérsia para cada item.

a) fronteiras

_____

b) clima

_____

c) geografia

_____

d) atividades dos primeiros habitantes

_____

e) recursos minerais

_____

f) formação do Império Persa

_____

A formação do Império

O rei persa Ciro, o Grande, da dinastia Aquemênida, rebelou-se contra a hegemonia do Império Medo e, em 550 a.C., derrotou Astíages, apoderou-se de todo o país e, em seguida, empreendeu a expansão de seus domínios. A parte ocidental da Anatólia era ocupada pelo reino da Lídia, ao qual estavam submetidas as colônias gregas da costa da Anatólia. Uma hábil campanha do soberano persa, que enganou o rei lídio Croesus com uma falsa operação de retirada, resultou na sua captura, em 546 a.C. A ocupação da Lídia se completou mais tarde com a tomada das cidades gregas, as quais, à exceção de Mileto, resistiram durante vários anos.

A ambição de Ciro voltou-se então para a conquista da Babilônia, a poderosa cidade que dominava a Mesopotâmia. Ciro tirou proveito da impopularidade do rei babilônio Nabonido e se apresentou como eleito pelos deuses da cidade para re-

Cilindro de barro com escrita cuneiforme, da Babilônia, atual sul do Iraque, 539-530 a.C. Esse artefato contém um relato do rei Ciro da Pérsia sobre a conquista da Babilônia, em 539 a.C., e a captura de Nabonido, último rei babilônio.

ger seu destino, e, apoiado pelos sacerdotes, aristocratas e militares, dominou-a facilmente em 539 a.C. Por sua ordem, nesse mesmo ano, os judeus retornaram à Palestina, terminando assim o Cativeiro da Babilônia. Ele incorporou ao Império toda a Mesopotâmia, a Fenícia e a Palestina.

Ciro fundou um novo centro real na cidade de Pasárgada, sua terra natal. Mais tarde, voltou sua atenção para o Irã e a Ásia central e se encontrava em campanha nessa região quando foi assassinado em 530 a.C.

O sucessor de Ciro, o Grande, foi seu filho Cambises II, que em seu reinado, de 529 a 522 a.C., empreendeu a conquista definitiva do Egito em 525 a.C., então governado pelo faraó Ahmés II, da 26ª dinastia. Ahmés tentou defender suas fronteiras com a ajuda de mercenários gregos, mas, traído por estes, abriu as portas do Egito a Cambises, que cruzou o Sinai e destroçou o exército de Psamético III, sucessor de Ahmés, na batalha de Pelusa. A capital egípcia, Mênfis, caiu em poder dos persas e o faraó foi aprisionado e deportado.

Do Egito, Cambises tentou levar a cabo a conquista de Cartago, o poderoso império comercial do Mediterrâneo ocidental, mas a frota fenícia negou-se a colaborar com a campanha, o que a inviabilizou. Ao retornar de uma vitoriosa expedição à Núbia, o exército persa foi dizimado pela fome. Cambises morreu assassinado em uma revolta interna. Foi sucedido por Dario I.

Dario I, chamado o Rei dos reis, governou de 521 a 485 a.C. Sufocou revoltas internas e estendeu o domínio do Império até a Índia. Tentou dominar a Grécia, mas foi derrotado.

A administração do Império

Os reis Ciro e Cambises fizeram inúmeras conquistas, mas não se preocuparam com a administração do Império. Dario I, porém, sentiu a necessidade de estabelecer uma administração que lhe permitisse controlar o vasto território que englobava diferentes povos. Respeitou seus costumes, suas leis e suas línguas.

Dividiu o Império em 20 grandes províncias, conhecidas como **satrapias**. Cada uma delas era governada por um sátrapa, indivíduo da alta nobreza indicado pelo rei e responsável pela arrecadação dos impostos em seu território. Uma parte dos tributos ele usava para manter a administração e o exército; a outra, enviava para o rei. Os sátrapas eram fiscalizados por funcionários reais, conhecidos como **"os olhos e os ouvidos do rei"**.

Para garantir o controle do Império, o rei possuía um poderoso exército e mandou construir uma rede de estradas ligando os grandes centros, que lhe permitiam mandar seus funcionários ou o exército de um extremo ao outro com relativa facilidade. A mais famosa era a estrada real, que ia de Susa até Sardes, na Ásia Menor.

Ele organizou um eficiente sistema de correios e instituiu uma moeda, o **dárico**, cunhada em prata ou ouro, para facilitar as atividades comerciais.

O governo de Dario I não só marcou o apogeu do império, mas também o início de sua decadência. Quando os persas, tentando dominar a Grécia, foram derrotados, Xerxes, filho de Dario que o sucedeu no poder, também foi derrotado pelos gregos. Em 330 a.C., o Império Persa caiu sob o domínio de Alexandre, da Macedônia.

Baixo-relevo com representação do rei persa Dario I, o Grande, em seu trono. Século V a.C.

O ator brasileiro Rodrigo Santoro no papel de rei Xerxes, no filme 300 (2007). O filme, baseado na HQ de Frank Miller, conta a história da batalha das Termópilas, ocorrida no verão de 480 a.C., no desfiladeiro das Termópilas, na Grécia central. Ali, de acordo com a tradição veiculada pelo historiador Heródoto de Halicarnasso, 300 espartanos sob o comando de seu rei Leônidas, acompanhados por não mais de 7 mil aliados de outras cidades-estados gregas, enfrentaram pouco mais de 1 milhão de persas liderados por Xerxes, filho de Dario I.

A economia persa

Inicialmente, os persas tinham sua economia baseada na agricultura, na criação de gado e na exploração de minérios. Com a formação do Império, o comércio passou a ser uma atividade importante, dando origem a uma camada de ricos comerciantes. Por ele passavam rotas de caravanas comerciais ligando a Índia e a China ao Mar Mediterrâneo. O comércio impulsionou a indústria de tecidos de luxo, joias, mosaicos e tapetes de rara beleza.

Museu Britânico, Londres, Inglaterra, s.d.

Moeda cunhada no governo de Dario I. Em uma das faces observa-se um arqueiro, representando o rei persa.

Museu Nacional do Irã, Teerã, s.d.

Vaso de ouro, que pertence ao Museu Nacional do Irã, tem inscrições feitas especialmente para o imperador Xerxes.

A religião persa

Os preceitos estabelecidos pelo reformador religioso **Zoroastro** ou **Zaratustra**, no século VI a.C., combinados com alguns cultos antigos, deram origem à religião persa conhecida como masdeísmo. Seus princípios estão contidos no livro sagrado denominado *Zend-Avesta*.

Os persas aceitavam a existência de duas divindades opostas, que estavam sempre em luta: Ormuz-Mazda (o Bem) era o deus da luz e criador das coisas boas da Terra; Arimã (o Mal) era o responsável pelas doenças e pelas desgraças do mundo, sendo o deus das trevas. A vitória final seria de Ormuz-Mazda, que lançaria Arimã num precipício.

Acreditavam também na imortalidade da alma, na ressurreição dos mortos e no juízo final. Diante da luta entre o Bem e o Mal, o homem deveria optar sempre pelo primeiro, pois só assim poderia enfrentar o juízo final com esperança de uma vida eterna.

Museu Nacional do Irã, Teerã, s.d.

Bracelete reproduz a luta entre Ormuz-Mazda, deus do Bem, e Arimã, deus do Mal.

As artes

A arte persa recebeu influência assíria, babilônica, egípcia e grega. Toda a vasta produção artística (arquitetura, baixos-relevos, altos-relevos) dos persas é fruto da fusão das concepções artísticas dos povos com os quais entraram em contato.

A arquitetura foi a arte mais desenvolvida, destacando-se as construções do Palácio de Ciro e do Palácio de Dario, em Persépolis.

Museu Britânico, Londres, Iglaterra, s.d.

Baixo-relevo em pedra mostrando um servo, século IV a.C. Persépolis, Irã.

Museu do Louvre, Paris, França, s.d.

Coluna da sala de audiências do palácio de Dario I.

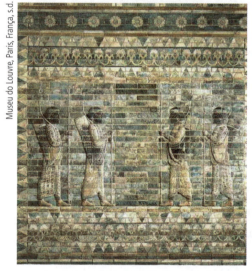

Museu do Louvre, Paris, França, s.d.

Mosaico persa, 510 a.C. Especula-se que são representações dos arqueiros do exército de Dario I, chamado por Heródoto, o historiador grego, de "os imortais".

Museu Nacional do Irã, Teerã, s.d.

Esta placa de prata com uma declaração de Dario I contém o mesmo texto em três línguas: persa antigo, elamita e babilônio. A peça foi encontrada em Persépolis, antiga capital do Império Persa.

Ginolerhino

Dário I, governante do auge do Império Persa, foi responsável pelo projeto de dois magníficos palácios, o de Persépolis e o de Susa. Na foto, ruínas do Palácio de Dário I, em Persépolis, Irã. Foto de 2010.

Depois da morte de Alexandre, a Pérsia ficou sob o domínio de um de seus generais, Seleuco. No ano 226 da era cristã, estabeleceu-se a dinastia dos Sassânidas, que difundiu amplamente a religião de Zoroastro. Em 651, os árabes conquistaram a Pérsia e introduziram a religião islâmica, que marcaria toda a história posterior do país.

A invasão árabe não só representou para o Irã uma ruptura com o passado como afetou toda a Ásia ocidental, progressivamente conquistada para a civilização muçulmana. No século XIX, o Irã perdeu o Cáucaso, cedido à Rússia depois da guerra de 1813, e seu território se tornou presa cobiçada tanto por ingleses quanto por russos.

Durante a Primeira Guerra Mundial, os exércitos russo e britânico ocuparam parcialmente o país. Em 1921, depois da saída dos exércitos estrangeiros, houve uma rebelião da brigada cossaca que levou ao poder o general Reza Khan.

Em 1935, o governo iraniano solicitou aos governos estrangeiros que passassem a chamar o país pelo nome de Irã e não mais por Pérsia, como as nações ocidentais o designavam (seus habitantes, porém, sempre deram ao país o nome de Irã).

A simpatia do xá pelos alemães levou à ocupação do país por soviéticos e britânicos em 1941. O xá Reza viu-se obrigado a abandonar o Irã e abdicar em favor do filho, Mohamed Reza Pahlevi.

Depois de um período turbulento, marcado pela nacionalização do petróleo em 1951, o xá conseguiu realizar a chamada revolução branca, destinada a conseguir uma melhor distribuição das terras, erradicação do analfabetismo, secularização da educação, melhora das comunicações e maiores direitos para as mulheres. O principal aliado nesse período foram os Estados Unidos. Os vultosos recursos provenientes da exportação de petróleo foram empregados, em parte, numa industrialização rápida, porém mal controlada e coordenada, que favoreceu a inflação e a corrupção administrativa.

República islâmica. A crise econômica e a política ocidentalizante do xá alimentou a oposição dos ativistas religiosos dirigidos do exílio pelo aiatolá Ruhollah Khomeini. Diante da pressão popular, o xá deixou o Irã em 16 de janeiro de 1979 e pouco depois, em 1º de abril, Khomeini declarou a república islâmica. Sua política se caracterizou pela supressão de todas as medidas pró-ocidentais anteriores, a aplicação estrita da lei do Alcorão, a abolição das medidas que favoreciam a situação da mulher, a execução de oficiais e simpatizantes do antigo regime, a ruptura das relações com os Estados Unidos e a perseguição aos comunistas como inimigos de Deus.

Em setembro de 1980, o governo do Iraque ordenou a invasão da província iraniana do Khuzistão, dando início a uma guerra em que os dois países consumiram grande parte dos recursos provenientes do petróleo e causou milhões de baixas em ambos os países. Um cessar-fogo suspendeu as hostilidades em 1988.

O aiatolá Khomeini morreu em 1989. Ali Akbar Hashemi Rafsanjani, eleito presidente nesse mesmo ano, adotou uma política mais moderada.

Disponível em: <www.brasilescola.com/geografia/ira.htm>. Acesso em: jul. 2012. Texto adaptado.

ATIVIDADES

1. Quais as características da administração de Dario I?

_____

_____

_____

2. Quais as atividades econômicas desenvolvidas pelos persas?

_____

_____

3 Na internet, os *blogs* (espécie de diários virtuais) são valiosas fontes para a compreensão do Irã, seus problemas e desafios. O *site Global Voices Online* é uma iniciativa sem fins lucrativos do projeto "global citizens media", criado pelo Centro Berkman para Internet e Sociedade da Escola de Direito de Harvard, e conta com uma equipe formada por blogueiros vivendo em diferentes países. São pessoas que entendem o contexto e a relevância da informação e ajudam a iluminar aspectos que não são mostrados pela grande mídia.

Leia a seguir uma notícia publicada no *Global Voices Online* (observe, também, as fotos).

O protesto pacífico de mulheres iranianas no domingo (4 de março de 2007) foi violentamente reprimido pela polícia e mais de 32 ativistas, incluindo vários jornalistas e blogueiros, foram presos. Graças ao blogueiro Kossof você pode ter acesso a algumas fotos de ativistas que foram detidas. Blogueiros iranianos estão publicando detalhes sobre o que aconteceu, com fotos dos que foram presos e as motivações do protesto.

O blogueiro Khorshidkhanoum nos dá um resumo do que aconteceu:

Em frente à Corte Revolucionária de Teerã, as forças de segurança policial atacaram uma mobilização pacífica de ativistas pelo direito das mulheres que acontecia por volta de 8:30, em protesto à recente repressão governamental e indiciamento de algumas das ativistas. As forças policiais usaram violência para dispersar a multidão, e prenderam pelo menos 21 manifestantes.

 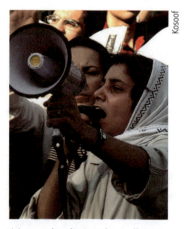

Azadeh Forghan e Nooshin Ahmadi Khorosan – ativistas pelos direitos das mulheres no Irã. Fotos de 2006.

Cinco mulheres, membros do movimento pelo direito das mulheres, que tiveram que comparecer a audiência na corte, saíram do prédio em socorro a suas colegas ativistas, e foram também detidas após deixarem a audiência.

O blogueiro Azadeh Pourzand afirma que os organizadores de duas das maiores campanhas atuais, a "Apedrejamento Nunca Mais"* e "1 Milhão de Assinaturas para Mudar a Lei Discriminatória", estavam entre as defensoras dos direitos das mulheres atacadas pela Polícia de Segurança Nacional.

* O adultério é punido, no Irã, com a condenação à morte por apedrejamento (chamado também de "lapidação").

Disponível em: <http://pt.globalvoicesonline.org/2007/03/06/>. Acesso em: jun. 2012.

a) O que os blogueiros noticiaram?

_____

_____

_____

b) O que você observou nas fotos?

_____

_____

_____

c) Procure no texto da página 73 referências históricas que possam explicar a situação das mulheres no Irã.

_____

_____

_____

4 Leia o texto abaixo, reflita sobre o que estudou neste capítulo, e depois responda ao que se pede.

*A **Civilização Fenícia** foi uma grande exceção na Antiguidade: ocupando uma estreita faixa de terra do litoral do mediterrâneo até as montanhas do Líbano, o povo fenício dividiu-se politicamente, fazendo com que suas cidades possuíssem autonomia política uma frente a outra, como cidades Estado, não havendo, portanto, um Estado centralizado. A economia baseava-se no comércio, principalmente marítimo, pelo Mediterrâneo. Alcançando a Península Ibérica, possibilitou a formação de uma camada enriquecida, responsável pelo controle político da cidade. Portanto, dizemos que nas cidades fenícias houve uma Talassocracia (Governo "daqueles que vêm do mar").*

Disponível em: <http://www.historianet.com.br/conteudo/default.aspx?codigo=24>. Acesso em jul.2012. Texto adaptado.

• Havia mobilidade social na civilização Fenícia? Justifique sua resposta.

_____

_____

_____

5 O Império Persa englobava diferentes povos, mas seus costumes, suas leis e suas línguas não foram respeitados.
Converse com a classe e deem exemplos, da história de nosso país, de povos que subjugaram outros e não respeitaram seus costumes, suas leis, suas línguas. Relatem as consequências desse fato para os povos subjugados.

A CHINA E A ÍNDIA

Civilizações do Extremo Oriente

Há mais de 4 mil anos, desenvolveram-se, na região da Ásia, duas grandes civilizações, a chinesa e a hindu, ambas muito importantes para o mundo ocidental.

Franck Camhi

O Taj Mahal, na Índia, construído no século XVII, foi uma homenagem do imperador Shah Jahan à sua esposa. Embora pareça um palácio, trata-se de um mausoleu. Foto de 2012.

Digital Vision/Getty Images

A muralha da China começou a ser construída em 221 a.C. e levou mais de dois milênios para ficar pronta, sendo concluída apenas no século XV. Foto de 2012.

O território da China é formado por planícies férteis, graças à presença de dois rios: o Huang He (Rio Amarelo) e o Yang Tsé (Rio Azul).

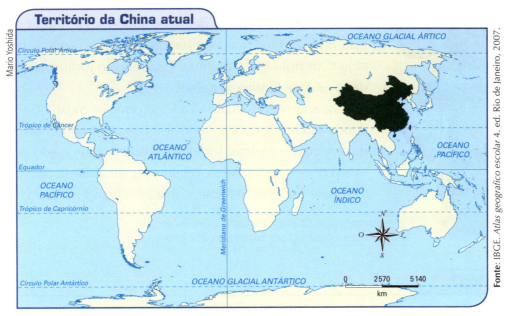

Veja no planisfério o território que a China ocupa.

Segundo a tradição, essa região era habitada por agricultores, pastores e artesãos. Com o passar do tempo, constituíram um grande Império e, para se defender dos invasores, construíram a Grande Muralha, terminada por volta de 210 a.C.

Os chineses criavam o bicho da seda em plantações de amora e, com os fios, teciam a seda, que chegou a ser comercializada em várias partes do mundo na época. Vendiam também outros produtos, como armas, objetos de marfim, jade e porcelana. Utilizavam a pólvora para fazer fogos de artifício, muito apreciados por eles. Foram também os inventores da bússola e do papel, além de criarem uma forma de impressão, a xilogravura.

A Índia é uma grande península situada ao sul do continente asiático.

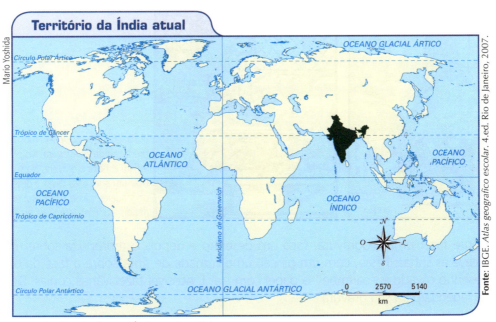

Veja a localização da atual Índia no planisfério.

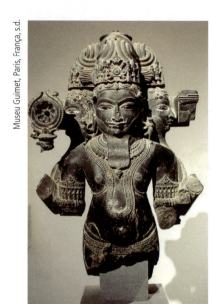

A região é cortada por dois grandes rios, o Indo e o Ganges, que fertilizam a terra, propiciando o desenvolvimento da agricultura.

Um dos grandes destaques dessa civilização é a religião. Inicialmente, cultuavam vários deuses e adoravam as forças da natureza. Essa religião modificou-se, dando origem a outra, o bramanismo, cujo deus principal é Brahma. Essa religião justificou a organização da sociedade hindu em castas.

Mais tarde, no século VI a.C., o príncipe Sidarta Gautama abandonou seu reino, consagrando-se à busca de valores mais elevados e do serviço ao próximo. Tornou-se o Buda, o Iluminado. A religião derivada do seu pensamento, o budismo, difundiu-se pela China, Japão e Sudeste Asiático. Até hoje, conta com grande número de adeptos.

Estatueta do século XII do deus Brahma, considerado, pelos hindus, a representação da força criadora ativa no universo.

Você sabia?

Parte da história das civilizações chinesas e idianas não é conhecida em virtude da ausência de documentação escrita ou de escritas ainda não completamente decifradas. Mas, pelos vestígios e documentos encontrados, sabe-se que atingiram grande desenvolvimento para a época.

ATIVIDADES

1 Observe as xilogravuras.

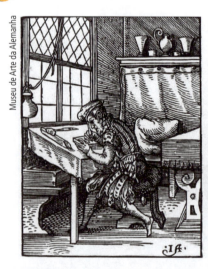 

Ilustrações do século XVI mostrando a produção da xilogravura. No primeiro: o artista esboça a gravura. No segundo: após usar um buril para cavar o desenho no bloco de madeira, passa a tinta sobre o bloco para, depois, imprimir a gravura no papel.

Agora, tente fazer uma xilogravura: faça um desenho e depois o reproduza sobre uma barra de sabão e cave as linhas. Passe, com um pincel, uma camada de tinta sobre a face da barra em que está o desenho cavado e "carimbe" o papel com ela. É possível fazer várias cópias. Dê um título e faça uma legenda para sua gravura.

2 O que propiciou o desenvolvimento da agricultura:

a) na China?

_____

_____

b) na Índia?

_____

_____

3 A que atividades se dedicavam os primeiros habitantes:

a) na China?

_____

_____

b) na Índia?

_____

_____

4 Entre as invenções dos chineses citadas no texto da página 77, qual delas você considera a mais importante? Por quê? Troque ideias com a classe e depois escreva sua opinião.

_____

_____

_____

_____

A civilização chinesa

Pelos vestígios encontrados, sabe-se que, desde 3 000 a.C., nas margens do Rio Amarelo, viviam comunidades de agricultores, pastores e artesãos. Por volta de 1500 a.C., houve a unificação política dessas comunidades, iniciando-se o governo da dinastia Chang, que permaneceu no poder até aproximadamente 1027 a.C.

A dinastia Chang governou no centro e no norte da atual China. A capital estava situada em Anyang, perto da fronteira norte. A base da economia era a agricultura; praticavam a metalurgia e o artesanato. A sociedade era aristocrática; à frente, sobressaía o rei, que liderava uma nobreza militar. Adoravam seus antepassados e uma profusão de deuses. O último monarca Chang foi expulso por um dirigente Chou, de um estado no vale do Rio Wei.

79

O Rio Amarelo / Huang He é o berço da civilização chinesa, além de ser o segundo mais longo da China e sexto maior do mundo. Foto de 2012.

À dinastia Chang, sucedeu-se a dinastia Chou (1122-256 a.C.). Durante esse período, a civilização chinesa estendeu-se gradualmente em direção ao norte e atingiu o Rio Azul. A grande expansão do território tornou impossível o controle administrativo direto e a responsabilidade foi delegada a senhores feudais, cada um deles encarregado de governar uma cidade murada e seu entorno. Com o tempo, essas comunidades dependentes foram tornando-se cada vez mais autônomas. Eram constantes os conflitos entre elas.

A sociedade era organizada em torno da produção agrícola. Os reis Chou mantiveram um controle efetivo sobre seus domínios até que, em 770 a.C., alguns estados se rebelaram e, com invasores nômades do norte, expulsaram os soberanos de sua capital. Do século VIII ao III a.C., ocorreu um rápido crescimento econômico e uma profunda mudança social, num contexto de instabilidade política extrema e um estado de guerra quase incessante.

Durante os séculos VII e VI a.C., houve breves períodos de estabilidade, decorrentes da organização de alianças entre os poderosos estados periféricos, sob a hegemonia do membro mais forte. No entanto, por volta do século V a.C., o sistema de alianças era insustentável e a China dos Chou caminhou para o chamado período dos Reinos Combatentes (481-221 a.C.), caracterizado pela anarquia.

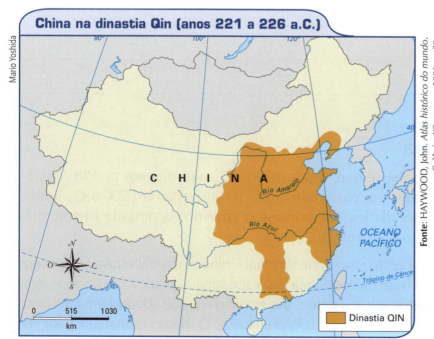

China na dinastia Qin (anos 221 a 226 a.C.)

Fonte: HAYWOOD, John. *Atlas histórico do mundo.* Colônia: Könemann, 2001. p. 59.

Dinastia QIN

O mapa mostra o território chinês unificado pela dinastia Qin.

Em 221 a.C., Qin Shi Huang Di, da dinastia Qin, unificou a China pelas armas e se proclamou imperador. O nome China deriva dessa dinastia. O imperador unificou os estados feudais em um império administrativamente centralizado e culturalmente unificado. Aboliram as aristocracias hereditárias e seus territórios foram divididos em províncias governadas por burocratas nomeados pelo imperador. A capital de Qin transformou-se na primeira sede da China imperial.

Em seu governo, o imperador Qin impôs a todos os chineses um mesmo sistema de escrita e de pesos e medidas. Também desenvolveu uma extensa rede de estradas e canais conectando as províncias, para assim acelerar o comércio entre elas, além de facilitar e agilizar o transporte de tropas no caso de uma província rebelde. Por volta de 200 a.C., para defender o Império das invasões estrangeiras, ordenou o início da construção da Grande Muralha, situada mais ao norte da atual e da qual restam apenas poucos vestígios.

Após sua morte, esse poderoso governante foi enterrado na província norte-ocidental de Xian. Em sua tumba, apareceram mais de 8 mil figuras de terracota (entre homens e cavalos), destinadas a proteger a cripta. Representam um dos regimentos do imperador, composto por oficiais perfeitamente equipados, arqueiros e jovens soldados a pé. O exército foi originalmente pintado com uma gama de cores brilhantes, que, com o passar do tempo, apagou-se.

Qin Shi Huang Di, primeiro imperador da China. Desenho do início do século XIX.

Exército de terracota, *Guerreiros de Xian* ou ainda *Exército do imperador Qin*, é uma coleção de mais de 8000 figuras de guerreiros e cavalos em terracota, em tamanho natural, encontradas próximas do mausoléu do primeiro imperador da China. Foram descobertas em 1974, próximas à cidade de Xian.

Seus sucessores ampliaram as fronteiras do Império Chinês, que se tornou poderoso e durou até 1912, quando foi proclamada a república.

Vida política, social e econômica dos chineses

A mais alta posição na sociedade chinesa era ocupada pelo imperador, considerado Filho do Céu. Na administração, era auxiliado pelos mandarins que, muitas vezes, tinham mais autoridade que o próprio imperador. Eles cuidavam do recolhimento dos impostos, organizavam e controlavam as atividades produtivas. Também detinham privilégios as classes dos militares, comerciantes e sacerdotes.

Os não privilegiados, que compunham a maioria da sociedade, eram os camponeses, que trabalhavam nas terras do estado e participavam da construção de estradas e diques, e os artesãos.

A China tem a mais longa tradição cultural do mundo, com uma história contínua de mais de 3 mil anos. A cultura chinesa conheceu uma notável longevidade e expansão geográfica que remonta pelo menos ao terceiro milênio antes de Cristo, época em que esse povo se concentrava na região do Rio Amarelo.

O princípio fundamental de todos os aspectos da cultura chinesa é o equilíbrio e, assim, sua arte é uma sutil mistura de tradições e inovações, de ideias autóctones e estrangeiras, de imagens profanas e religiosas. O artesanato chinês era bastante diversificado. Eram confeccionados vasos, objetos de marfim, jade e porcelana. Também conheciam a metalurgia e produziam peças de bronze, ferro e aço.

Os produtos chineses eram apreciados e comprados por outros povos, inclusive pelos romanos. Estabeleceu-se uma importante rota comercial, conhecida como Rota da Seda.

Metropolitan Museum of Art, Nova York, EUA, s.d.

Dançarina, artefato de cerâmica, século II a.C., dinastia Han (206 a.C.-9 d.C.).

A Rota da Seda

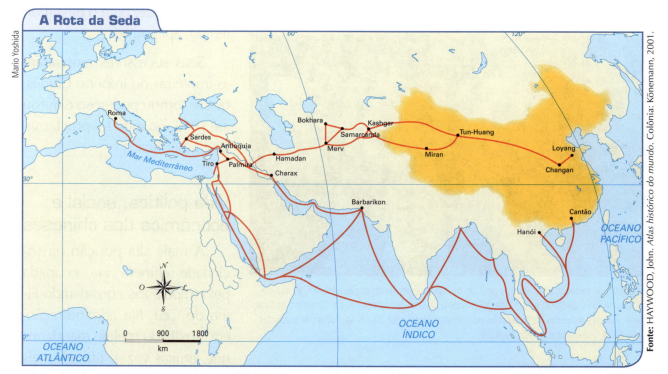

Mario Yoshida

Fonte: HAYWOOD, John. *Atlas histórico do mundo*. Colônia: Könemann, 2001.

A Rota da Seda se estendia da China até as estepes europeias, uma vasta região habitada principalmente pelos grupos étnicos nômades na Antiguidade. Como uma estrada, um elo, a Rota da Seda servia de plataforma para o intercâmbio entre as nações e as etnias por onde passava, ligando as principais civilizações da época. Na Antiguidade, ela aproximava quatro importantes impérios: o Império da dinastia Han chinês, o Império da Pártia, o Império dos Kushana e o Império Romano.

Em 53 a.C., numa campanha contra os ferozes partos, os soldados romanos notaram que o inimigo trazia bandeiras coloridas de um material iridescente. Os romanos aprenderam que aquele belo tecido era seda e que vinha de um grande reino do Oriente. À medida que o Império Romano cresceu em poder e riqueza, aumentou também a demanda por esse tecido de luxo, dando origem a um lucrativo comércio entre o Mediterrâneo e o longínquo Império da China. Alguma seda vinha por via marítima, mas a maior parte atravessava o Caminho da Seda, uma trilha tortuosa, cheia de perigos, que serpenteava por mais de 11 mil quilômetros e por meia dúzia de reinos asiáticos. As caravanas de camelos que traziam a seda enfrentavam tempestades de neve, no Himalaia, e de areia, no deserto de Takl' amakan. A maior ameaça vinha dos salteadores das montanhas da Ásia central. Para proteger as caravanas e manter a estrada aberta, soldados partos patrulhavam o caminho. A maioria dos bens comerciais conseguia passar e, com eles, o conhecimento sobre povos de outro continente.

Impérios em ascensão. Rio de Janeiro: Time-Life/Abril Livros, s.d. p. 116.

Pensamento chinês

Dentre as várias correntes do pensamento chinês, destacam-se o confucionismo e o taoísmo.

O sábio Kung-Fu-Tze, conhecido como Confúcio, afirmava que o homem consegue se aperfeiçoar por meio do controle de suas emoções, praticando as virtudes: retidão, prudência, caridade, justiça e amor filial. Entre as preocupações do confucionismo estão a moral, a política, a pedagogia e a religião.

O confucionismo foi um dos mais importantes aspectos da vida chinesa de 100 a.C. a 1900 d.C., influenciando áreas como a educação e o governo, além de orientar o comportamento social e os deveres do indivíduo em relação à sociedade.

Confúcio nasceu em uma família nobre, mas empobrecida, durante a dinastia Zhou. Seu sistema moral é baseado na empatia e na compreensão. É centrado em três conceitos, denominados *li* ou "ação ideal", *yi* ou "honradez", e *ren* ou "compaixão

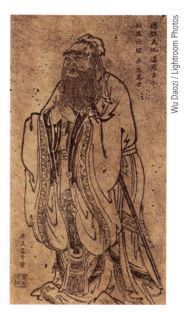

Desenho de Confúcio feita pelo celebrado artista chinês da Antiguidade Wu Daozi (685-758).

humana ou empatia". De acordo com o confucionismo, uma vida boa e obediente só poderia surgir em uma sociedade bem disciplinada, que valoriza a cerimônia, o dever, a moralidade e o serviço público.

Confúcio ensinou o valor do poder e acreditava que a solidez da lealdade familiar, o culto aos ancestrais, o respeito pelos mais velhos e a unidade familiar formavam a base de um bom governo. Em um de seus ditados, conhecido como "Regra de Ouro", ele declara que "um homem deve praticar o que prega, mas também deve pregar o que pratica".

Considerado o soberano supremo de todas as divindades chinesas, o imperador de Jade teria criado a humanidade do barro. Os taoístas, para ter boa sorte e longevidade, rezam para ele em seu aniversário e também na noite do Ano Novo chinês.

O taoísmo é o único conjunto de ensinamentos filosóficos e práticas religiosas que se originou na China. Foi criado por Lao-Tsé durante o período dos Reinos Combatentes (de meados do século V a 221 a.C.) e se tornou uma religião organizada no século V d.C. Seu texto fundamental é o Tao Te Ching, originalmente escrito por Lao-Tsé, e reflete sobre o caminho para a humanidade eliminar o conflito e o sofrimento.

Os taoístas acreditam que o homem deve viver em harmonia com a natureza por meio do Tao, ou "O Caminho", a ideia de uma grande harmonia cósmica. As crenças taoístas ressaltam o autodesenvolvimento, a liberdade e a busca da imortalidade. O taoísmo é muito influenciado pela religião popular chinesa, e os deuses taoístas são figuras históricas que demonstraram poderes excepcionais em vida.

A China do século XXI

Desde que o regime comunista decidiu abrir a China para investimentos estrangeiros, em 1978, o país se tornou uma das economias que mais cresce no mundo, além de estar entre as dez maiores.

Mas com as taxas de crescimento em cerca de 9%, alguns analistas alertam para um superaquecimento e para o fato de que o resto do mundo pode sofrer o impacto de possível recessão no país.

Nos últimos anos, a China também se tornou um gigante do comércio, conquistando o quinto lugar em exportações. O *boom* econômico, no entanto, trouxe ao país problemas sociais e na área de meio ambiente.

A China afirma que o número de pessoas pobres na zona rural caiu de 85 milhões, em 1990, para 29 milhões. Apesar disso, a maneira como o país calcula a pobreza é polêmica, e o Banco Mundial diz que esse número é muito maior.

O país está assistindo ao surgimento de uma nova classe de despossuídos – os pobres das grandes cidades. Isso se deve às demissões em massa nas estatais e à migração interna. O *boom* econômico também levou ao aumento da desigualdade de riquezas.

O crescimento econômico da China – e o aumento da demanda por energia – gerou um

Centro comercial de Pequim, capital chinesa por quatro séculos (1421 a 1911) e desde 1949. Seu nome significa Capital do Norte. Foto de 2010.

forte impacto no meio ambiente. Um relatório do Banco Mundial, de 1998, mostrou que 16 das 20 cidades mais poluídas do mundo ficam na China, que também é culpada por parte da poluição atmosférica no Japão e nas Coreias.

A China é o segundo maior emissor de gás carbônico (CO_2) do planeta e, como é considerada uma nação em desenvolvimento, ainda não tem que respeitar as exigências de redução.

A água também é outro motivo de preocupação no país. Os rios do norte estão secando, uma situação atribuída ao uso abusivo de suas águas e à profusão de represas. Por outro lado, a urbanização é tida como culpada pelas recentes enchentes que assolam o país.

Disponível em: <www.bbc.co.uk/portuguese/especial/1154_chinahoje/page4.shtml>. Acesso em: jun. 2012. Texto adaptado.

A civilização hindu

A história da Índia corresponde à chamada Civilização do Vale do Indo, localizada em uma região que abrange todo o subcontinente indiano, onde hoje se encontram a República da Índia, o Paquistão, Bangladesh, Sri Lanka, Nepal e Butão.

No Vale do Rio Indo, há mais de quatro mil anos, desenvolveu-se uma das primeiras civilizações indianas, que chegou a implantar uma rede de cerca de cem povoados, incluindo algumas cidades. As ruínas de uma dessas cidades, hoje conhecida como Mohenjo Daro, revelam a existência de ruas, calçadas, casas com tijolos de barro, piscinas para banhos públicos e até sistemas de fornecimento de água e canalização de esgoto.

Entretanto, o nome que tem sido usado, desde a década de 1980, é Civilização Harapeana (devido à cidade de Harappa), até porque essa foi uma cultura que se espalhou por uma área extensa e não apenas pelo Vale do Rio Indo.

De tipo agrário, essa civilização conheceu o uso do cobre e do bronze, não o do ferro. Para a olaria, usava-se o forno. A maior parte da população pastoreava os rebanhos e cultivava o trigo, a cevada, o gergelim, pepinos e colhia tâmaras; essa relativa prosperidade facilitou o progresso de um pequeno número de cidades-estado, que ocuparam a gigantesca

Rio Indo, norte do Paquistão, no início do século XXI.

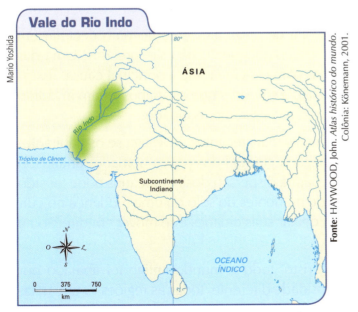

Localização do Rio Indo, em cujo vale floresceu uma das mais brilhantes civilizações da Antiguidade.

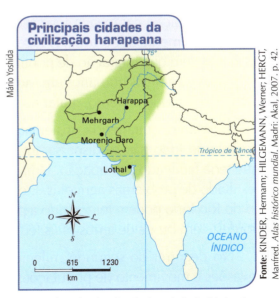

Mapa indicando a localização das principais cidades da civilização do Vale do Indo ou civilização harapeana.

85

extensão do Vale do Indo e afluentes e atingiu o vale do Rio Ganges na direção leste.

As ruínas remanescentes impressionam pela organização e o planejamento das cidades. Havia mais de uma centena de vilas e cidades na região e seus habitantes eram letrados, porém, sua escrita não foi completamente decifrada, o que nos deixa uma série de questionamentos sobre essa civilização.

Artefatos e vestígios descobertos em Mohenjo Daro permitiram aos arqueólogos reconstruir em parte essa civilização. As similaridades no planejamento e na construção entre Mohenjo Daro e Harappa indicam que elas foram parte de um sistema unificado de governo extremamente organizado. As duas cidades foram construídas com formatos e materiais semelhantes e, em razão das suas dimensões, podem ter sido capitais de suas províncias. Ao

Escultura harapeana de um sacerdote, Mohenjo Daro, Paquistão.

contrário de outras civilizações, não foram encontrados restos funerários ostensivos, o que sugere que nessa civilização haveria pouca distinção de classes. Também não foram localizados vestígios de templos ou palácios. A inexistência de evidências indicando atividades militares também sugere que se tratava de uma civilização pacífica.

A civilização harapeana era principalmente urbana e mercantil. Os habitantes do Vale do Indo comercializavam com a Mesopotâmia, sul da Índia, Afeganistão e Pérsia em busca de ouro, prata, couro e turquesa. O modelo mesopotâmico de agricultura irrigada foi utilizado para tirar vantagem das terras férteis ao longo do Rio Indo. Canais foram construídos para controlar as cheias anuais do rio. Essa civilização teria sido a primeira a cultivar o algodão para a produção de roupas. Diversos animais foram domesticados, incluindo o elefante, do qual era extraído o marfim.

A maior parte dos objetos de arte dessa civilização era de tamanho pequeno e de uso pessoal. Foram encontradas esculturas feitas em pedra-sabão, calcário e alabastro.

A civilização harapeana teve seu auge por volta de 2500 a.C. e começou a declinar em aproximadamente 2000 a.C. As razões para seu desaparecimento não são precisas. Uma das teorias sugere que migração de populações arianas para essa área seja a principal causa. Textos religiosos e vestígios humanos em Mohenjo Daro dão a entender que os arianos teriam invadido a região de modo violento, matando os habitantes e incendiando as cidades.

Entretanto, outra teoria, sustentada por evidências mais recentes, investiga se os habitantes do Vale do Indo não se dispersaram antes da chegada gradual dos povos nômades arianos, o que teria facilitado a ocupação. Uma das causas para a dispersão dos harapeanos pode ter sido resultado de problemas agrícolas. Erosão, perda de nutrientes do solo ou uma mudança no curso do Rio Indo podem ter forçado a população a deixar suas cidades e se mover em direção ao nordeste em busca de terras mais férteis.

No decorrer do segundo milênio antes de Cristo, todo o mundo antigo foi abalado por invasões e movimento de populações. Com intensidade diferente, todas as regiões foram afetadas. Os arianos (de pele clara) instalaram-se nos planaltos iranianos e na Índia setentrional, na planície dos rios Indo e Ganges.

86

A divisão em castas

Os conquistadores instauraram uma sociedade fechada e compartimentada em castas, fundada, primeiro, numa discriminação racial baseada na cor da pele e, depois, na função social. A religião predominante, o bramanismo, que tinha Brahma como a divindade principal, justificou essa organização da sociedade. Segundo a crença, o homem nasce predestinado a ocupar determinada posição social, ou seja, a pertencer a determinada casta. Acreditavam que a alma de uma pessoa renasceria em outro corpo e que, de acordo com a sua conduta em vida, poderia pertencer a uma casta superior ou inferior.

As castas sociais eram as seguintes:

- **brâmanes**, ou sacerdotes, considerados os intermediários entre os deuses e os homens. Ocupavam a posição mais importante na sociedade e eram considerados a casta mais pura;

- **xátrias**, ou guerreiros, ocupavam altos cargos públicos;

- **vaícias** eram camponeses livres, pastores, agricultores e artesãos;

- **sudras** formavam a camada mais baixa da população.

Museu Guimet, Paris, França, s.d.

Uma das representações de Shiva, uma das divindades do Trimurti, a trindade hindu (composta também pelas divindades Brahma e Vishnu). Shiva é o deus hindu da fertilidade. Seu culto foi iniciado na Índia por volta do ano 300 a.C. Acredita-se que Shiva passa a maior parte do seu tempo meditando no topo do Himalaia, e seria essa meditação que geraria a energia espiritual que dirige o universo.
De acordo com a tradição, o Rio Ganges teria surgido da cabeça de Shiva, e isso o tornaria um rio sagrado. As pessoas costumam se banhar no Ganges quando estão doentes para que as águas as façam melhorar. Os bois também são consagrados a Shiva e, por conta disso, a maioria dos indianos não come carne bovina. A criação do yoga também é atribuída a ele.

O budismo

Um príncipe chamado Sidarta Gautama, nascido no norte da Índia, próximo às fronteiras do atual Nepal, aos 29 anos de idade, abandonou seu reino, renunciando à sua posição social privilegiada. Consagrou-se à busca de valores mais elevados e do serviço ao próximo. Condenava o sistema de divisão em castas, alegando ser esse sistema responsável pelos preconceitos, exploração e sofrimento dos homens.

Gautama incentivava os homens a praticarem a meditação e o desprendimento em relação às coisas materiais. Tornou-se o Buda, o Iluminado.

Essa nova religião, o budismo, foi ganhando adeptos, até que, no século III a.C., foi considerada religião oficial. Da Índia o budismo se difundiu para outras partes do mundo: a China, o Japão e o Sudeste asiático. Até hoje conta com milhões de adeptos, inclusive no Ocidente.

Larry Lee Photography/Corbis/LatinStock

Estátua do Buda, na Ilha de Lantau, Hong Kong, China.

1 Leia o texto sobre a China no início do século XXI na página 84. Depois, analise os gráficos abaixo, escreva suas conclusões e as discuta com a classe os dados do período.

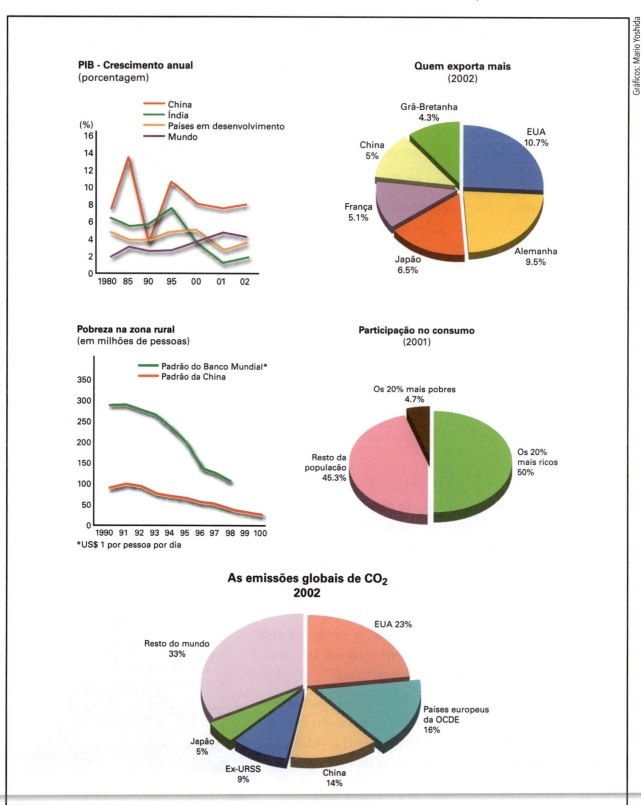

Gráficos: Mario Yoshida

PIB - Crescimento anual
(porcentagem)

- China
- Índia
- Países em desenvolvimento
- Mundo

Quem exporta mais
(2002)

- Grã-Bretanha 4.3%
- EUA 10.7%
- China 5%
- França 5.1%
- Japão 6.5%
- Alemanha 9.5%

Pobreza na zona rural
(em milhões de pessoas)

- Padrão do Banco Mundial*
- Padrão da China

*US$ 1 por pessoa por dia

Participação no consumo
(2001)

- Os 20% mais pobres 4.7%
- Resto da população 45.3%
- Os 20% mais ricos 50%

As emissões globais de CO_2
2002

- Resto do mundo 33%
- EUA 23%
- Países europeus da OCDE 16%
- China 14%
- Ex-URSS 9%
- Japão 5%

2 Leia com atenção os textos a seguir.

Texto 1

Goa é um estado da Índia. Situa-se na costa do mar da Arábia, a cerca de 400 km da capital Bombaim. É o menor dos estados indianos em território e quarto menor em população, e o mais rico em PIB per capita da Índia. A sua língua oficial é o concani, mas ainda existem pessoas neste estado que falam português.

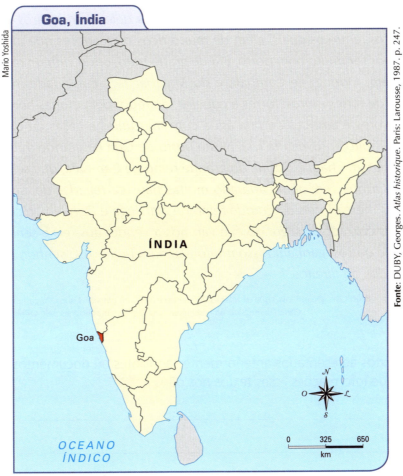

Localização de Goa, Índia.

Texto 2

Os gentios do reino de Goa são mais validos que os do reino de Cambaia. Têm formosos templos seus neste reino, têm sacerdotes ou brâmanes de muitas maneiras. Há entre estes brâmanes gerações muito honradas deles, não comem coisa que tivesse sangue nem coisa feita por mão de outrem [...]. As gentes do reino de Goa por nenhum tormento não confessarão coisa que façam. Sofrem grandemente e soem ser atormentados de diversos tormentos. Antes morrem que confessar o que determinaram calar. E as mulheres de Goa são jeitosas no vestir, as que dançam e volteiam o fazem com melhor maneira que todas as destas partes. [...] E costuma-se grandemente neste reino de Goa, toda mulher de gentio queimar-se por morte de seu marido. Entre si têm todos isto em apreço e os parentes dela ficam desonrados quando se não querem queimar e eles com admoestações as fazem queimar. As que de má mente recebem o sacrifício e as que de todo ponto não se queimam ficam públicas fornicárias e ganham para as despesas e fábricas dos templos donde são freguesas. Este gentios têm cada um uma mulher por ordenança, e muitos brâmanes prometem castidade e sustêm-na sempre. Nos outros portos de Goa se carrega muito arroz, sal, bétele, areca.

PIRES,Tomé. *Suma Oriental*. 1512-1515. Lisboa: Armando Cortesão, 1978. p. 212-218.

Texto 3

[Goa] é habitada de muitos mouros honrados, muitos deles estrangeiros de muitas partidas. Eram homens brancos, entre os quais, além de muito ricos mercadores que aí havia, eram outros lavradores. A terra por ser muito bom porto, era de grade trato, onde vinham muitas naus de Meca e da cidade de Adem, Ormuz, de Cambaia e do Malabar [...]. É a cidade mui grande, de boas casas, bem cercada de fortes muros, torres e cubelos; ao redor dela muitas hortas e pomares, com muitas formosas árvores e tanques de boa água com mesquitas e casas de oração de gentios. A terra é toda arredor muito aproveitada [...]. Neste porto de Goa há grande trato de muitas mercadorias de todo o Malabar, Chaul e Dabul, do grande reino de Cambaia, que se gastam para a terra firme. Do reino de Ormuz vem aqui cada ano muitas naus carregadas de cavalos, os quais vêm aqui comprar muitas mercadorias do grande reino de Narsinga e Daquem, e compram cada um a duzentos e trezentos cruzados e segundo é, e vão-nos a vender aos reis e senhores aqui das suas terras, e, todos, uns e outros, ganham nisso muito e assim el-rei nosso senhor, que de cada cavalo tem quarenta cruzados de direitos.

BARBOSA. Duarte. *Livro que dá relação do que viu e ouviu no Oriente*. Lisboa: Augusto Reis Machado, 1946. p. 89-91.
Obs.: Duarte Barbosa nasceu em Lisboa e fez várias viagens pelo Oriente. O livro foi escrito em 1516.

a) Quais dos textos apresentados anteriormente são fontes ou documentos históricos? Justifique. Que informações esses textos nos dão?

_____

_____

_____

_____

_____

b) O primeiro texto afirma que ainda se fala português em Goa. Por quê?

_____

_____

_____

_____

_____

Refletindo

3 Sublinhe a alternativa incorreta e explique por que a afirmação está errada.

a) A primeira dinastia que governou a China foi a Chang e seus soberanos eram, ao mesmo tempo, reis e sacerdotes.

b) A Grande Muralha foi construída para demonstrar o poderio do Império Chinês.

c) O Império Chinês durou até 1912, quando foi proclamada a república.

d) Muitas vezes, os mandarins tinham mais autoridade do que o imperador da China e, por isso, ocupavam a posição mais alta na sociedade.

e) Os camponeses compunham a maioria da sociedade chinesa.

f) Os produtos chineses eram comprados por vários povos, inclusive pelos romanos.

_____

_____

_____

4 Como o bramanismo justificava a divisão da sociedade hindu em castas?

_____

_____

_____

5 Em 221 a.C., Che Huang-Ti proclamou-se imperador e impôs a todos os chineses um mesmo sistema de escrita e de pesos e medidas. Troque ideias com a classe sobre essa unificação: vocês acham que ela foi positiva ou negativa? Por quê?

6 Lao-Tsé condenava o apego às riquezas materiais e defendia a ideia de que o homem deveria levar uma vida simples e natural, para atingir a harmonia consigo mesmo e com os outros. Você concorda com essas ideias? Conversem a respeito. Justifique as suas opiniões.

7 Sobre a divisão da sociedade hindu em castas:

a) Você concorda com a ideia de que a religião, o bramanismo, justificava essa divisão?

b) Faça uma pirâmide das castas sociais da sociedade hindu e outra da sociedade chinesa. Compare-as e escreva suas conclusões.

_____

_____

_____

_____

c) O sistema de castas hindu não permite mobilidade social. O que você acha disso? Discuta com os colegas da classe, comparando as suas opiniões.

d) Por que Buda condenava a divisão da sociedade em castas?

_____

_____

_____

_____

_____

e) Você concorda com ele? Por quê? Discuta com a classe.

Trabalhando em grupo

8 Além dos contextos internos vistos nesse capítulo e no anterior, o estudo histórico sobre a China, a Índia e outras regiões da Ásia precisa levar em conta também as relações existentes entre estes e outros povos, em especial os da África. A África é marcada por uma imensa diversidade. Os historiadores especializados na história da África apontam para as profundas diferenças linguísticas, econômicas, culturais, políticas, filosóficas e tecnológicas entre os povos africanos. Além de uma extensa rede de contatos que interligava diversas regiões do continente, as sociedades africanas estabeleceram, há muitos séculos, trocas comerciais e culturais com outras civilizações. Desde a Antiguidade, a circulação de pessoas, mercadorias e ideias foi intensa em diferentes partes do território africano.

Leia atentamente os textos abaixo, que focalizam em diferentes épocas as trocas entre os continentes asiático e africano, e depois faça o que se pede.

Texto 1

Desde pelo menos o século II a.C., as ilhas de Zanzibar (na altura da atual Tanzânia) eram conhecidas por navegadores que transitavam pelo golfo de Áden [no Chifre da África] e pelo oceano Índico. A longa viagem valia principalmente pelo marfim que lá se comercializava, mas também pelos cascos de tartaruga, chifres de rinoceronte, peles de felinos, plumas de avestruz, âmbar e ceras.

SOUZA, Marina de Mello e. *África e Brasil africano.* SP: Ática, 2006, p. 26.

Texto 2

A partir do século VII o islã se expandiu pelo norte da África, pelo vale do rio Nilo, pelas rotas do Saara e também pela costa oriental, através do mar vermelho, do golfo de Áden e do oceano Índico. Seus ensinamentos foram levados por exércitos e pregadores, um submetendo os povos, outros convencendo-os de suas ideia, valores e crenças. Mas foram os mercadores os principais intermediários entre o que vinha de fora e o que já existia no continente [africano].

SOUZA, Marina de Mello e. *África e Brasil africano.* SP: Ática, 2006, p. 31.

Texto 3

Sofala, Angoche, Moçambique, Quíloa, Mafia, Zanzibar, Pemba, Mombaça, Gedi, Manda, Lamu, Pate, Faza, Brava, Merca, Mogadixo e as outras cidades-estados integravam-se na grande rede comercial do Índico, dominada por muçulmanos, e eram servidas regularmente por navios que as ligavam às Comores, a Madagáscar, a Socotorá, a Meca, ao Iêmen, a Omã, à Pérsia, à Índia, ao Ceilão, à Indonésia e, indiretamente, à China.

SILVA, Alberto da Costa e. *A manilha e o libambo*: a África e a escravidão, de 1500 a 1700. Rio de Janeiro: Nova Fronteira, 2002, p.616.

Texto 4

*O litoral leste do continente africano começou a ser visitado pelos portugueses entre os anos de 1497 e 1499, na primeira viagem de Vasco da Gama à Índia, dando início a uma ligação marítima regular entre Ocidente e o Oriente. Nessa viagem, o navegador português, depois de aportar em Inhambane, chegou em 1498, à ilha de Moçambique. Também passou por Quelimane e Sofala, entrando em contato com a cultura suaíli resultante, no plano etnolinguístico, da população de língua banto acrescida de elementos do interior do continente e do exterior, tais como árabes persas e indianos, provenientes da costa **setentrional** do mar da Arábia e do oceano Índico. Foi grande a importância dessa costa marítima, desde o século X, quando Mombaça, Malindi, Kilwa, Inhambane, Moçambique, Quelimane e Sofala eram entrepostos dominados por mercadores árabes de Omã e indianos islamizados do Guzerate que em troca de ouro e do ferro levavam algodão, porcelanas, seda, miçangas, perfumes, e drogas medicinais.*

HERNANDEZ, Leila Leite. *A África na sala de aula*: visita à história contemporânea. SP: Selo Negro, 2005, p. 584. Texto adaptado.

a) Converse com o professor e seus colegas acerca dos conteúdos expostos nos trechos acima. Procure identificar:

- Os períodos abordados em cada um deles, bem como as respectivas regiões que estabeleceram contato com as sociedades africanas.

- As trocas comerciais e culturais estabelecidas entre povos africanos e povos asiáticos.

b) Reúna-se com seu grupo para produzir um mapa mostrando as redes comerciais estabelecidas através do oceano Índico, localizando as cidades e países citados nos textos lidos.

c) A partir das produções acima, avalie qual foi a importância do contato com a África para o desenvolvimento das sociedades indiana e chinesa e escreva abaixo suas conclusões.

_____

_____

_____

_____

_____

93

A GRÉCIA

A terra dos Jogos Olímpicos

Os gregos viveram na extremidade meridional da Península Balcânica e sua cultura se desenvolveu a partir da fusão das diversas populações que lá se estabeleceram nos últimos 8 mil anos. As mais antigas características culturais que podemos chamar de "gregas", no entanto, apareceram somente depois de 2300 a.C.

A partir de 500 a.C., a cultura grega influenciou de tal forma o mundo mediterrâneo que acabou por constituir um dos mais sólidos fundamentos de toda a civilização ocidental. Não temos, em geral, consciência de quanto a cultura grega permeia nossas vidas; somente em algumas áreas do conhecimento as contribuições são óbvias. Esse legado está presente em muitos aspectos de nossa cultura, na nossa maneira de pensar, em formas de governo que usamos, como a democracia, e até nos esportes, como é o caso da realização dos Jogos Olímpicos.

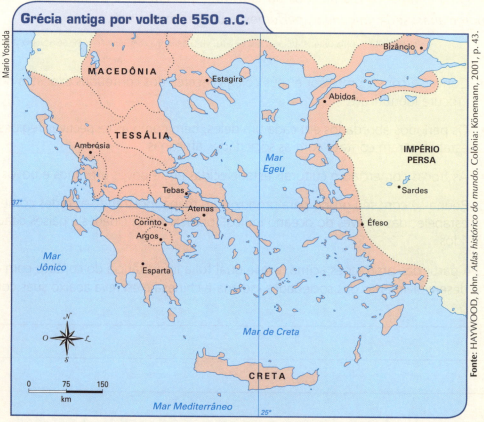

Grécia antiga por volta de 550 a.C.

Mario Yoshida

Fonte: HAYWOOD, John. *Atlas histórico do mundo*. Colônia: Könemann, 2001, p. 43.

Veja no mapa a Península Balcânica, onde se localizaram as cidades-estados gregas.

A civilização grega, considerada por muitos a principal matriz da civilização ocidental, teve como berço a Grécia antiga, uma área com cerca de 77 000 km² que abrangia três importantes regiões:

- a Grécia asiática: uma comprida e estreita faixa de terra situada na Ásia menor;
- a Grécia insular: ilhas dos mares Jônico e Egeu (entre as quais a maior é Creta);
- a Grécia continental: sul da Península Balcânica.

Por sua posição geográfica, a Grécia foi o elo entre a Europa e os povos do Oriente. Seu relevo montanhoso dificultava a comunicação interna, prejudicando a unidade política e favorecendo o isolamento entre as comunidades gregas, que se estabeleceram nas planícies a partir do Neolítico ou da Idade do Bronze. A ligação entre as cidades mais distantes, em geral, dava-se por via marítima, pois as costas recortadas e as ilhas numerosas e próximas umas das outras facilitavam a navegação.

Andrey Ushakov

A Ilha de Santorini, na Grécia, foi um importante porto naval durante o período helenístico (300 a 145 a.C.). Foto de 2010.

Os Jogos Olímpicos

Como a água é o melhor dos elementos, como o ouro está entre as melhores riquezas, como em pleno dia não há uma estrela tão luminosa quanto o Sol, assim não há vitória mais nobre que a que se consegue em Olímpia.

Píndaro (518 a.C- 438 a.C), *Olímpica I*.

A cada quatro anos, gregos de diferentes cidades chegavam à cidade de Olímpia para a celebração dos jogos, dos quais somente gregos livres podiam participar. Eram vetados a mulheres, escravos e estrangeiros, por não serem considerados cidadãos, isto é, por não terem direitos políticos.

Metropolitan Museum of Art, Nova York, EUA, s.d.

Como eram frequentes os conflitos entre as cidades gregas, dez meses antes do início dos jogos, mensageiros de Olímpia percorriam a Grécia, anunciando a trégua sagrada. Os Jogos Olímpicos representavam a manifestação do orgulho de ser grego.

Olímpia era considerada um espaço sagrado onde havia templos, edifícios para os atletas e poucas casas. Segundo a tradição religiosa dos gregos, foi Zeus quem celebrou a primeira corrida de carros; dessa forma, os jogos eram realizados periodicamente em sua homenagem.

Ânfora com pintura representando a competição de corrida, 530 a.C., Atenas, Grécia. Atribuída ao pintor grego Eufileto.

O estádio onde se celebravam os jogos comportava aproximadamente 45 mil pessoas. A sua duração era de sete dias. No primeiro dia, havia oferendas aos deuses e o desfile de atletas. Do segundo ao quarto, realizavam-se as provas de corrida e luta, das quais os atletas participavam nus. No quinto dia, havia o pentatlo, prova de cinco exercícios. No sexto, a corrida de carros.

No último dia dos jogos, os vencedores das provas eram aclamados, coroados com ramos de oliveira e, em uma procissão solene, dirigiam-se ao templo de Zeus.

Museu Britânico, Londres, Inglaterra, s.d.

Taça com pinturas mostrando a corrida com armas, um esporte incomum, chamado hoplitodromia. Atenas, Grécia, aproximadamente 480 a.C. Ela servia para lembrar aos gregos que um dos principais propósitos da prática esportiva era prepará-los para a guerra. Na hoplitodromia, os homens deviam correr lutando uns contra os outros portando armas, elmos e escudos pesados.

Karta/GFDL

Guenter Wieschend

Um dos monumentos mais grandiosos de Olímpia, cujas ruínas ainda hoje podem ser vistas, foi o templo de Zeus, que teria abrigado uma estátua feita pelo famoso escultor ateniense Fídias. Foto de 2006.

Ruínas de um estádio na cidade de Olímpia, Grécia. Foto de 2006.

Conversação entre o general persa, Mardônio, e alguns desertores gregos

— Que fazem neste momento os gregos? — perguntou Mardônio.

— Celebram a festa de Olímpia. Contemplam as provas atléticas e as corridas de carro — responderam os desertores.

— E qual é o prêmio dessas competições?

— Um ramo de oliveira — responderam os desertores.

— Então — respondeu um dos companheiros de Mardônio — infelizes de nós, Mardônio. Contra que tipo de homens você nos conduziu, que não lutam por ouro, nem por prata, e sim pela honra?

Heródoto, historiador grego, séc. V. Histórias. In: PRATS, Joaquin et al. *Ciências sociales*. Barcelona: Anaya, 1998. p. 149.

1 Qual a influência das condições geográficas da Península Balcânica na formação da civilização grega?

_____

_____

_____

_____

2 O que o documento do historiador grego Heródoto nos informa sobre os Jogos Olímpicos?

_____

_____

_____

Refletindo

3 Imagine que você é um habitante da Grécia, no início de sua história, e que está assistindo aos Jogos Olímpicos como eram realizados naquela época. Converse com seus colegas sobre os itens a seguir e depois escreva um texto que contenha essas informações:

a) A localização da Grécia;

b) Onde eram realizados os Jogos Olímpicos;

c) De quanto em quanto tempo eram realizados;

d) Quanto tempo duravam;

e) Quais eram algumas das competições.

4 Responda:

a) Quem podia e quem não podia assistir e participar dos jogos e por quê?

_____

_____

_____

b) Agora, troque ideias com a classe sobre as seguintes questões:

• Na sociedade grega, os escravos tinham direitos políticos?

• E as mulheres, elas sempre tiveram direitos políticos?

• Além das mulheres, que outro grupo por muito tempo não teve direitos políticos?

• Na nossa sociedade atual, que grupos você acha que sofrem segregação?

A formação do povo grego

Aproximadamente no ano 2000 a.C., a Península Balcânica, até então habitada por grupos de pastores seminômades, começou a ser ocupada por povos indo-europeus, provenientes das planícies euro-asiáticas, entre eles, os aqueus, os eólios, os jônios e os dórios.

Com o intuito de facilitar o estudo da história grega, costuma-se dividi-la em períodos:

• **Civilização creto-micênica**: (período pré-homérico) sociedades palacianas.

• **Homérico**: invasão dos dórios; fim dos palácios, dispersão dos camponeses.

• **Arcaico**: formação das *pólis* (Atenas, Esparta); criação de colônias.

• **Clássico**: apogeu; guerras contra a Pérsia; Guerra do Peloponeso; declínio.

• **Helenístico**: Macedônia conquista a Grécia; conquistas de Alexandre (Pérsia, partes da Índia e do Egito); difusão da cultura helenística.

A civilização creto-micênica

Por volta do ano 1600 a.C., a fusão entre grupos do continente e a civilização minóica de Creta levou ao surgimento da cultura micênica, nome derivado da cidade de Micenas, no continente. A civilização minoica, a mais característica de toda a região do Mar Egeu, foi notável por suas cidades populosas, com grandes edifícios e residências luxuosas; pela intensa atividade comercial; pelas conquistas artísticas, que incluíam a escrita; e pela forma de governo, que concentrava o poder político nas mãos de um rei, encarregado de administrar as riquezas do país. Após a invasão dos aqueus e dos dórios, a civilização cretense desapareceu para, anos mais tarde, dar lugar ao antigo mundo grego.

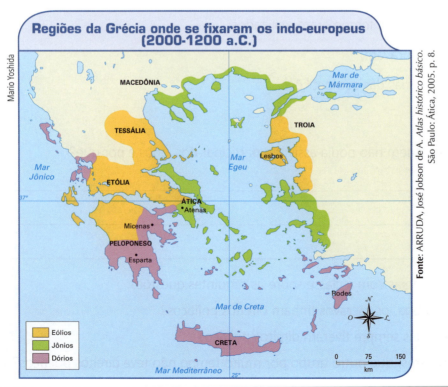

Mapa das invasões dos povos indo-europeus e a região em que se fixaram.

98

Os aqueus foram os primeiros a chegar. Concentraram-se no Peloponeso e fundaram cidades, entre elas Micenas. Em meados do século XV a.C., invadiram a Ilha de Creta, assimilando a cultura dos cretenses, surgindo, assim, a civilização creto-micênica. Expandiram-se pela Ásia Menor, invadiram e destruíram a cidade de Troia, ponto estratégico comercial entre os mares Egeu e Negro. Os eólios atingiram várias regiões, entre elas a Tessália. Os jônios se estabeleceram na Ática, onde mais tarde foi fundada a cidade de Atenas. A invasão dos dórios iniciou-se por volta de 1200 a.C. Destruíram a civilização creto-micênica, provocando a dispersão de parte de sua população para o interior e para as ilhas do Mar Egeu e a costa da Ásia Menor.

Esse episódio é conhecido como a **Primeira Diáspora.**

A guerra de Troia

Páris, um príncipe troiano, foi recebido na cidade de Esparta e, encantado com a rainha Helena, convenceu-a a fugir com ele. Os gregos, furiosos, interpretaram a fuga como um rapto e uma afronta à sua honra. Assim, vários reis reuniram seus exércitos e partiram para trazer a rainha de volta. Suas tropas cercaram a cidade de Troia e a guerra durou dez longos anos.

Um dia, Ulisses, um dos guerreiros gregos presentes no cerco, armou um plano para enganar os troianos, e sua ideia foi aceita. Para executá-la, os gregos construíram um cavalo de madeira e esconderam soldados no seu interior. Desmancharam os acampamentos e fingiram ir embora. Os troianos, julgando que aquele enorme cavalo fosse um presente, levaram-no para dentro das muralhas da cidade e festejaram o suposto fim da guerra. Porém, no meio da noite, quando todos dormiam, os guerreiros gregos saíram de dentro do cavalo e abriram os portões da cidade. Troia foi então invadida, saqueada e incendiada pelos exércitos gregos, que levaram a rainha Helena de volta para Esparta e deram por terminada a luta.

BIASOLI, Vitor. *O mundo grego*. São Paulo: FTD, 1998. p. 13 (Para conhecer melhor).

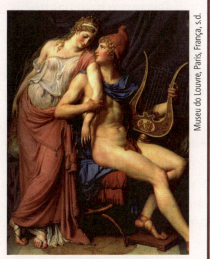

Museu do Louvre, Paris, França, s.d.

Detalhe da tela *O amor de Helena e Páris*, de Jacques-Louis David, 1788.

A guerra de Troia é um dos episódios mais contados da história grega. Teria ocorrido quando os aqueus atacaram a cidade de Troia, buscando vingar o rapto de Helena, esposa de Menelau, rei de Esparta. Discute-se, ainda, a possibilidade de a lenda ter algum fundamento histórico ou não; de qualquer forma, tanto a tradição como os arqueólogos e historiadores situam a legendária, rica e próspera cidade de Troia (ou Ílion) a noroeste da Ásia Menor.

O mito da Guerra de Troia foi uma grande e contínua inspiração para artistas e poetas gregos. A sua essência foi esboçada pelo poeta épico Homero (século VII a.C.), mas a tradição nunca foi firmemente fixada. Mais tarde, poetas adaptaram livremente o mito, engrandecendo pequenos episódios, introduzindo novos, variações locais foram incorporadas e diferentes (às vezes, contraditórias) interpretações foram oferecidas. Essa rica tradição também foi bastante explorada por artistas plásticos, que também sentiram-se livres para formular suas próprias visões e interpretações dos mitos.

Com o fim da civilização creto-micênica, a Grécia sofreu um processo de regressão. Várias cidades foram saqueadas, a escrita caiu em desuso e a economia passou a ser de subsistência. Socialmente, os gregos voltaram a viver em grandes famílias, os **genos**.

Tempos homéricos

Os tempos homéricos têm início com a invasão dos dórios, em 1200 a.C., e se estendem até 800 a.C. São assim denominados porque as principais fontes para o estudo desse período são as obras atribuídas ao poeta Homero, a *Ilíada* (relatos sobre a expansão dos aqueus na Ásia Menor) e a *Odisseia* (narrativa sobre a volta dos heróis gregos e a vida cotidiana).

O período homérico se caracteriza:

- pela organização em **genos**, famílias coletivas que reuniam descendentes de um antepassado comum. Cada geno era chefiado pelo membro mais velho, o *pater*, com autoridade militar, religiosa e política;

- pela economia sustentada na agricultura e no pastoreio. A terra era propriedade coletiva. A produção destinava-se à subsistência da família. O comércio era pouco desenvolvido e feito com base nas trocas diretas. Não havia a desigualdade econômica ou social típica das sociedades que se estruturam sobre a propriedade privada da terra e os meios de produção.

Por volta do século VIII a.C., iniciou-se o processo de desintegração das comunidades gentílicas. O crescimento populacional foi maior que o da produção e começou a faltar alimentos. As terras para o cultivo também eram poucas para tantas pessoas.

O *pater* passou então a dividir as terras. Beneficiou seus parentes mais próximos, dando-lhes os melhores lotes, que foram transformados em propriedades privadas. Alguns membros dos genos ficaram com terras menos férteis, e outros passaram a se dedicar ao artesanato ou ao comércio. Mas a maioria da população dos genos ficou sem terra nenhuma e começou a abandonar o território. Passou a existir acentuada desigualdade social. Formou-se uma poderosa camada, a aristocracia rural.

O período arcaico

O período da história grega que se estendeu do século VIII a.C. até o século V a.C. é denominado arcaico e caracteriza-se por transformações políticas e sociais e pela consolidação das cidades-estados. A monarquia foi sendo substituída pela **oligarquia**.

Houve o enriquecimento da aristocracia e a desigualdade social acentuou-se. A sociedade grega foi se tornando escravista. Os escravos eram conseguidos principalmente nas guerras, além de existir o escravismo por dívidas.

O surgimento da pólis

As tensões sociais e as crises levaram alguns genos a se unirem, formando uma **fratria**. Certo número de fratrias reunidas formava uma **tribo**. Aos poucos, as tribos de dada região passaram a se agrupar, formando a **pólis**, a cidade-estado grega. Portanto, não havia unidade política na Grécia antiga.

Em geral, a pólis surgia em torno da acrópole, um conjunto de edificações em um terreno elevado, para facilitar a defesa. Inicialmente, possuía economia autossuficiente e a forma de governo adotada era a monarquia.

Cada cidade-estado era governada por um rei, o **basileus**, assessorado por um conselho formado por representantes da aristocracia. Havia também uma assembleia popular composta pelos cidadãos, aqueles que tinham direitos políticos. A Grécia teve inúmeras cidades-estados importantes, dentre as quais se destacaram Esparta e Atenas.

A expansão colonial

As principais colônias gregas foram:
- no Mar Negro, Bizâncio (hoje Istambul);
- na Ásia Menor, Fócia, Esmirna, Éfeso e Mileto;
- na Península Itálica (Magna Grécia), Tarento, Crotona, Siracusa;
- na Gália, Massília (Marselha de hoje).

O último século do período homérico foi marcado por intenso movimento de colonização, decorrente da necessidade de terras férteis por causa do aumento populacional ocorrido na época. Foram colonizadas regiões do Mediterrâneo, o norte do Mar Negro, as costas asiáticas e o norte da África. Essa emigração grega foi denominada **Segunda Diáspora**.

As colônias eram politicamente independentes, apesar de manterem vínculos com suas cidades de origem. Consideravam-se pertencentes à comunidade helênica.

O colonialismo provocou uma expansão da agricultura, da pecuária e do artesanato, tanto nas colônias como na própria Grécia. Houve desenvolvimento comercial, como resultado da abertura de novas rotas. A Grécia importava alimentos e matérias-primas e exportava produtos elaborados (vinho, azeite, cerâmica etc.).

Esparta: a cidade dos guerreiros

Esparta, localizada na Lacônia, na Península do Peloponeso, foi fundada pelos dórios, que conseguiram dominar os aqueus e se apossaram de suas terras. Cercada por montanhas, não tinha saída para o mar. Assim, não desenvolveu o comércio e a navegação.

Segundo a tradição, a legislação que regia a vida de Esparta fora criada por Licurgo, personagem lendário que teria vivido na cidade no início de seus tempos.

A sociedade espartana estava organizada em três camadas sociais:

- esparciatas – essencialmente guerreiros, eram descendentes dos dórios, povo que conquistou a região. Eram a camada dominante, detentora das terras férteis, que possuía direitos políticos;

- periecos – os aqueus que não resistiram aos invasores. Eram homens livres, mas sem direitos políticos. Atuavam como pequenos camponeses, artesãos e pequenos comerciantes. Durante as guerras, eram convocados para o serviço militar;

- hilotas – os aqueus que resistiram à invasão. Compunham a maior parte da população. Eram servos do Estado e trabalhavam nas terras dos esparciatas.

Politicamente, Esparta era organizada para manter os privilégios da camada dominante. Os principais órgãos políticos eram:

- Diarquia – formada por dois reis, com autoridade religiosa e militar;

- Gerúsia – também conhecida como Conselho dos Anciãos, era composta por 28 esparciatas com mais de 60 anos. Fiscalizavam a administração e decidiam sobre a maior parte dos assuntos do governo;

- Ápela – era a Assembleia Popular, formada pelos cidadãos com mais de 30 anos. Sua principal função era eleger os éforos;

- Eforado – composto por cinco éforos, com mandato de um ano. Eram os verdadeiros administradores da cidade. Fiscalizavam os reis, controlavam o sistema educacional e distribuíam a propriedade entre os esparciatas.

A educação espartana

Os cidadãos de Esparta recebiam uma rígida educação militar, para atender aos interesses do Estado. As crianças que nasciam com defeitos físicos eram sacrificadas. A partir dos 7 anos de idade, as crianças do sexo masculino eram entregues ao Estado para a sua educação. Iam morar em alojamentos comuns, separadas por idade. Em relação à leitura e à escrita, só aprendiam o suficiente para suas necessidades. Eram instruídas a serem obedientes, resistentes à fadiga e a vencer nos combates. Praticavam corrida, salto, luta, manejo de armas etc. Aos 17 anos, treinavam para a guerra matando os hilotas. Aos 30 anos, tinham autorização para casar, mas continuavam vivendo nos acampamentos até os 60 anos, quando ocorria a sua liberação.

Também as mulheres espartanas praticavam exercício físico e deviam dar filhos sadios para o Estado. Tinham maior independência do que as mulheres das outras cidades.

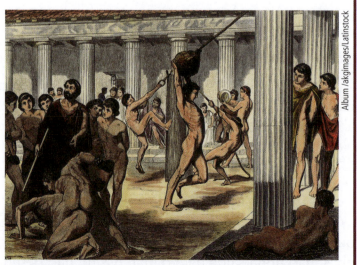

Gravura em madeira de Philipp Grot Johann, feita em 1880, representa o treinamento de guerreiros espartanos.

Atenas: o berço da democracia

A cidade de Atenas, localizada na Ática, nas proximidades do Mar Egeu, formou-se com a aglutinação de tribos jônicas. No século VIII a.C., era um núcleo rural, mas começava a desenvolver o artesanato e o comércio. Em pouco tempo, essas duas atividades ganharam importância na economia da cidade.

A sociedade ateniense era formada pelas seguintes camadas:

• eupátridas – os "bem-nascidos", camada aristocrática que detinha os privilégios, constituída pelos grandes proprietários de terras;

• georghois – pequenos proprietários de terras em regiões pouco férteis;

• thetas – não possuíam terras. Eram trabalhadores assalariados;

• demiurgos – artesãos e comerciantes concentrados no litoral.

Os estrangeiros que moravam em Atenas, geralmente dedicando-se às atividades comerciais e ao artesanato, formavam a camada dos metecos. Não possuíam direitos políticos nem podiam comprar terras.

Ruínas da Acrópole de Atenas, construída em 450 a.C. e a mais conhecida e famosa do mundo. Foto de 2011.

Atenas também possuía um número significativo de escravos. Eram prisioneiros de guerra ou pessoas condenadas por terem dívidas.

As transformações sociais e políticas

A monarquia foi a primeira forma de governo de Atenas. O poder era exercido por um rei, intitulado basileus. Gradativamente, os eupátridas passaram a limitar o poder do rei, instituindo o arcontado, um regime oligárquico em que o governo ficou nas mãos de nove arcontes eleitos pelo Conselho dos eupátridas.

O movimento de colonização favoreceu o desenvolvimento do artesanato e do comércio e transformou Atenas em um importante centro comercial. Os artesãos e comerciantes enriqueceram e passaram a reivindicar participação política.

O confronto entre os grupos sociais levou a uma crise política. Para resolvê-la, eram necessárias reformas. Os aristocratas encarregaram **Drácon** de elaborar um código de leis escritas para a cidade. Eram leis rígidas, mas que não conseguiram resolver os conflitos sociais.

Como as tensões sociais continuavam, um novo legislador, **Sólon**, propôs reformas mais radicais. Houve a abolição da escravidão por dívidas e a adoção de um novo critério de divisão social baseado na riqueza, aumentando o número de cidadãos. Entretanto, as reformas de Sólon também não conseguiram apaziguar os ânimos.

Essa crise facilitou a tomada do poder por Pisístrato, que instalou a **tirania**. Esse tirano deu terras dos aristocratas aos pequenos proprietários, concedeu empréstimos aos agricultores, incentivou a colonização e o comércio, construiu obras públicas.

Pisístrato foi sucedido pelos seus filhos Hípias e Hiparco, que deram continuidade às obras do pai. Contudo, Hiparco foi assassinado e Hípias, deposto.

Em 509 a.C., Clístenes, um aristocrata, realizou reformas que deram origem à **democracia** ateniense. O direito de cidadania foi ampliado. Passaram a ser considerados cidadãos os filhos de pai ateniense. Clístenes criou a **lei do ostracismo**, que era a condenação ao exílio de Atenas, por dez anos, às pessoas consideradas perigosas pelo Estado democrático ateniense.

A democracia ateniense atingiu o apogeu no século V a.C., com **Péricles**, que governou 14 anos e promoveu Atenas tanto política como culturalmente.

O governo democrático de Atenas era constituído da seguinte forma:

- Bulé – assembleia encarregada da elaboração das leis;

- Eclésia – votava as leis e escolhia os estrategos, encarregados de fazer executar as leis;

- Hileia – tribunais de justiça.

É importante lembrar que os cidadãos de Atenas representavam a minoria da sociedade. Não podiam participar da vida política as mulheres, os estrangeiros (que eram em grande número), os jovens e os escravos. Ao mesmo tempo em que se aperfeiçoavam as instituições democráticas, consolidava-se o escravismo.

ATIVIDADES

1 Os tempos homéricos podem ser divididos em duas fases. Na primeira, não havia desigualdade econômica ou social. Na segunda, passou a haver acentuada desigualdade social. Converse com a classe sobre os itens a seguir e depois responda-os.

a) O que provocou as mudanças de uma fase para a outra?

_____

b) Que mudanças foram essas?

_____

_____

c) O que essas mudanças provocaram?

_____

_____

2 Alguma dessas fases apresenta semelhanças com a nossa sociedade hoje? Qual delas? Que semelhanças são essas?

_____

_____

O período clássico (séculos V e IV a.C.)

O período clássico é marcado por grandes realizações nos campos político, artístico e intelectual. As criações artísticas e o pensamento grego mantiveram-se vivos no tempo e permanecem até hoje. Nesse período, a Grécia enfrentou e derrotou os exércitos do Império Persa.

Entretanto, também foi o momento em que se iniciou a decadência grega. Acentuaram-se as rivalidades entre as cidades-estados, que provocaram o enfraquecimento político.

Guerras Médicas

Os persas, na sua expansão imperialista, conquistaram as colônias gregas da Ásia Menor. Por ordem de Dario I, organizaram um poderoso exército e desembarcaram na planície de Maratona, próximo a Atenas. Foram derrotados pelos exércitos atenienses.

Em 480 a.C., Xerxes, filho e sucessor de Dario I, organizou um poderoso exército e invadiu a Grécia, incendiando Atenas. As forças unidas de Atenas e Esparta conseguiram expulsar os persas do território. Ao mesmo tempo, uma esquadra persa cercou o litoral grego, mas também foi derrotada pelos atenienses. Os persas recuaram para a Ásia Menor.

Com o término da guerra, Atenas organizou a Confederação de Delos, sob sua liderança. As cidades-estados aliadas contribuíam com recursos, mas mantinham a sua soberania político-administrativa. Atenas tinha a função de defender os interesses dos aliados, mas não interferia nas decisões internas dos governos.

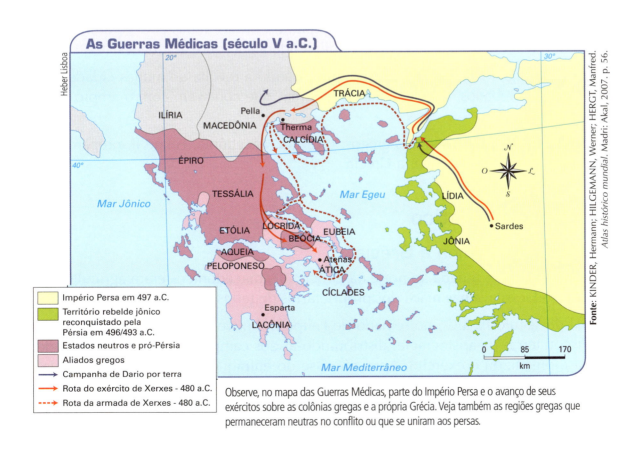

Fonte: KINDER, Hermann; HILGEMANN, Werner; HERGT, Manfred. *Atlas histórico mundial.* Madri: Akal, 2007. p. 56.

Observe, no mapa das Guerras Médicas, parte do Império Persa e o avanço de seus exércitos sobre as colônias gregas e a própria Grécia. Veja também as regiões gregas que permaneceram neutras no conflito ou que se uniram aos persas.

Atenas foi amplamente beneficiada com mão de obra escrava, navios e dinheiro. O regime democrático foi imposto a muitas cidades confederadas. Também, a moeda e os pesos e medidas de Atenas tiveram de ser adotados por todas as cidades.

O Século de Péricles

Péricles governou Atenas durante trinta anos (461-431 a.C.). Representava o Partido Popular e tornou-se ardoroso defensor da democracia escravista.

Durante seu governo instituiu a remuneração para os ocupantes de cargos públicos, assim como para marinheiros e soldados, realizou várias obras gerando empregos e estimulou o desenvolvimento intelectual e artístico, principalmente o teatro, marcado pelo antropocentrismo, característica fundamental da cultura grega, em suas tragédias ou comédias a preocupação era retratar a vida humana, buscando compreender tudo o que cercava o ser humano, na sua história e em seu cotidiano.

Todo o desenvolvimento da cidade estava baseado na exploração do trabalho escravo e no expansionismo sobre as demais cidades gregas, obrigando-as a manter a Confederação de Delos, mesmo após o final da guerra (448 a.C.), quando os persas já haviam sido derrotados.

[...] as intensas lutas existentes serviram para reforçar a histórica separação das cidades, culminando com a Guerra do Peloponeso, envolvendo praticamente todas as cidades gregas, polarizadas entre Atenas e Esparta.

Disponível em: <www.historianet.com.br/conteudo/default.aspx?codigo=27>. Acesso em: jun. 2012.

Guerras do Peloponeso

A hegemonia ateniense foi combatida por Esparta, provocando as Guerras do Peloponeso entre 431 a.C. e 404 a.C. Nessas guerras, Esparta, Corinto, Tebas e Megara uniram-se contra Atenas, que foi derrotada. Esparta assumiu a liderança sobre as cidades.

Os espartanos agiam com agressividade, provocando a revolta de muitas cidades. Foram vencidos pelos tebanos, frágeis militarmente, mas que contavam com o amplo apoio de aliados.

Aproveitando-se da desunião dos gregos, o rei da Macedônia, Felipe II, preparou um poderoso exército a fim de dominar a Grécia.

O período helenístico

A Macedônia domina a Grécia

A Macedônia estava situada ao norte da Grécia. Os macedônicos eram agricultores e pastores, e o poder estava nas mãos dos proprietários de terras e de escravos.

No final do século IV a.C., no reinado de Felipe II, houve a centralização do poder. O rei confiscou terras da aristocracia, distribuindo-as aos camponeses, diminuiu o poder da nobreza e organizou o exército. Aproveitou-se do enfraquecimento das cidades gregas, devido à rivalidade que existia entre elas, para iniciar a concretização de seu plano. Pretendia conquistar as cidades gregas, fazê-las suas aliadas e dominar o Império Persa. Em 338 a.C., Felipe II derrotou os gregos na Batalha de Queroneia. Dois anos depois, foi assassinado por seus generais.

A formação de um grande império

Com o assassinato de Felipe II, em 336 a.C., o poder passou para seu filho Alexandre Magno, que deu continuidade à política expansionista. Após derrotar a cidade de Tebas, iniciou a conquista da Ásia. Em 334 a.C., Alexandre atravessou o Helesponto e dominou a Ásia Menor. Logo depois conquistou a Síria, a Fenícia, a Palestina, o Egito e o Império Persa. Em 327 a.C., invadiu a Índia.

A fragmentação do império

O cansaço dos soldados, o calor e as chuvas obrigaram Alexandre a voltar para o Ocidente. Mas, em 323 a.C., ele morreu na Babilônia, capital de seu imenso império, vítima de uma febre. Logo após, os generais lutaram entre si, originando-se novos Estados:

- Seleuco ficou com a Pérsia, a Mesopotâmia e a Síria;
- Cassandro ficou com a Macedônia e a Grécia;
- Lisímico ficou com a Ásia Menor e a Trácia;
- Ptolomeu tornou-se faraó do Egito.

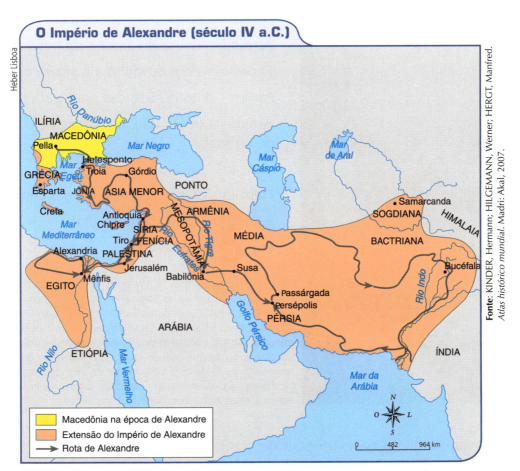

As campanhas de Alexandre contribuíram para a fusão da cultura grega com a cultura oriental, cujos grandes centros eram Alexandria, Pérgamo e Antioquia. Era a cultura helenística ou helenismo, com a predominância do idioma grego.

A cultura grega

O grande legado dos gregos repousa em sua extraordinária produção cultural, considerada a base da cultura ocidental. Podem-se citar como características da cultura helênica o humanismo, o otimismo e a simplicidade nas artes.

A religião

A religião grega era politeísta e antropomórfica. Os deuses eram considerados semelhantes aos homens, possuindo também sentimentos bons e maus, com a única diferença de serem imortais. Segundo a crença, eles viviam no monte Olimpo. Os principais eram:

Museu do Louvre, Paris, França, s.d.

Zeus – deus do céu e senhor do Olimpo;

Héstia – deusa do lar;

Hades – deus do mundo subterrâneo (inferno);

Deméter – deusa da agricultura;

Hera – deusa do casamento;

Poseidon – deus dos mares;

Ares – deus da guerra;

Atena – deusa da inteligência e da sabedoria;

Afrodite – deusa do amor e da beleza;

Dionísio – deus do vinho, do prazer e da aventura;

Apolo – deus do Sol, das artes e da razão;

Artemis – deusa da Lua, da caça e da fecundidade animal;

Hefestos – deus do fogo;

Hermes – deus do comércio e das comunicações;

Asclépio – deus da medicina;

Eros – deus do amor.

Busto de Zeus, conhecido como *Júpiter de Versalhes*. Encontrado em 1525, próximo do Portal do Povo em Roma. Feito em mármore, século II d.C. De acordo com as crenças gregas, o poderoso Zeus foi o rei de todos os deuses gregos e o administrador da justiça divina. Chefe dos céus (seus irmãos Poseidon e Hades mandavam no mar e no mundo dos mortos, respectivamente). Ele carregava um raio para demonstrar seu poder e associação com o tempo. Zeus viveu sempre nas montanhas do Monte Olimpo, de onde ele observava – e com frequência participava – da vida dos homens que viviam abaixo. Teve muito filhos, com sua esposa, a deusa Hera, e com muitas mulheres mortais.

Acreditavam também na existência de semideuses e heróis, que seriam seres mortais, mas capazes de praticar ações próprias dos deuses, como é o caso de **Teseu**, herói ateniense que matou o Minotauro, monstro metade homem, metade touro, que vivia no palácio do rei Minos, na ilha de Creta, conforme vimos no Capítulo 5.

As artes e as ciências

A arte grega era humanista e idealista. Na arquitetura, os gregos desenvolveram três estilos, conhecidos por suas colunas: o dórico (mais simples), o jônico (colunas mais leves) e o coríntio (mais luxuoso, tinha os capitéis enfeitados com folhas).

Colunas dóricas. Partenon, Atenas, Grécia.
O estilo dórico é o mais antigo e simples, com fortes colunas e frontões cobertos com esculturas que, naquela época, poderiam ter sido pintadas de azul ou vermelho para criar impacto. Foto de 2006.

O Partenon, na Acrópole de Atenas, é o melhor exemplo existente de templo dórico. Construído entre 480 e 323 a.C., representa todo o refinamento e estilo da arquitetura de Atenas nesse período. Templo da deusa Atena, foi posteriormente transformado em igreja e mesquita. Foto de 2005.

Coluna jônica. Atenas, Grécia.
O estilo jônico floresceu aproximadamente na mesma época nas cidades ricas da Ásia Menor. É mais suave e mais decorativo, com finas colunas que apresentam espirais no final do capitel. Foto de 2006.

Coluna coríntia, Templo de Zeus, Atenas, Grécia.
O estilo coríntio apresenta intrincadas folhas de acanto esculpidas no topo das colunas, significando influências do estilo vindas do Oriente Médio. A grandiosidade do estilo coríntio o transformou no tipo de construção favorito da Roma Imperial. Foto de 2002.

A escultura é, ao lado da arquitetura, a mais importante expressão artística da cultura grega. Exerceu decisiva influência sobre a arte romana, inspirou uma grande variedade de culturas do norte da África, do Oriente Próximo e do Oriente Médio, penetrou até a Índia durante a época de Alexandre, o Grande, definiu muitos dos principais parâmetros da arte da Renascença e do Neoclassicismo, e é uma referência das mais relevantes mesmo nos dias de hoje para toda a cultura do Ocidente. Na escultura, houve uma tendência para a criação de figuras humanas idealizadas. Fídias, grande escultor da época de Péricles, esculpiu a estátua da deusa Atena, no Partenon; Míron foi o autor do Discóbulo; Praxíteles foi o autor da estátua de Hermes.

A pintura na Grécia Antiga começou como ornamento da arquitetura. Não era raro encontrar painéis pintados decorando paredes. Entretanto, foi na cerâmica que a pintura grega mais se destacou, tornando-se as duas artes indissociáveis.

São famosos os vasos de cerâmica, harmoniosamente decorados, usados para o transporte e armazenamento de líquidos e mantimentos, entre outros. Os gregos nunca faziam vasos com propósitos simplesmente decorativos. Era uma arte utilitária. As ânforas panatenaicas, usadas como troféus nos jogos, eram exceções a essa regra. Percebe-se que nas pinturas gregas de vaso a mesma preocupação com uma anatomia observada nas esculturas, pois o corpo humano foi um dos principais temas de arte grega.

Ânfora de vinho, Atenas, Grécia, 540-530 a.C.

No campo da literatura e do teatro, o modelo criado pelos gregos perdura até os dias de hoje. Na poesia épica destacou-se Homero, com suas obras **Ilíada** e **Odisseia**. A poesia lírica era cantada com o acompanhamento de instrumentos musicais. Destacaram-se a poetisa Safo e o poeta Píndaro.

O teatro grego tinha a função não só de divertir, mas também de instruir. Dois gêneros se destacaram: a tragédia e a comédia. Na tragédia destacou-se Ésquilo, que escreveu *Prometeu acorrentado*, e Sófocles, autor, entre outras obras, de *Édipo Rei* e *Antígona*. Na comédia, pode-se citar Aristófanes, que escreveu inúmeras peças, entre as quais *As nuvens* e *As rãs*, criticando os políticos e a sociedade.

Ruínas de teatro greco-romano em Taormina, Sicília, Itália. Foto de 2006.

Nas ciências, os gregos contribuíram para o desenvolvimento da Matemática com Tales e Pitágoras; na Medicina, com Hipócrates de Cós, que descobriu que as doenças têm causas naturais; na História, com Tucídides e Xenofonte, que registraram fatos da vida dos gregos.

O Juramento de Hipócrates

"Prometo que, ao exercer a arte de curar, mostrar-me-ei sempre fiel aos preceitos da honestidade, da caridade e da ciência. Penetrando no interior dos lares, meus olhos serão cegos, minha língua calará os segredos que me forem revelados, o que terei como preceito de honra. Nunca me servirei da minha profissão para corromper os costumes ou favorecer o crime. Se eu cumprir este juramento com fidelidade, goze eu para sempre a minha vida e a minha arte com boa reputação entre os homens; se o infringir ou dele afastar-me, suceda-me o contrário."

Disponível em: <www.medicina.ufmg.br/noticiasinternas/wpcontent/uploads/2007/07/juramento-de-hipocrates-meidicna-ufmg.pdf>. Acesso em: jul. 2012.

O célebre Juramento de Hipócrates, pronunciado por grande parte dos médicos ocidentais em sua formatura, é um dos mais conhecidos e mais estudados textos da coleção hipocrática. Desde a Antiguidade ele tem sido atribuído ao médico Hipócrates de Cós – daí o título tradicional –, mas na realidade não sabemos quem o escreveu. Sua influência na cultura ocidental foi enorme, pois serviu de modelo a todos os códigos de ética da atualidade. Textos abreviados do juramento de Hipócrates, como este aqui apresentado, têm sido utilizados em diferentes países e idiomas, tendo em vista a extensão do texto original para leitura durante uma solenidade festiva como a da conclusão do curso médico.

A filosofia grega

Na Grécia desenvolveu-se a **Filosofia**, palavra que significa "amor à sabedoria". Os gregos buscavam explicar racionalmente o Universo, a vida e o homem. Mileto, colônia grega da Ásia Menor, reuniu vários filósofos que deram explicações sobre a origem do Universo. Destacaram-se Tales, Anaxímenes e Anaximandro.

Outro importante filósofo grego foi Pitágoras, que concebia o mundo governado pelos números, aos quais atribuía qualidades mágicas.

Durante o século V a.C., surgiram os sofistas, que tinham o homem como centro de suas especulações. Destacam-se Górgias, Hípias, Crítias e outros. O mais importante sofista, contudo, foi Protágoras, que dizia: **"O homem é a medida de todas as coisas"**.

No final do século V a.C., surgiu a Escola Socrática, fundamentada no pensamento de Sócrates. Esse filósofo não deixou nada escrito. O que sabemos sobre seu pensamento se deve ao que seus discípulos escreveram, principalmente Platão.

A filosofia socrática tinha como base a moral. Entre os seus preceitos filosóficos, podemos citar: **"Conhece-te a ti mesmo"** e **"Só sei que nada sei"**. Sócrates dialogava com as pessoas, mostrando a elas as contradições de seus conceitos, forçando-as a admitir a sua ignorância. Com base nisso, novos conceitos seriam formulados, sempre sujeitos a novas contestações. Esse é o método socrático. Devido às suas críticas à política ateniense, Sócrates foi condenado à morte.

Platão, discípulo de Sócrates, considerava que a razão humana é capaz de conhecer as ideias perfeitas (Bem, Beleza, Verdade, Justiça etc.). Esse conhecimento pode despertar no homem o desejo de possuí-las, alcançando, assim, a plenitude humana.

Estatueta retratando Sócrates, de aproximadamente 200 a.C.-100 d.C. Acredita-se que seja proveniente de Alexandria, Egito.

Museu Britânico, Londres, Inglaterra, s.d.

Escola de Atenas, de Rafael Sanzio, é uma das mais famosas pinturas do artista renascentista e representa a Academia de Platão. A obra é um afresco em que aparecem ao centro Platão e Aristóteles. Pintada entre 1509 e 1510, por encomenda do Papa Júlio II, representa diversos filósofos gregos e não gregos de diferentes épocas, além de vários cientistas, entretidos em animada conversação.

Palácio Apostólico, Vaticano, Roma, s.d.

Aristóteles, discípulo de Platão, considerava que, por meio da razão, o homem pode obter um conhecimento verdadeiro do mundo. Mas, para isso, deve pensar corretamente, e as normas para atingir esse objetivo estão contidas em sua obra, a Lógica.

Apologia*de Sócrates

Atenienses, tenho por vós consideração e afeto mas antes quero obedecer ao deus do que a vós, e, enquanto tiver um sopro de vida, enquanto me restar um pouco de energia, não deixarei de filosofar e de vos advertir e aconselhar, a qualquer de vós que eu encontre. Dir-vos-ei, segundo o meu costume: "Meu caro amigo, és ateniense, natural de uma cidade que é a maior e a mais afamada pela sabedoria e pelo poder, e não te envergonhas de só cuidares de riquezas e dos meios de as aumentares o mais que puderes, de só pensares em glória e honras, sem a mínima preocupação com o que há em ti de racional, com a verdade e com a maneira de tornar a tua alma o melhor possível?"

E, se algum de vós me replicar que com tudo isso se preocupa, não o largarei imediatamente, não irei logo embora, mas interrogá-lo-ei, analisarei e refutarei as suas opiniões e, se chegar à conclusão de que não possui a virtude, embora o afirme, censurá-lo-ei de ter em tão pouca conta as coisas mais preciosas e prezar tanto as mais desprezíveis. [...]

PULQUÉRIO, M. O. *Platão.* Apologia de Sócrates. Brasília: Editora da UnB, 1997.

* *Apologia*, em grego, é um "discurso de defesa". Nesse famoso diálogo, Platão reconstituiu a defesa apresentada por Sócrates (469-399 a.C.) em seu julgamento.

Platão (429-347 a.C.) não apresentou suas ideias em nenhum tratado sistemático, e seu pensamento tem de ser deduzido com base nos dos textos escritos em forma de "diálogo" em que ele não aparece abertamente. O encanto principal dos Diálogos consiste na encenação dramática, na descrição dos cenários, nos personagens divertidos e na ironia jovial de Sócrates (469-399 a.C.), personagem principal de muitos deles.

A cultura helenística

As campanhas militares de Alexandre proporcionaram intenso contato entre as regiões da África, Ásia e Grécia, ocorrendo a partir daí influências culturais recíprocas que deram origem à chamada cultura helenística. Houve grande influência da cultura oriental sobre a grega, porém as características gregas sempre foram dominantes.

É na religião que se mostra o maior contraste entre a cultura grega e a helenística. Esta última foi bastante impregnada de elementos orientais, principalmente no que diz respeito às crenças sobre morte e vida após a morte.

A arquitetura tornou-se grandiosa e luxuosa. Foram construídos inúmeros altares, rodeados de colunatas, e grandes palácios cercados de parques e jardins, como os de Alexandria, Pérgamo e Pela.

A escultura e a pintura tornaram-se mais realistas, retratando a violência, as paixões e o sofrimento humano. É bastante importante a noção de movimento, que os escultores faziam questão de colocar em seus trabalhos. Na pintura, a noção de perspectiva era cuidadosamente empregada e deu-se, pela primeira vez, séria atenção à paisagem como representação quase perfeita dos efeitos de luz e sombra.

Museu do Louvre, Paris, França, s.d.

Vitória Alada de Samotrácia. Esculpida no século II a.C., é considerada um símbolo da cultura helenística.

As ciências tiveram grande desenvolvimento, destacando-se Ptolomeu, na Astronomia; Eratóstenes, na Geografia; Arquimedes, na Física; Euclides, na Geometria; Herófilo, na Medicina, entre outros.

ATIVIDADES

1 Leia a letra da música "Mulheres de Atenas", de Chico Buarque de Hollanda. Em seguida, observe a imagem do vaso grego retratando o trabalho de mulheres e leia com atenção o texto de Xenofonte, filósofo grego, discípulo de Sócrates, na págins 114.

Mulheres de Atenas

Mirem-se no exemplo daquelas mulheres de Atenas

Vivem pros seus maridos, orgulho e raça de Atenas

Quando amadas, se perfumam

Se banham com leite, se arrumam

Suas melenas

Quando fustigadas não choram

Se ajoelham, pedem, imploram

Mais duras penas

Cadenas

Mirem-se no exemplo daquelas mulheres de Atenas

Sofrem pros seus maridos, poder e força de Atenas

Quando eles embarcam, soldados

Elas tecem longos bordados

Mil quarentenas

E quando eles voltam sedentos

Querem arrancar, violentos

Carícias plenas

Obscenas

Mirem-se no exemplo daquelas mulheres de Atenas

Despem-se pros seus maridos, bravos guerreiros de Atenas

Quando eles se entopem de vinho

Costumam buscar o carinho

De outras falenas

Mas no fim da noite, aos pedaços

Quase sempre voltam pros braços

De suas pequenas

Helenas

Mirem-se no exemplo daquelas mulheres de Atenas

Geram pros seus maridos os novos filhos de Atenas

Elas não têm gosto ou vontade

Nem defeito nem qualidade

Têm medos apenas

Não têm sonhos, só têm presságios

O seu homem, mares, naufrágios

Lindas sirenas

Morenas

Mirem-se no exemplo daquelas mulheres de Atenas

Temem por seus maridos, heróis e amantes de Atenas

As jovens viúvas marcadas

E as gestantes abandonadas

Não fazem cenas

Vestem-se de negro, se encolhem

Se conformam e se recolhem

Às suas novenas

Serenas

Mirem-se no exemplo daquelas mulheres de Atenas

Secam por seus maridos,

orgulho e raça de Atenas

BUARQUE, Chico; BOAL, Augusto. *Chico Buarque*: letra e música. São Paulo: Companhia das Letras, 1989.

113

Lugar de mulher é em casa...

(Iscômaco relatando)

A isso, Sócrates, minha mulher respondeu: "Em que coisas", disse, "eu poderia ajudar-te? De que seria eu capaz? A ti cabem todas as coisas; quanto a mim, minha função é ser ajuizada, minha mãe disse." Sim, por Zeus, mulher, eu disse, e meu pai também me disse [o mesmo]. Cabe aos ajuizados, portanto, tanto ao homem como à mulher, manter as coisas que têm da melhor forma possível e acrescentar muitas outras coisas de forma boa e justa. "Então tu sabes", disse minha mulher, "o que eu poderia fazer para nosso patrimônio crescer?" Sim, por Zeus, eu disse, as coisas que os deuses te fizeram capaz e o costume aprova, isso deves tentar fazer da melhor forma possível. "Que coisas seriam, então?" ela disse.

[...]

E o costume, eu disse, aprova as mesmas coisas, que homem e mulher formem um casal. E, como o deus os fez parceiros em relação aos filhos, o costume colocou-os como parceiros na casa. O costume, enfim, indicou como convenientes as coisas que o deus fez com que cada um fosse mais capaz. Para a mulher é melhor ficar dentro da casa do que ao ar livre, e para o homem é mais vergonhoso ficar dentro do que se encarregar [das tarefas] externas.

Xenofonte: Econômico 7.14-17 e 30. Disponível em: <http://greciantiga.org/arquivo.asp?num=0400>. Acesso em: jul. 2012.

Muitos vasos gregos mostram cenas do gineceu, o aposento das mulheres nos lares gregos. Neste vaso, o registro do centro mostra uma das mais importantes funções das mulheres gregas, a tecelagem e a confecção de roupas. Vê-se um grande tear e mulheres tecendo; à esquerda, uma delas segura um fuso. Ática, Grécia, 550-530 a.C.

Tendo como base os três documentos anteriores:

a) Procure no dicionário o significado das palavras que você não conhece;

b) Escreva um texto sobre o modo de vida das mulheres de Atenas, com base nas informações extraídas desses documentos.

_____

_____

_____

_____

_____

2 Nos tempos homéricos ocorreu intenso movimento de colonização.

a) O que provocou esse movimento?

_____

_____

_____

_____

_____

b) Quais as consequências desse movimento?

_____

_____

_____

_____

_____

3 Explique as razões que levaram à desintegração das comunidades gentílicas.

_____

_____

_____

_____

_____

4 Quais foram as principais realizações do tirano Psístrato?

_____

_____

_____

_____

_____

_____

5 O que estabelecia a Lei do Ostracismo? Quem a criou?

_____

_____

_____

6 No período arcaico acentuaram-se as desigualdades sociais na Grécia. Que mudanças ocorreram nesse período?

_____

_____

_____

7 O confronto entre os grupos sociais em Atenas levou a conflitos sociais e a uma crise política.

a) Faça um quadro-resumo das reformas feitas por Sólon e Clístenes para resolver esses conflitos.

b) Converse com a classe: qual dessas reformas você considera a mais importante? Por quê?

Refletindo

8 Imagine que lhe pedissem para propor reformas que ajudassem a resolver os conflitos sociais que existem no Brasil hoje. Pense e escreva as reformas que você faria.

_____

_____

_____

_____

9 Tanto Pisístrato, de Atenas, quanto Felipe II, da Macedônia, confiscaram terras da aristocracia para distribuí-las aos pequenos proprietários e aos camponeses. Como governante de um país em que houvesse má distribuição de terras, você tomaria a mesma atitude ou uma atitude semelhante à desses governantes? Como você agiria?

_____

_____

_____

_____

_____

_____

116

10 Nos conflitos sociais ocorridos em Atenas, os excluídos reivindicavam participação política. Troque ideias com os colegas de classe:

a) Na nossa sociedade, quais são as reivindicações dos excluídos?

b) Eles têm participação política?

c) Eles têm representação política?

d) As reformas que você propôs na questão 09 atenderiam a essas reivindicações? Justifique abaixo.

_____

_____

_____

_____

_____

_____

11 Troque ideias com os colegas de classe e depois anote suas conclusões.

a) Qual era a ideia de democracia que os gregos tinham?

b) Qual é a ideia de democracia que as pessoas têm hoje, na nossa sociedade? Ela se refere somente aos direitos políticos?

_____

_____

_____

_____

_____

12 Em sua opinião, qual foi a principal contribuição do imperador Alexandre Magno?

_____

_____

_____

Trabalhando em grupo

13 Para aprofundar o que vocês debateram na questão anterior, pesquise e converse com o seu grupo sobre as diferenças e semelhanças entre a democracia grega e a atual. Façam um quadro-mural demonstrando as semelhanças e diferenças. Exponham o seu quadro, observem os dos demais grupos e troquem ideias com a classe.

ROMA

Do Lácio ao mundo

A história do Império Romano marcou a formação do que conhecemos hoje como mundo ocidental. O latim falado pela população comum deu origem a diversas línguas, como o português, o espanhol, o francês e o italiano, além de ter influenciado profundamente outras.

David Iliff

O Coliseu de Roma tornou-se um dos símbolos da cidade por atestar a magnificência da arte e da cultura da Roma antiga. Foto de 2007.

Museus Capitolinos, Roma, Itália, s.d.

A estátua da loba, em bronze, mede 75 cm e teria sido feita no século VIII ou IX, segundo pesquisas recentes. As esculturas dos gêmeos foram acrescentadas ao conjunto mais tarde, nos séculos XIII e XIV, representando o mito da origem de Roma.

Entender como a pequena aldeia próxima à desembocadura do Rio Tibre, na região do Lácio da Península Itálica, transformou-se num dos impérios mais poderosos que a humanidade já conheceu tem fascinado o mundo ocidental. Ao longo de sua história, Roma conquistou muitos territórios e diferentes povos, criando e controlando um vasto Império.

Como os romanos conseguiram formar tão vasto Império? Como viviam? Como eram governados? Houve reação dos povos dominados?

Origem mitológica de Roma

Há também muitas lendas sobre a origem de Roma. Segundo uma dessas lendas, os romanos descendem do herói troiano Eneias. Seus filhos fundaram a cidade de Alba Longa. Mais tarde, seu descendente, Amúlio, destronou o irmão, Numitor, que era rei dessa cidade, e ordenou que seus filhos fossem mortos. Poupou apenas uma sobrinha, Reia Sílvia, mas condenou-a à castidade, tornando-a uma vestal, para que não tivesse descendentes.

Entretanto, Reia Sílvia quebrou o juramento de castidade e teve dois filhos gêmeos com o deus Marte: Rômulo e Remo. Enraivecido, o tio ordenou que as crianças fossem colocadas em um cesto e atiradas no Rio Tibre.

O cesto parou em uma das margens do rio, perto do Monte Palatino. Os meninos foram amamentados por uma loba, até que um pastor os encontrou e os criou.

Já adultos, Rômulo e Remo voltaram para Alba Longa, vingaram-se do tio e, às margens do Rio Tibre, fundaram uma cidade no ano de 753 a.C. Em uma disputa, Rômulo matou Remo e se tornou o primeiro rei dessa cidade, a qual chamou de Roma.

Origem histórica de Roma

Povos que habitavam a Península Itálica antes da fundação de Roma.

Antes da fundação de Roma, a Península Itálica era habitada por vários povos, entre eles, os **italiotas**, na região central, compreendendo várias tribos, como a dos latinos e a dos sabinos. Os **gauleses** localizavam-se ao norte, os **etruscos**, no meio-norte, e os **gregos**, ao sul.

Pelas pesquisas históricas, sabe-se que a região do Lácio era habitada por povos pastores que, para se defenderem de possíveis invasões, estabeleceram-se nas colinas próximas ao Rio Tibre. Sentindo-se ameaçados pelos etruscos e gregos, os latinos se uniram sob a liderança de uma das aldeias, Roma.

Roma foi dominando todos os povos da península e unificando a Itália sob seu poder. A partir daí, os romanos expandiram-se para fora da península. Gradativamente, formaram um imenso Império, transformando o Mar Mediterrâneo num verdadeiro "lago romano", como eles diziam, o *Mare Nostrum* (Nosso Mar).

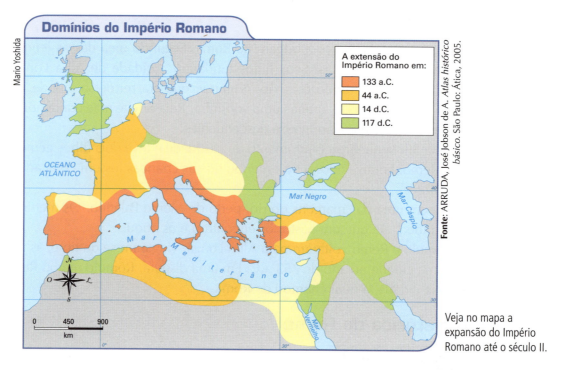

Domínios do Império Romano

Mario Yoshida

A extensão do Império Romano em:

- 133 a.C.
- 44 a.C.
- 14 d.C.
- 117 d.C.

OCEANO ATLÂNTICO

Mar Mediterrâneo

Mar Negro

Mar Cáspio

Mar Vermelho

0   450   900
km

Fonte: ARRUDA, José Jobson de A. *Atlas histórico básico*. São Paulo: Ática, 2005.

Veja no mapa a expansão do Império Romano até o século II.

Conquistar um território exigia uma enorme quantidade de recursos para alimentar e organizar as tropas. Durante sua expansão, Roma constituiu um poderoso exército cujas funções iam além da guerra. As famosas legiões romanas eram formadas por cidadãos romanos e cada uma delas tinha 5 mil soldados, divididos em unidades menores, as centúrias. As tropas romanas eram a base do controle e da burocracia do extenso Império. Eram as responsáveis pela construção do impressionante sistema de estradas, com mais de 85 mil quilômetros. As estradas tornaram-se as veias de circulação do poder de Roma, facilitando a movimentação das tropas e o poderoso comércio romano. Além das estradas, o Mar Mediterrâneo servia como via de circulação do Império. Apesar da pirataria, o transporte marítimo era bem mais rápido e barato do que o terrestre.

A base da riqueza romana constituía-se na exploração das regiões anexadas. Era dos povos conquistados que Roma conseguia escravos, cobrava imposto, controlava mais terras, fazia comércio e extraía riquezas (ouro, prata e outros metais). Portanto, a guerra era o principal combustível do Império.

Paul Vlaar, s.d.

Estrada de Pompeia, antiga cidade romana, na Península Itálica, após ter sido recuperada por meio de escavações. Próxima a Nápoles, Pompeia foi soterrada por uma erupção do vulcão Vesúvio em 79 d.C.

Estradas romanas na Antiguidade

Mario Yoshida

OCEANO ATLÂNTICO

Mar do Norte

Mar Báltico

Mar Cáspio

Mar Negro

Mar Mediterrâneo

0   675   1350
km

Fonte: HAYWOOD, John. *Atlas histórico do mundo*. Colônia: Könemann, 2001.

A tragédia de Pompeia

Pompeia, uma cidade de 20 mil habitantes, produtora de vinho e azeite, vive hoje, 24 de agosto de 79 d.C., um dia de festa. Um grupo de teatro vindo de Roma deverá se apresentar no Grande Teatro. Começando por volta das 11 horas da manhã, o espetáculo irá durar, como sempre, até a noite. Passa um pouco das dez horas.

[...]

De repente, ouve-se uma explosão. Espanto! Num instante, todos estão na rua. Espetáculo alucinante, o topo do Vesúvio havia se partido em dois. Uma coluna de fogo escapa dali. É uma erupção! De início, todos se assustam e se interpelam. Havia pelo menos 900 anos que o vulcão não dava sinais de vida. Dizia-se que ele estava extinto. Logo depois é a agitação. Durante 20 minutos, a erupção faz misérias, cobrindo a cidade com 2,60 metros de pedras. Em seguida, uma poeira arenosa toma o lugar das pedras. A esperança aumenta. Alguns audaciosos arriscam até a colocar o nariz para fora. Do Vesúvio sai somente uma coluna de fumaça. Mais um pouco de paciência e tudo deverá voltar ao normal. Assim, duas horas se passam.

O que fizeram os habitantes de Pompeia durante este período? Não se sabe muito. Em compensação, sabemos o que fez o Vesúvio. O magma vulcânico, que dormia havia séculos, começou lentamente a espumar e, às 13 horas, rasgando o ar, destruindo as casas, virando de ponta-cabeça as colunas dos pórticos, saiu bruscamente numa série de explosões. Do vulcão, vê-se escapar uma nuvem monstruosa em forma de pinheiro – um cogumelo, como nós diríamos hoje. E, subitamente, fez-se noite em pleno dia. As cinzas agora caem na forma de uma chuva tão densa que obscurece o sol. Infelizmente, a chuva não é somente densa: ela está carregada de vapores clorídricos. É pela intoxicação por gás, e não por soterramento, que morrerão as pessoas em Pompeia.

[...]

De todas as histórias de Pompeia, a mais triste, é, sem dúvida, a que segue. Trata-se de treze pessoas que formavam três famílias – duas famílias de fazendeiros e a família de um comerciante. Eram vizinhos que moravam perto e, provavelmente, entendiam-se muito bem. Quando o bombardeio começou, eles conversaram e decidiram se refugiar na casa mais sólida. Depois, quando veio a chuva de cinzas, decidiram fugir. Todo o campo já estava coberto de uma mortalha de detritos. Cegos, sufocando, eles pegaram o caminho que passava diante de suas casas. Em primeiro lugar, vinha um escravo levando nos ombros um saco de provisões. Atrás dele, dois meninos de 4 a 5 anos caminhavam de mãos dadas para dar coragem um ao outro; tinham colocado sobre eles um pedaço de tela e eles procuravam colocá-la sobre a boca. Em seguida, vinham seus pais, o pai ajudando a mãe, sem dúvida uma inválida, a continuar a caminhar. A segunda família era composta de um jovem casal e de uma menina. Cada um protegia a boca com um pedaço de tecido. Enfim vinha a família do comerciante: duas crianças com 10 anos que também estavam de mãos dadas, uma menina mais nova que a mãe conduzia e depois o pai.

E essas pessoas, nessa tempestade de cinzas, nessa noite escura, no meio da escória, continuavam seu caminho. Como poderiam pensar em escapar com crianças tão pequenas? Eles continuavam porque o homem não se resigna facilmente à ideia de morrer imóvel.

Vinte séculos mais tarde, nós os encontramos, modelados pelas cinzas, na mesma posição, com as expressões de seus últimos momentos, uns curvados sobre si mesmos, outros estendidos, seja de costas, seja com o rosto contra a terra. Os meninos de 4 a 5 anos tinham as feições calmas; as crianças com 10 anos, os membros entrelaçados, ainda segurando as mãos uma da outra. Quanto ao mercador, caído sobre os joelhos, o braço direito apoiado na terra, as costas estendidas, tentava ainda se levantar quando a morte tomou conta dele.

GUERDAN, René. *A tragédia de Pompeia*. *História Viva*. out. de 2004. Disponível em: <www2.uol.com.br/historiaviva/reportagens/a_tragedia_de_pompeia.html>. Acesso em: jun. 2012. Texto adaptado.

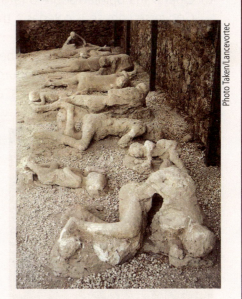

Jardim dos Fugitivos, Pompeia. No século XVI foram descobertos vestígios das ruínas de Pompeia, quando o arquiteto italiano Domenico Fontana tentou abrir um túnel sob o Monte Civita. Mas só em 1738, por ordem do rei Carlos III de Espanha é que se iniciaram as escavações sistemáticas. Em 1763, por meio de uma inscrição, o local foi identificado como Pompeia. Os arqueólogos encontraram também o primeiro cadáver; e, quanto mais avançavam no trabalho, outros apareciam. Todos transformados em estátuas de pedras.

1   Reproduza um mapa da Península Itálica em seu caderno. Consulte um atlas geográfico e, de acordo com o que você leu no capítulo, localize o Rio Tibre, a cidade de Roma e a cidade de Pompeia.

2   Observe o mapa da página 119 e escreva os nomes dos povos que habitavam a Península Itálica e da região onde estavam localizados.

_____

_____

3   Sobre a lenda da fundação romana, diz-se que, provavelmente, os romanos criaram-na para enaltecer a origem de sua civilização, envolvendo deuses e nobres.

a) O que, na lenda da fundação de Roma, pode justificar essa afirmação?

_____

_____

b) Qual a sua opinião sobre o fato de muitos povos criarem heróis para contar suas histórias? Converse com seus colegas e troque ideias.

4   Grande parte do que se pode saber a respeito do cotidiano do Império Romano vem das paredes de Pompeia. Nos muros da cidade, os "grafites" ocupam todos os espaços disponíveis. No interior das casas, encontram-se as pinturas murais (afrescos), indicativas da riqueza de seus donos.

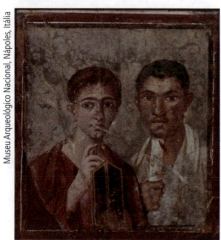
Museu Arqueológico Nacional, Nápoles, Itália

Museu Arqueológico Nacional, Nápoles, Itália, s.d.

Essas imagens são reproduções de afrescos de Pompeia e, nas duas, encontramos retratos de mulheres. Observe-as com atenção e escreva suas conclusões.

_____

_____

_____

5 Como Roma tornou-se um grande império?

_____

_____

_____

6 Como os romanos agiam com os povos vencidos?

_____

_____

_____

_____

7 Na atualidade, como os países procedem para se impor sobre outras nações?

_____

_____

_____

_____

A monarquia (753 a.C. a 509 a.C.)

O período inicial da história da cidade de Roma é o menos documentado. Boa parte das informações mais conhecidas foram organizadas posteriormente, como as fornecidas pelo poeta Virgílio (Publius Vergilius Maro 70 a.C. – 19 a.C.) e pelo historiador Tito Lívio (Titus Livius 59 a.C. – 17 a.C.). Nesse período, Roma viveu sob o controle de reis sendo Rômulo escolhido como primeiro rei na fundação da cidade. Segundo a tradição, Roma teria tido sete reis.

Fórum Romano – epicentro do desenvolvimento de Roma e o Templo de Saturno. Foto de 2004 (montagem).

Hans E. C. Johansson

Apesar de o rei ser o centro de poder, dependia do apoio dos poderosos. Por isso, na formação da cidade, Rômulo teria composto o Senado com a nobreza das principais famílias e a Assembleia Curial com os homens livres. Os reis eram escolhidos pela Assembleia Curial e tinham o poder limitado pelo Senado.

- **Assembleia Curial:** formada por cidadãos em idade militar que, além de escolherem os reis, também faziam e votavam as leis.
- **Senado** ou **Conselho dos Anciãos**: um órgão consultivo que possuía o direito de aprovar ou não as leis elaboradas pelo rei. A sociedade romana nesse período era formada pelos:
- **patrícios** – os aristocratas, os grandes proprietários de terras, os únicos que podiam ocupar cargos políticos, religiosos e militares;
- **plebeus** – homens livres, mas considerados estrangeiros; não tinham direitos políticos. Eram pequenos agricultores, pastores, comerciantes e artesãos. Alguns plebeus, para terem influência, colocavam-se sob a proteção de famílias patrícias, às quais deviam obediência: eram os **clientes**;
- **escravos** – em número reduzido, originários dos povos conquistados.

Escravo romano representado em afresco so século IV. Estima-se que mais de 30% da população romana era escrava.

Na época da realeza, a base da economia era a agricultura. O artesanato doméstico (como a produção de armas e utensílios) bastava para as necessidades mais imediatas e era todo destinado ao consumo local. Como havia pouco excedente, o comércio era reduzido.

Em 509 a.C., um conflito entre o rei e os aristocratas provocou o fim da monarquia. O rei Tarquínio, o Soberbo, de origem etrusca, foi deposto por um golpe dado pelos patrícios, descontentes com a dominação estrangeira.

A República Romana (509 a.C. a 27 a.C.)

Com o golpe político, os patrícios implantaram o regime republicano na cidade de Roma. A ideia era evitar o surgimento de um novo rei. Para tanto, organizou-se um sistema no qual os patrícios controlassem os líderes escolhidos.

O Poder Executivo (o controle e a organização do dia a dia) era exercido pelos magistrados, eleitos por um ano. Entre os diversos tipos de magistrados romanos, destacam-se:

- os **cônsules** – em número de dois, comandavam o exército e eram os chefes dos demais magistrados. Em época de guerra, eram substituídos por um ditador, com mandato de seis meses;
- os **pretores** – cuidavam da justiça;
- os **censores** – faziam o censo dos cidadãos, com base na sua riqueza;
- os **questores** – encarregados das questões financeiras;
- os **edis** – responsáveis pela preservação, policiamento e abastecimento das cidades.

O **Senado** era o órgão que detinha maior poder, composto de senadores vitalícios das famílias patrícias mais ricas. Eram suas atribuições: elaborar as leis, cuidar das questões financeiras e religiosas, conduzir a política externa, administrar as províncias, participar da escolha do ditador.

As assembleias eram em número de três:

- **Curial** – examinava os assuntos de ordem religiosa;
- **Tribal** – responsável pela nomeação dos questores e edis;
- **Centurial** – composta pelas centúrias, grupos de militares encarregados de votar as leis e eleger os magistrados.

As conquistas da República Romana

Durante o período republicano, Roma, com um exército bem treinado e bem armado, conquistou inúmeras regiões, formando um grande império. As conquistas iniciaram-se pela própria Península Itálica. Com suas legiões, os romanos, em aproximadamente 200 anos, dominaram os povos que viviam na região.

Controlada a península, o Mar Mediterrâneo seria o próximo passo. Limitados ao norte pelos Alpes, o controle marítimo era fundamental para a continuidade das conquistas. Para conquistar o Mar Mediterrâneo, os romanos tiveram de enfrentar Cartago, antiga colônia fenícia no norte da África. Os cartagineses haviam alcançado grande prosperidade e praticavam o comércio com diversos lugares do mundo conhecido. Controlavam as principais rotas de comércio do Mediterrâneo. As três guerras entre Roma e Cartago são conhecidas como **Guerras Púnicas** e duraram de 264 a.C. até 146 a.C. Neste ano, os romanos tomaram Cartago, escravizaram cerca de 40 mil pessoas e transformaram a cidade em uma província romana.

Observe, no mapa, as áreas de dominação cartaginesa e romana no início da primeira Guerra Púnica.

Estatueta de legionário romano do período republicano.

Museu do Vaticano, Roma, s.d.

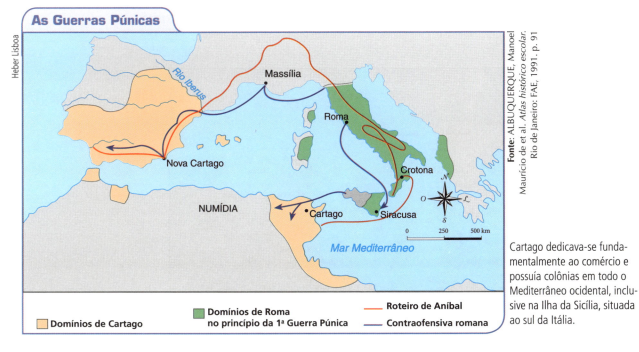

As Guerras Púnicas

Heber Lisboa

Fonte: ALBUQUERQUE, Manoel Maurício de et al. *Atlas histórico escolar.* Rio de Janeiro: FAE, 1991. p. 91

Domínios de Cartago

Domínios de Roma no princípio da 1ª Guerra Púnica

Roteiro de Aníbal

Contraofensiva romana

Cartago dedicava-se fundamentalmente ao comércio e possuía colônias em todo o Mediterrâneo ocidental, inclusive na Ilha da Sicília, situada ao sul da Itália.

A conquista da Península Balcânica foi a segunda etapa para controlar o Mar Mediterrâneo. Roma conquistou a Macedônia, a Grécia e pontos estratégicos entre 215 a.C. e 148 a.C. Em 133 a.C., a Península Ibérica foi dominada e, no século I a.C., os romanos tomaram a Bitínia, a Síria, o Egito e toda a Gália. Desse modo, o Mar Mediterrâneo transformou-se no *Mare Nostrum*, o "Nosso Mar".

A língua e as leis

O Império Romano durou cerca de setecentos anos, mas a civilização romana durou muito mais. O latim, falado pelos romanos, foi a língua escrita de todos os europeus educados até o século XVI. Da mistura do latim vulgar, falado pelo povo, com a língua dos povos de várias regiões conquistadas, originaram-se as línguas neolatinas. As principais são o francês, o italiano, o espanhol, o romeno e o português. Muitas línguas europeias modernas, como o inglês, apesar de não terem se originado do latim, apresentam muitas palavras de origem latina.

Depois de sua expansão, o Império Romano constituiu uma civilização internacional. O termo "romano" passou a designar todos os cidadãos respeitáveis do império, e não apenas aqueles que nasciam em Roma. Um imperador romano nasceu na África, outro na Espanha. Os cidadãos romanos eram homens de raças diversas, línguas e religiões diferentes. Mas todos eram unidos pela língua latina e pelo Direito Romano, que talvez seja o maior legado que Roma nos deixou. O sistema jurídico da maioria dos países que fizeram parte do Império Romano há 2 mil anos ainda se baseia no Direito Romano.

GRANT, Neil. *As conquistas romanas.* São Paulo: Ática, 1998. p. 2. (Guerras que Mudaram o Mundo).

De pequena aldeia a capital de um império, a transformação causada pelas conquistas afetou profundamente Roma, econômica, política e socialmente:

- os patrícios enriqueceram, e se apossaram das terras dos pequenos proprietários, recrutados para o serviço militar;
- o número de escravos aumentou. Os prisioneiros de guerra, reduzidos à situação de escravos, substituíram o trabalhador livre. Os desempregados do campo migraram para as cidades;
- formou-se de uma nova camada social, a dos **cavaleiros** ou **classe equestre**. Eram plebeus que enriqueceram cobrando impostos e fornecendo víveres ao exército e que ganharam autorização de explorar novas terras, ricas em minérios;
- os pequenos proprietários empobreceram, pois muitos produtos das regiões dominadas chegavam a um preço muito baixo, competindo com a produção local.

O Império Romano

Heber Lisboa

Roma reunia sob seu domínio povos de culturas diferentes. As regiões conquistadas foram transformadas em províncias e eram obrigadas a pagar altos tributos a Roma.

Fonte: ARRUDA, José Jobson de A. *Atlas histórico básico.* São Paulo: Ática, 2005. p. 11.

A crise da república

A grande expansão trouxe profundas mudanças para a República Romana. As famílias patrícias e alguns plebeus ligados ao comércio e à manutenção do Exército enriqueceram muito, desequilibrando o poder no Senado. A nova riqueza aumentou o poder de Roma, mas ficou concentrada na mão de poucos. Vários plebeus perderam seus empregos, pois foram substituídos pelo crescente número de escravos; sem emprego, ficaram cada vez mais dependentes do Estado romano. O Exército ficava cada vez mais poderoso, e ganhavam destaque os generais responsáveis pelas conquistas. Esses e outros fatores desencadearam uma crise na república que foi responsável pelo seu fim. Nessa crise, destacam-se os seguintes acontecimentos: as reformas dos irmãos Graco, os governos de Mário e Sila e os triunviratos.

Os irmãos Graco

Os irmãos Tibério e Caio Graco, eleitos sucessivamente como tribunos da plebe, preocupados com os problemas sociais que se agravavam, propuseram reformas sociais:

* **Tibério Graco**, em 133 a.C., conseguiu a aprovação de uma lei que limitava o tamanho das terras dos aristocratas e autorizava a distribuição da área que ultrapassasse o limite estabelecido entre os pobres. Essa lei desagradou os grandes proprietários de terras. Tibério e aproximadamente 500 de seus partidários foram assassinados.

* **Caio Graco**, em 123 a.C., retomou o projeto de reforma agrária. Conseguiu a aprovação de uma lei que aumentava a participação da plebe na administração do Estado. Também conseguiu que o preço do trigo fosse reduzido. Sofreu oposição dos grandes proprietários e se suicidou. Seus seguidores foram perseguidos e muitos foram condenados à morte.

Os governos de Mário e Sila

No período de 136 a 132 a.C., aproximadamente 200 mil escravos armaram-se e rebelaram-se. Muitos morreram, e a maioria foi submetida por seus proprietários. Com o aumento da instabilidade política, diversos militares passaram a disputar o poder. Considerado fraco, o Senado perdeu espaço para as figuras militares. Nessa época, Roma conheceu os governos militares e autoritários dos generais Mário e Sila.

* **Mário** defendia a camada popular. Diminuiu os privilégios da aristocracia e estabeleceu o pagamento de salários aos soldados, o que permitiu a entrada de pessoas pobres no Exército.

* **Sila** substituiu Mário e defendia a camada aristocrática; perseguiu a classe popular e restabeleceu os privilégios dos aristocratas.

Os triunviratos

Após a morte de Sila, dois generais, **Crasso** e **Pompeu**, foram eleitos cônsules. Crasso havia enfrentado e vencido uma revolta de 80 mil escravos liderada por Espártaco, e Pompeu tinha derrotado os partidários de Mário na Península Ibérica.

Com o objetivo de diminuir o poder do Senado, Pompeu aliou-se a Crasso e a **Júlio César**, e os três tomaram o poder, instituindo o **Primeiro Triunvirato**. Pompeu ficou com Roma e o Ocidente, Crasso com o Oriente, e Júlio César era o responsável pelas Gálias.

Após a morte de Crasso, Pompeu deu um golpe de Estado, conseguindo no Senado sua nomeação para o cargo de cônsul único. César, que estava na Gália, voltou para Roma, a fim de enfrentar Pompeu. Vitorioso, César foi aclamado ditador vitalício.

O governo de Júlio César caracterizou-se pela tentativa de reduzir o poder do Senado. Promoveu várias reformas: a diminuição dos abusos na arrecadação de impostos, extensão do direito de cidadania a vários povos, a construção de estradas e a reformulação do calendário (adotou seu nome para o sétimo mês do ano).

O Senado, contrariado com seus poderes, armou uma conspiração e, em 44 a.C., Júlio César foi assassinado.

A morte de Júlio César, tela do pintor italiano Camuccini, realizada no século XIX.

Contudo, no ano seguinte, os partidários de César organizaram um novo governo forte, o **Segundo Triunvirato**, formado por Otávio, Marco Antônio e Lépido. Os triúnviros dividiram entre si a administração do Império: Otávio ficou com Roma e o Ocidente, Marco Antônio recebeu o Oriente e Lépido ficou com a África, porém foi deposto em 36 a.C.

Nesse mesmo ano, Marco Antônio foi para o Egito e se envolveu com a rainha Cleópatra. Otávio declarou Marco Antônio inimigo de Roma e partiu para o Oriente, a fim de combatê-lo. Otávio saiu vitorioso, e Marco Antônio e Cleópatra suicidaram-se.

Otávio assumiu o poder. Recebeu do Senado vários títulos, entre eles os de imperador, César e Augusto. Iniciava-se, assim, o império.

As lutas sociais

Na época da República Romana, o número de plebeus aumentou muito e eles passaram a exigir direitos políticos, o que provocou uma série de conflitos. Eles tiveram início quando, em 490 a.C., os plebeus formaram um exército próprio, retiraram-se de Roma e foram para o Monte Sagrado (o Monte Aventino).

Os patrícios necessitavam dos plebeus nas atividades econômicas e militares e, por isso, cederam às suas exigências, aceitando que tivessem representação no Senado – os tribunos da plebe. Os tribunos podiam vetar leis que considerassem contrárias aos interesses plebeus.

Mais tarde, os plebeus conseguiram outros direitos. Foram elaboradas as Leis das Doze Tábuas, as primeiras leis comuns para patrícios e plebeus. Em 445 a.C., o casamento entre patrícios e plebeus passou a ser permitido e foi abolida a escravidão por dívidas.

Mas as lutas continuaram e, em 367 a.C., os plebeus conquistaram o direito de participar do Consulado. A partir daí, passou a haver um cônsul patrício e outro plebeu. Em 287 a.C., a plebe, mais uma vez, retirando-se para o Monte Sagrado, impôs aos patrícios que as leis aprovadas pela Assembleia da Plebe fossem válidas para todo o Estado romano – era o plebiscito ou decisão da plebe.

ATIVIDADES

1 Como se organizava a sociedade romana no período da monarquia?

2 Sobre o período da República Romana, responda:

a) Por que ocorreram lutas sociais no período?

_____

b) Que estratégia os plebeus usaram para conseguir seus objetivos?

_____

c) Por que os patrícios cederam às suas exigências?

_____

d) Que conquistas os plebeus obtiveram?

_____

3 Por que os romanos, após as conquistas, passaram a considerar o Mar Mediterrâneo como o _Mare Nostrum_?

_____

4 As conquistas romanas provocaram inúmeras transformações. Leia algumas dessas transformações, na página 125, e responda:

a) Alguma classe social saiu favorecida? Qual?

_____

_____

b) Alguma classe social saiu desfavorecida? Qual?

_____

_____

5 Troque ideias com a classe.

a) Atualmente, na nossa sociedade, ocorrem transformações que favorecem somente as classes dominantes, ou as classes mais pobres também são favorecidas?

b) Dê exemplos de algumas dessas transformações.

6 Faça um quadro comparativo das reformas feitas pelos irmãos Graco, pelos governos de Mário e Sila e pelos triunviratos.

7 Na resposta anterior, sublinhe as reformas que:

• você considera mais importantes;

• você acha que deveriam ser feitas, atualmente, na nossa sociedade.

O Império Romano (27 a.C. a 476 d.C.)

O imperador detinha poderes absolutos, comandava exército e legislava por meio de editos, decretos e mandatos. Ao Senado, restou a posição de conselheiro do imperador.

Otávio, o primeiro imperador, governou de 27 a.C. a 14 d.C. Em seu governo:

* foi criada a Guarda Pretoriana, com a função de dar proteção ao imperador e à capital;
* foi dado incentivo à agricultura, ao comércio e à indústria;
* foi organizado um novo sistema de impostos;
* ocorreram várias obras públicas, gerando empregos para os plebeus.

Estátua do imperador Augusto, século II.

> Para ganhar popularidade, Otávio adotou a política do pão e circo. Distribuía trigo para a população pobre e organizava espetáculos públicos de circo para diverti-la.

A paz, a prosperidade e as realizações artísticas marcaram o governo de Otávio Augusto. O século I, do qual fez parte seu governo, ficou conhecido como o **Século de Ouro da Literatura Latina**, ou o **Século de Augusto**. Seu ministro, Mecenas, tinha grande interesse pelas artes e apoiou, entre outros, os escritores Horácio e Virgílio.

> No governo de Otávio, nasceu Jesus Cristo, na Palestina, uma das províncias romanas. Posteriormente, seus ensinamentos começaram a ser difundidos em várias partes do Império.

Os sucessores de Otávio

Após o governo de Otávio, o Império Romano foi governado por várias dinastias que, em geral, geraram instabilidade política, econômica e social.

* **Dinastia Júlio-Claudiana** (14-68 d.C.) – período marcado por conflitos sangrentos. O imperador Nero foi responsável por incendiar Roma e pela perseguição aos cristãos.
* **Dinastia dos Flávios** (69-96 d.C.) – os imperadores desta dinastia contaram com o apoio do Exército, submeteram o Senado e governaram de forma despótica.
* **Dinastia dos Antoninos** (96-192 d.C.) – período considerado de apogeu. O Império atingiu sua maior extensão territorial, acompanhada de prosperidade econômica. O comércio se desenvolveu e houve grande afluxo de capitais para Roma.
* **Dinastia dos Severos** (193-235 d.C.) – houve crises internas, fuga da população urbana para o campo, falta de dinheiro, inflação e pressão dos povos bárbaros nas fronteiras. O processo de instabilidade levou ao declínio do império.

A crise do Império Romano

A partir do século III, o Império Romano foi marcado por inúmeras crises, dentre as quais se destaca a **crise do escravismo**: o escravo era a base da economia romana, de sua riqueza; era, ao mesmo tempo, mão de obra e mercadoria. No entanto, desde o final do século II, os romanos praticamente pararam as guerras de conquistas, o que diminuiu muito o número de escravos à venda. Assim, os escravos foram se tornando raros e caros. Essa crise afetou a agricultura e o artesanato, base da economia da região ocidental do Império, que dependiam do trabalho escravo. O ocidente romano passou, então, a gastar as riquezas acumuladas nas guerras de conquista, para pagar os produtos que importava da região oriental.

As ruas de Roma

Roma, no apogeu do império, era uma cidade superpovoada e muito rica. Entretanto, a beleza de seus templos, termas e teatros contrastava violentamente com a miséria de suas ruas. A cidade cresceu desordenadamente e sem nenhum planejamento. [...] Por essa razão, os habitantes da maior metrópole do mundo antigo estavam sujeitos a condições muito pouco satisfatórias em termos de saneamento, higiene e conforto.

FERREIRA, Olavo Leonel. *Visita à Roma antiga.* São Paulo: Moderna, 1997.

O Estado acabou transformando essa permanência do camponês na terra em uma instituição, chamada **colonato**.

Tentando salvar o Império Romano da crise generalizada e melhorar a administração, em 284, o imperador Diocleciano criou a **Tetrarquia**. O Império foi dividido em quatro partes, cada uma com um administrador. Contudo, a Tetrarquia não sobreviveu ao seu criador. Com a morte de Diocleciano, seus generais passaram a disputar o poder.

Em 313, o general Constantino assumiu o poder e restabeleceu a unidade imperial. Contou com o apoio dos cristãos, já numerosos. Em 313, esse imperador assinou o Edito de Milão, concedendo liberdade de culto aos cristãos.

Como a maioria das rendas do império vinha do Oriente, Constantino reconstruiu a cidade de Bizâncio, antiga colônia grega às margens do Estreito de Bósforo, no Mar Negro, denominando-a Constantinopla, e para lá transferiu a capital, em 330. A mudança da sede administrativa colaborou ainda mais para a decadência da região ocidental do Império.

A divisão do Império

Ainda no século IV, os romanos assistiram às primeiras levas de bárbaros cruzarem as fronteiras do Império à procura de terras para o cultivo e pastoreio.

Em 395 no governo de Teodósio, preocupado em melhorar a administração, dividiu o Império entre seus dois filhos.

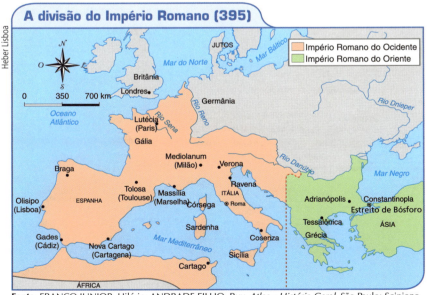

A divisão do Império Romano (395)

Heber Lisboa

Observe, no mapa, a divisão do Império Romano entre os dois filhos do imperador Teodósio em 395:
• O **Império Romano do Ocidente**, com capital em Roma;
• O **Império Romano do Oriente**, com capital em Constantinopla.

Fonte: FRANCO JUNIOR, Hilário; ANDRADE FILHO, Ruy. *Atlas – História Geral.* São Paulo: Scipione, 2004. p. 13.

131

O Império Romano do Oriente conseguiu sobreviver: só foi extinto em 1453, quando os turcos tomaram Constantinopla, a capital. Já o Império Romano do Ocidente não conseguiu resistir à pressão dos bárbaros, que, nessa época, já haviam conseguido romper suas fronteiras nos rios Reno e Danúbio.

A decadência definitiva

O século V marcou a decadência definitiva da região ocidental do Império Romano. Entre os fatores que provocaram a queda, podem ser citados: deterioração da economia, "fuga" das riquezas para o Oriente, lutas internas e invasões dos bárbaros.

Finalmente, em 476, quando Rômulo Augústulo era imperador, a cidade de Roma caiu nas mãos de Odoacro, rei dos hérulos. O Império Romano do Ocidente, ruralizado, fragmentado política e economicamente, não existia mais.

O nascimento do cristianismo e sua expansão

Para os romanos, como para os gregos, os deuses eram protetores da família e da cidade. Nas casas, havia um altar com imagens dos protetores da família, onde eram realizados os cultos.

Nos templos, havia sacerdotes e sacerdotisas e os romanos cultuavam diversas divindades herdadas dos gregos, com outros nomes: Júpiter, Vênus, Diana, Baco, Minerva, Netuno, entre outros. Com o estabelecimento do Império Romano, houve uma proliferação de novos cultos religiosos.

Logo depois, surgiu o cristianismo, a nova religião pregada por Jesus, que nasceu na cidade de Belém, na Judeia, região dominada pelos romanos. Sua vida e sua doutrina chegaram ao nosso conhecimento por meio dos evangelhos.

A expansão do cristianismo no Império Romano por volta do ano 600

Fonte: HAYWOOD, John. Atlas histórico do mundo. Colônia: Könemann, 2001, p. 68.

Com a liberdade adquirida após sua oficialização, o cristianismo teve mais condições de se propagar.

Jesus pregava a humildade, a caridade, o amor fraterno e anunciava o juízo final e a vida eterna. Ele não foi aceito pelos judeus como o Messias, porque esse povo esperava um salvador que enfrentasse o poder romano.

Jesus foi perseguido pelos romanos e, após ter sido preso, ordenaram sua crucificação. Depois de sua morte, sua doutrina espalhou-se rapidamente pelo Império Romano.

O cristianismo foi difundido pelos apóstolos, discípulos de Jesus, e chegou até Roma. Um dos principais pregadores foi Paulo de Tarso, um ex--perseguidor de cristãos que havia se convertido ao cristianismo.

Mosaico representando Cristo e o milagre dos peixes.

Inicialmente, a nova religião ganhou adeptos entre as pessoas mais humildes e, com a crise do império, difundiu-se, porque era uma nova esperança para muitas pessoas. Os fiéis de cada comunidade, a **igreja**, reuniam-se para a celebração do culto.

Os cristãos foram muito perseguidos pelo Estado romano, porque se negavam a aceitar os deuses oficiais. Além disso, o cristianismo pregava a igualdade entre os homens, atraindo as camadas mais humildes da sociedade romana.

Apesar das crueldades a que foram submetidos – jogados às feras, queimados vivos, crucificados –, os cristãos continuavam se reunindo em lugares ocultos, as catacumbas.

Em 313, Constantino assinou o Edito de Milão, permitindo aos cristãos a liberdade de culto. No final do século IV, o imperador Teodósio instituiu o cristianismo como religião oficial do Império.

O Direito Romano

O Direito foi um dos legados mais importantes que Roma deixou para as civilizações posteriores. Sua influência chega até hoje.

O Direito Romano é resultado de uma lenta evolução. A igualdade civil conseguida pelas duas camadas sociais, a dos patrícios e a dos plebeus, possibilitou o aprimoramento do *jus civili* romano. Por outro lado, a conquista de outros povos exigiu um tratamento especial para eles, daí o advento do *jus gentium*. É de suma importância, no Direito Romano, a introdução dos princípios do direito natural, comum a todas as pessoas.

As artes e as ciências

Desde os primeiros anos de sua história, Roma recebeu forte influência da cultura grega, por intermédio das cidades da Magna Grécia. Após sua expansão pelo Mediterrâneo oriental, essa influência intensificou-se, à medida que os romanos entraram em contato direto com as fontes da cultura helenística.

Outro aspecto importante a ser destacado é o papel dos romanos como transmissores da cultura grega para outras partes do mundo.

Na **literatura**, destacaram-se Cícero, famoso orador romano; os poetas Horácio, Ovídio e Virgílio; e o historiador Tito Lívio, autor de *História de Roma*.

A **arquitetura**, marcada pela grandiosidade das construções: muralhas, estradas, teatros, anfiteatros, templos, aquedutos, termas etc. – foi a arte que mais se desenvolveu.

Ruínas do teatro de Mérida, em Estremadura, Espanha. Este teatro foi inaugurado entre 16 e 15 a.C. e tinha capacidade para acolher cerca de 5500 pessoas. Foto de 2011.

A *Eneida* (ÆNEIS, em latim) é um poema épico latino escrito por Virgílio no século I a.C.. Conta a saga de Eneias. Virgílio já era ilustre por suas *Bucólicas*, um poema pastoril, e *Geórgicas*, um poema agrícola. Então, o imperador César Otaviano Augusto encomendou a Virgílio a composição de um poema épico que cantasse a glória e o poder de Roma. Virgílio, ao escrever esta epopeia, inspirou-se em Homero, tentando superá-lo: Virgílio empenhou-se em fazer de *Eneida* o poema mais perfeito de todos os tempos. De certa forma, a primeira metade (seis primeiros cantos) de *Eneida* tenta superar a *Odisseia*, enquanto a segunda tenta superar a *Ilíada*.

Disponível em: <http://pt.wikipedia.org/wiki/Eneida>. Acesso em: jun. 2012. Texto adaptado.

ATIVIDADES

1 Leia com atenção o texto a seguir e observe, novamente, as imagens da atividade 4, da página 122.

Na sociedade romana as mulheres ocupavam uma posição de dignidade em proporção maior que a ocupada na Grécia. A mulher, quando casada, era a verdadeira dona da casa, em vez de permanecer reclusa nos aposentos das mulheres. Ela tomava conta dos escravos e fazia as refeições com o marido, podia sair (usando a stola matronalis*), e era tratada com profundo respeito, tendo acesso ao teatro e aos tribunais. O casamento – justum matrimonium –, sancionado pela lei e pela religião, era nos tempos mais antigos uma cerimônia solene, e resultava da transferência da mulher do controle (*potestas*) do pai para o de seu marido (*manus*). O casamento tomava a forma de coemptio, uma modalidade simbólica de compra com o consentimento da noiva. Ele também podia consumar-se mediante o* usus, *se a mulher vivesse com o marido durante um ano sem ausentar-se por mais de três noites.*

Teve início no século II a.C. um processo de emancipação das mulheres. Abandonaram-se gradualmente as formas mais antigas de casamento e adotou-se uma na qual a mulher permanecia sob a tutela de seu pai, e retinha na prática o direito à gestão de seus bens. Temos notícias de mulheres versadas em literatura. A frequência do divórcio aumentou.

Na época imperial o casamento passou a ser impopular, e foram tomadas medidas para encorajá-lo mediante a imposição de penalidades aos não casados.

Já em 131 a.C., Cecílio Metelo Macedônico havia proferido, como censor, um discurso famoso, mais tarde relembrado com aprovação por Augusto, sobre a necessidade de aumentar-se a taxa de natalidade. Cecílio Metelo disse: "Se pudéssemos passar sem uma esposa, romanos, todos evitaríamos os inconvenientes, mas como a natureza dispôs que não podemos viver confortavelmente sem ela, devemos ter em vista nosso bem-estar permanente e não o prazer de um momento" (Suetônio, Augusto, 89).

Por outro lado, há evidências na literatura (por exemplo, Estácio, e Plínio em suas cartas), e em epitáfios, de que os casamentos felizes não eram raros.

O exemplo mais marcante é o elogio preservado numa inscrição, presumivelmente de um certo Lucrécio Vespílio que serviu sob o comando de Pompeu em 48 a.C. e foi cônsul na época de Augusto (em 19 a.C.), a propósito de sua esposa Túria. O elogio registra a coragem e a fidelidade de Túria em meio às aventuras românticas e perigosas com Lucrécio Vespílio, tanto durante o noivado como ao longo de quarenta anos de vida conjugal.

Le Monde de Paris, Quinzaine Littéraire, 1997/2009. Adaptado de Arnaldo Poesia. Disponível em: <www.starnews2001.com.br/historia/ancient_rome.html>. Acesso em: jun. 2012.

Após a leitura e a observação das imagens, quais as suas conclusões sobre a situação das mulheres na Antiguidade romana? Compare-a (o que há de diferente? o que há de semelhante?) às situações (já estudadas) das mulheres gregas e das mulheres na nossa sociedade. Escreva suas conclusões.

_____

_____

_____

_____

2 Otávio, para ganhar popularidade, adotou a política do pão e circo, distribuindo trigo para a população pobre e organizando espetáculos de circo para diverti-la. Troque ideias com a classe.

a) Como os políticos agem na nossa sociedade, atualmente, para ganhar popularidade?

b) Vocês acham que são usados artifícios para desviar a atenção da população de temas importantes? Quais?

c) Que nome vocês dariam à política adotada pelos políticos hoje para ganhar popularidade?

3 Sobre o cristianismo, responda:

a) Qual foi a origem dessa religião;

_____

_____

_____

_____

b) Quem a pregava e o que pregava;

_____

_____

_____

_____

c) Entre quais grupos sociais a nova religião ganhou adeptos e por que passaram a ser perseguidos;

_____

_____

_____

135

d) Motivos por que o cristianismo tornou-se a religião oficial do Estado romano.

_____

_____

_____

4 Sobre a decadência do Império Romano, responda:

a) Por que o Império Romano entrou em crise?

_____

_____

_____

_____

b) Quais as consequências da crise?

_____

_____

_____

_____

_____

c) Como se deu a decadência definitiva?

_____

_____

_____

_____

Trabalhando em grupo

5 Observe a charge ao lado.

Os irmãos Graco propuseram, durante a República Roma-na, a reforma agrária. No Brasil atual, também há grupos que a defendem como solução para o problema fundiário. Discuta com a classe os significados da charge: como essa imagem se relaciona com a questão da distribuição de terras no Brasil?

TERRA PARA TODOS

Angeli

CAPÍTULO 10

OS REINOS BÁRBAROS E O IMPÉRIO CAROLÍNGIO

Os germanos dominam a Europa

Do outro lado dos rios Reno e Danúbio, na fronteira ao norte do Império Romano, na então chamada Germânia, viviam vários povos de origem germânica (álamos, suevos, vândalos, visigodos, ostrogodos, francos, anglos, saxões etc.), genericamente conhecidos como "bárbaros". Para os romanos, "bárbaro" era todo aquele que vivia além das fronteiras do Império Romano e, portanto, não possuía a cultura romana. Tais povos tinham cultura e costumes próprios, os quais, com o tempo, após a invasão do império, acabaram se misturando com a cultura e os costumes dos romanos.

A crise do mundo romano e as invasões bárbaras marcaram o fim do Império Romano do Ocidente e o advento da Idade Média. Das invasões resultou uma fusão de elementos romanos e germânicos, que condicionou o futuro da Europa Ocidental nos séculos seguintes, dando origem ao feudalismo.

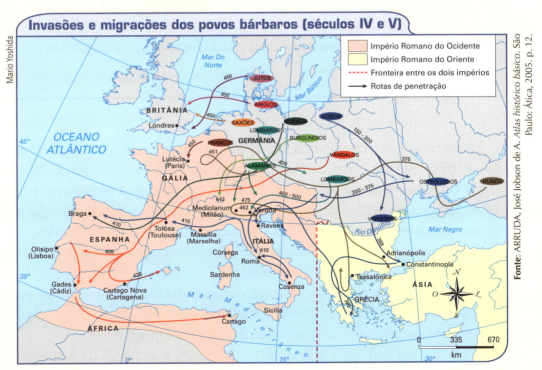

Fonte: ARRUDA, José Jobson de A. *Atlas histórico básico*. São Paulo: Ática, 2005. p. 12.

Veja no mapa as rotas de penetração dos povos bárbaros no Império Romano do Ocidente.

As migrações e as invasões dos povos bárbaros e a fixação de alguns deles em terras dentro do Império Romano do Ocidente acabaram por destruí-lo em 476. Além dos bárbaros germanos, também merecem destaque nesse processo:

- **os eslavos** – provenientes da Europa Oriental e da Ásia. Compreendiam os russos, tchecos, poloneses, sérvios, entre outros;
- **os tártaro-mongóis** – eram de origem asiática. Faziam parte desse grupo as tribos dos hunos, turcos, búlgaros etc.

A partir do século III, os germanos migraram, de forma lenta e pacífica, para os domínios do Império Romano. O próprio governo romano estabelecia acordos com os povos bárbaros, permitindo-lhes fixar-se dentro das fronteiras do império. Muitos desses germanos chegaram a ingressar em unidades auxiliares do exército romano, somando forças na defesa das fronteiras de Roma. Essa penetração, entretanto, nem sempre era pacífica. Por vezes, grupos guerreiros conseguiam vencer os exércitos de Roma e ocupavam territórios do império.

Detalhe de alto-relevo representando soldados romanos em luta com os germanos.

Nos séculos IV e V os principais povos bárbaros se deslocaram em direção ao Império Romano, movidos pela necessidade de terras férteis e empurrados pelos **hunos,** que vinham do Oriente, instaurando pânico e destruição aonde chegavam. Esse processo acabou por precipitar a fragmentação do império que, como vimos no capítulo anterior, já se encontrava decadente devido à crise do escravismo e à anarquia militar.

Vamos conhecer algumas características desse povo.

[...] o Germano é, acima de tudo, um soldado e um camponês. O Germano deve estar sempre pronto a atacar, as suas armas são sobretudo ofensivas lanças (frâmeas), longas espadas de dois gumes, machados. Os chefes, cercados pelos jovens companheiros de armas, levam para o combate os guerreiros agrupados por tribos e incitados ao combate pelos gritos de suas mulheres.

RICHÉ, Pierre. *As invasões bárbaras*. Lisboa: Publicações Europa-América, 1996. p. 16. (Saber).

Os germanos não chegaram a formar um Estado politicamente organizado. Viviam em aldeias com aproximadamente cem famílias cada uma. Várias aldeias reunidas constituíam uma tribo organizada em torno do *comitatus*, instituição germana pela qual os guerreiros ligavam-se voluntariamente, cabendo a chefia a um líder guerreiro. A vida em sociedade era regulamentada por leis não escritas, fundamentadas nos costumes e tradições (**direito consuetudinário**).

A economia sustentava-se na caça, no pastoreio e numa agricultura básica. A busca de terras provocava frequentes guerras entre as tribos.

A propriedade da terra era coletiva e cada família ficava com um lote para o seu sustento. O artesanato também foi uma atividade importante, com a produção de espadas, escudos, lanças etc. O comércio era reduzido e os germanos não possuíam moeda.

A religião era politeísta. Adoravam vários deuses e as forças da natureza. Odin era o deus da guerra, Tor, o do trovão e Freia, a do amor.

1 Faça um quadro com estas informações sobre os germanos:

• nome dos povos genericamente conhecidos como germanos;

• por que invadiram o Império Romano;

• organização política e social;

• economia – principais atividades.

2 Podem-se considerar as "invasões" germânicas como causa principal da decadência do Império Romano do Ocidente?

_____

_____

_____

3 Leia com atenção o documento a seguir.

Os historiadores antigos mal mencionam os hunos. Eles habitam nas margens do mar Glacial. Sua ferocidade supera tudo. Não cozinham nem temperam o que comem. Alimentam-se de raízes silvestres ou da carne do primeiro animal que aparece, carne esta que esquentam por algum tempo, sobre o dorso de seu cavalo, entre suas próprias pernas. Não possuem abrigo. Entre eles não se usam casas, nem túmulos. Não encontraríamos nem mesmo uma cabana. Passam a vida percorrendo as montanhas e as florestas. São endurecidos desde o berço contra o frio, a fome e a sede. Mesmo em viagem, não entram em habitação sem necessidade absoluta e não se creem nunca em segurança.

Não têm reis nem governantes, mas obedecem a chefes, eleitos em cada circunstância. Quando se lançam ao combate, soltam no ar uma gritaria terrível.

Marcelino, Amiano. Res gestae. Transcrito por COURCELLE, Pierre. História literária das grandes invasões germânicas.
Petrópolis: Vozes, 1955. p. 151-152.

Amiano Marcelino foi um historiador que escreveu durante o fim do Império Romano. Nascido em Antioquia, entre 325 e 330, e falecido provavelmente em 391 d.C., Amiano foi militar de alta patente. A *História de Roma* escrita por Amiano Marcelino relatava acontecimentos desde 96 d.C até 378 d.C., num total de 31 livros. Porém, o texto que chegou até nós inicia-se apenas no livro 14, a partir de 353 d.C. Mesmo assim, sua obra é considerada de grande valor histórico, pois é o único relato contemporâneo que temos de um historiador romano. Ele inclusive é uma das personagens, em trechos autobiográficos em que conta seus feitos como soldado do exército do imperador Juliano.

a) Quem escreveu o texto, onde, quando e por quê?

_____

_____

b) Qual a importância da obra de Amiano Marcelino?

_____

_____

_____

_____

c) Como Amiano Marcelino descreve os hunos?

_____

_____

_____

_____

_____

A formação dos reinos bárbaros

Os povos germanos espalharam-se pelo território do Império Romano do Ocidente e lentamente foram se fixando e dominando vastas áreas. Acabaram por formar reinos. Os mais significativos foram:

- o **reino dos visigodos** – situado na Península Ibérica, era o mais antigo e extenso. Os visigodos ocupavam estrategicamente a ligação entre o Mar Mediterrâneo e o Oceano Atlântico;

- o **reino dos ostrogodos** – localizava-se na Península Itálica. Os ostrogodos se esforçaram para salvaguardar o patrimônio artístico-cultural de Roma. Restauraram vários monumentos, para manter viva a memória romana. Mantiveram a organização político-administrativa imperial, o Senado, os funcionários públicos romanos e os militares godos;

- o **reino dos vândalos** – o povo vândalo atravessou a Europa e fixou-se no norte da África. Nesse reino houve perseguição aos

Dorling Kindersley

Ilustração produzida para uma publicação do século XX, representando guerreiros vikings. Seus navios podiam navegar em águas rasas o que lhes permitiam navegar também por rios.

cristãos e o resultado foi sua migração em massa para outros reinos, o que provocou falta de trabalhadores e diminuição da produção;

- o **reino dos suevos** – surgiu a oeste da Península Ibérica. Os suevos viviam da pesca e da agricultura. No final do século VI, o reino foi absorvido pelos visigodos, que passaram a dominar toda a península;

- o **reino dos borgúndios** – os borgúndios migraram da Escandinávia, dominaram o vale do Ródano até Avinhão, onde fundaram o seu reino. Em meados do século VI, foram dominados pelos francos;

- o **reino dos anglo-saxões** – surgiu em 571, quando os saxões venceram os bretões e consolidaram-se na região da Bretanha.

Os bárbaros germanos acabaram assimilando muitos traços da cultura romana, como se pode observar na organização de seus reinos e na adoção do latim como língua oficial.

Na política, era necessário o estabelecimento de um governo estável e estruturado. Acabaram adotando a monarquia, inicialmente eletiva e depois hereditária. Os chefes germanos, copiando os romanos, criaram códigos de leis e seus conselheiros eram requisitados entre os romanos mais cultos e experientes.

Na economia, as migrações e invasões germanas haviam precipitado a decadência econômica e a ruralização da Europa ocidental. O Mar Mediterrâneo continuava sendo a via de comunicação com o Império Bizantino, que monopolizava a indústria e o comércio.

Os reinos germânicos, porém, tinham dificuldades de reativar o comércio. Os metais preciosos eram cada vez mais escassos. A agricultura e a criação acabaram se convertendo nas atividades básicas da economia, e a terra, em sua única fonte de riqueza. As pessoas abandonavam as já deca-

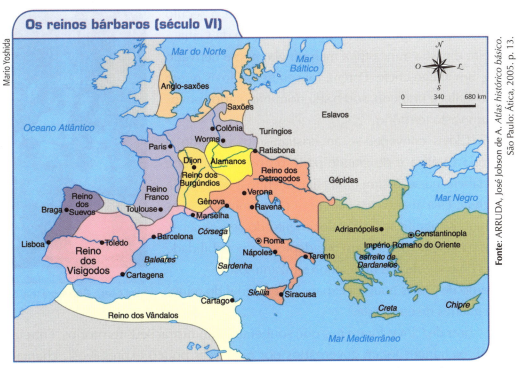

Fonte: ARRUDA, José Jobson de A. *Atlas histórico básico*. São Paulo: Ática, 2005. p. 13.

Observe a localização de alguns reinos bárbaros. Dos reinos fundados pelos germanos, alguns perduraram, outros desapareceram. Os ostrogodos e vândalos acabaram sendo vencidos, no século V, por Justiniano, imperador bizantino; os visigodos foram dominados pelos árabes muçulmanos, no século VIII, e os anglo-saxões, pelos normandos; apenas os francos conseguiram formar um reino poderoso.

dentes cidades para buscar sustento no campo, e as relações comerciais diminuíram progressivamente. As grandes propriedades rurais procuravam se autoabastecer, produzindo tudo de que necessitavam.

Os novos reinos converteram-se progressivamente ao catolicismo e aceitaram a autoridade da Igreja católica. Com a ruptura da antiga unidade romana, a Igreja tornou-se a única instituição universal europeia. Essa situação lhe deu uma posição invejável durante o período medieval europeu.

A Idade Média (ou período medieval) corresponde a um período de quase mil anos entre a Antiguidade e a Idade Moderna. Convencionou-se, para uma parte dos historiadores, que esse período se estende de 476, com a queda do Império Romano do Ocidente, até 1453, quando Constantinopla, a capital do Império Romano do Oriente (conhecido como Império Bizantino), foi conquistada pelos turcos otomanos.

Lembramos, porém, que a divisão da História em "idades" se faz com objetivos didáticos e corresponde à história da Europa. Na maior parte do tempo, tal divisão não tem correspondência com a história dos povos que habitavam a Ásia, a África, a América e a Oceania.

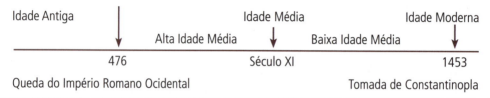

Idade Antiga		Idade Média		Idade Moderna
	Alta Idade Média		Baixa Idade Média	
476		Século XI		1453
Queda do Império Romano Ocidental				Tomada de Constantinopla

Os francos

O reino dos francos foi o único que teve longa duração. Os francos vinham invadindo o Império Romano desde o século II e, nesse processo, ocuparam uma pequena região da Gália.

A primeira dinastia franca foi a merovíngia, nome derivado de Meroveu, um antigo chefe. Porém, foi seu neto Clóvis quem conquistou a Gália e unificou, sob o seu domínio, vários povos bárbaros e um vasto território.

Em 496, Clóvis converteu-se ao cristianismo, obtendo o apoio da Igreja católica e de grande parte da população, que era cristã. Estabeleceu-se, assim, uma aliança entre a monarquia franca e a Igreja. Essa aliança era vantajosa para ambos. Para os soberanos francos, significava o fortalecimento do seu poder e, para a Igreja, o aumento do número de adeptos e a possibilidade da libertação do controle dos imperadores bizantinos.

No governo de Clóvis houve a expansão territorial do reino, por meio de guerras de conquista.

O batismo de Clóvis, pintado pelo "Mestre de Saint Giles". Óleo sobre tela, c. 1500.

Os sucessores de Clóvis foram reis que souberam administrar seus territórios. Entretanto, a partir do século VII, os francos foram governados por monarcas pouco expressivos, chamados de "reis indolentes". O poder político passou a ser exercido por funcionários do governo, denominados prefeitos do palácio, cargo correspondente ao de ministro do rei. Entre outros, destacou-se Carlos Martel (714-741), que impediu o avanço dos árabes sobre a Gália, na Batalha de Poitiers, em 732.

O Império Carolíngio

Com a morte de Carlos Martel, seu filho, Pepino, o Breve, assumiu o cargo de prefeito do palácio, obtendo o apoio da Igreja à sua pretensão de aclamar-se rei. Depôs o último rei merovíngio, iniciando uma nova dinastia, a Carolíngia. Auxiliou o papa em sua luta contra os lombardos no norte da Itália e, após vencê-los, doou ao papado todas as terras conquistadas, que passaram a ser conhecidas como **Patrimônio de São Pedro.**

Com a morte de Pepino, o Breve, assumiu o poder seu filho, Carlos Magno, que contou com o apoio da Igreja e teve seu governo, de quase meio século, marcado por inúmeras realizações. Empreendeu guerras de conquista, dando origem

Desenho em manuscrito do século XI mostra Carlos Magno sendo coroado pelo papa Leão III.

ao Império Carolíngio. A Igreja reconheceu a existência de um novo Império do Ocidente. No dia de Natal do ano de 800, na Basílica de São Pedro, Carlos Magno foi coroado pelo papa Leão III.

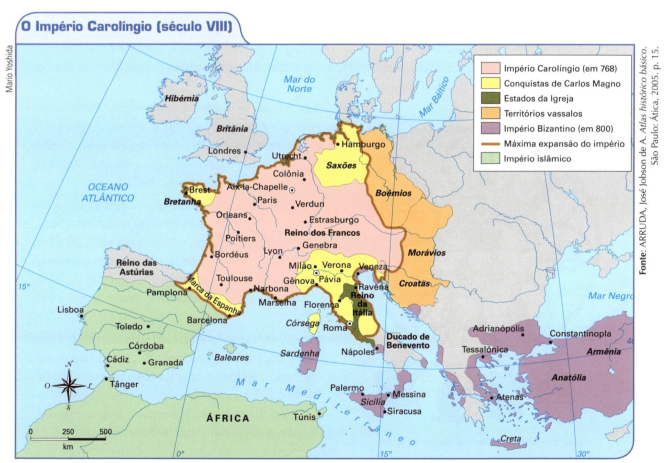

Observe, no mapa, a extensão do Império Carolíngio, que compreendia os atuais territórios da França, Bélgica, Luxemburgo, Holanda, Alemanha, parte da Península Ibérica, Áustria, Iugoslávia, Suíça e Itália. Esse mapa traz outras informações importantes, como a localização de parte do Império Bizantino e do Império Islâmico.

No dia 25, Carlos Magno entrou na basílica de S. Pedro para as festividades do nascimento de Cristo e para fazer sagrar seu filho Luís como rei. Enquanto ele rezava, ajoelhado, o papa tomou o diadema e cingiu-lhe a fronte, sob a aclamação dos presentes, repetida por três vezes: "A Carlos Augusto, poderoso e pacífico imperador dos romanos, coroado por Deus, vida longa e vitória".

MELLO, José Roberto. *O Império de Carlos Magno*. São Paulo: Ática, 1990. p. 28. Série Princípios.

Carlos Magno organizou a administração, dividindo o Império em:

- **condados**: territórios do interior, governados por condes;
- **ducados**: territórios das fronteiras, governados por duques;
- **marcas**: territórios mais vulneráveis das fronteiras, governados por marqueses.

Para regular as atividades de seus súditos, expediu inúmeras leis – as *capitulares* – e, para certificar-se de que fossem bem executadas, mandava emissários – os *missi dominici* – percorrerem as províncias.

No âmbito cultural, o imperador fundou várias escolas, nas quais se estudava gramática, retórica, ortografia e música. Também mandou construir importantes monumentos religiosos, como a Igreja de São Vital, em Ravena. Tal foi o desenvolvimento das artes, que se costuma falar num Renascimento Carolíngio.

Carlos Magno pretendia dar uma unidade interior, espiritual, ao seu vasto e vário império e, portanto, educar intelectual, moral e religiosamente os povos que o constituíam. Deste modo restauraria a civilização e a religião, a cultura clássica e o catolicismo e lhes daria incremento. Para tanto, o meio natural eram as escolas, e o clero se apresentava como o mais apto e preparado, pela cultura de que era dotado. Na intenção de Carlos Magno, as escolas, que ele ia fundando e desenvolvendo, deveriam formar, antes de tudo, mestres adequados para as outras escolas; educar, em seguida, a massa popular e preparar uma classe dirigente; em especial, os funcionários do império.

Biblioteca Nacional, Paris, França, s. d.

As sete artes liberais. *Hortus deliciarum,* de Herrad von Landsberg, c. 1180.

Para elaborar o seu vasto plano de política escolar, Carlos Magno chamou à corte **Alcuíno** de York (735-804, mais ou menos), que veio da Inglaterra, o viveiro da cultura naquela época. E sob a sua inspiração, a partir do ano 787, foram emanados os decretos capitulares para a organização das escolas.

O programa de Alcuíno, que se espalhou pelo vasto império e perdurou durante toda a Idade Média, abraçava as sete artes liberais, repartidas no trívio e no quadrívio. O trívio abraçava as disciplinas formais: gramática, retórica, dialética, esta última desenvolvendo-se, mais tarde, na filosofia; o quadrívio abraçava as disciplinas reais: aritmética, geometria, astronomia, música, e, mais tarde, a medicina.

Sob a direção de Alcuíno, foi constituída junto da corte de Carlos Magno a famosa escola palatina (escola do palácio). Nela ensinaram os homens mais famosos da época, como, por exemplo, o historiador Paulo Diácono, o gramático Pedro de Pisa, o teólogo Paulino de Aquileia. Frequentavam esta escola o próprio imperador, os príncipes e os jovens da nobreza. Outras escolas surgiram, em seguida, especialmente na França, modeladas na escola palatina.

Adaptado de <www.mundodosfilosofos.com.br/escolastica.htm>. Acesso em: jun. 2012.

Morre o imperador, fragmenta-se o império

Carlos Magno morreu em 814 e foi sucedido pelo filho Luís, o Piedoso, que ainda manteve a unidade imperial. Em 840 com a morte de Luís, iniciou-se uma luta entre seus três filhos. Essa disputa pela coroa imperial terminou em 843, com a assinatura do **Tratado de Verdun**, que dividia entre os três o Império Carolíngio:

- Carlos, o Calvo, ficou com a área mais ocidental, a **França Ocidental**, que mais tarde chamou-se Reino da França;

- Luís, o Germânico, ficou com a **França Oriental**, onde habitava uma população de tradição e língua germânicas;

- Lotário tomou o poder na Lotaríngia, uma extensa faixa de terra entre o Mar do Norte e a Calábria. Nesse espaço localizavam-se duas importantes cidades: Aix-la--Chapelle e Roma.

Grandes Chroniques de France, iluminuras de Jean Fouquet, Tours (1455-1460). Carlos Magno observa a construção do palácio em Aix-la-Chapelle. A cidade alemã de Aachen, na fronteira com a Bélgica, torna-se a sede do Império. O imperador construiu ali um palácio e uma capela (posteriormente catedral).

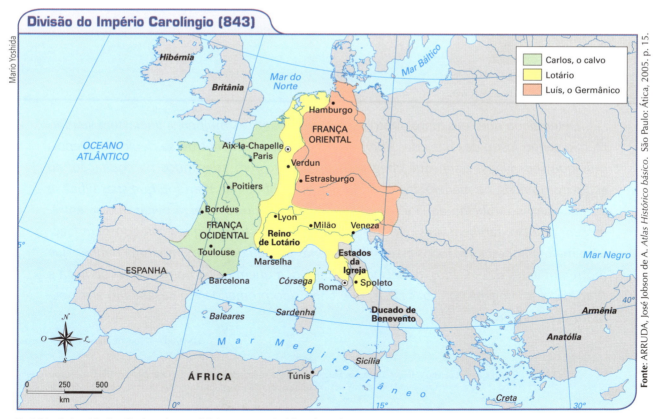

Território do Império Carolíngio após sua divisão entre os três filhos de Carlos Magno.

As bases do feudalismo

Entre os séculos VII e X foram se desenvolvendo os elementos básicos da sociedade feudal. A maior parte da população era rural e vivia em vilas ou grandes domínios agrícolas, que eram propriedade de um nobre ou da Igreja. Os camponeses recebiam parcelas para sua exploração, os mansos, em troca de entregar aos donos da terra rendas diversas. Progressivamente, esses proprietários de terra foram acumulando poderes fiscais, jurídicos e militares. Por sua vez, os lavradores estavam em uma dependência total em relação àqueles que consideravam seus senhores.

Ilustrações holandesas do século XVI mostram atividades típicas da vida europeia durante o período feudal.

Ao mesmo tempo se desenvolveram as relações de dependência pessoal entre os membros da nobreza. As pessoas que necessitavam de proteção de outras mais poderosas converteram-se em seus vassalos. Os mais poderosos concediam benefícios ou feudos, que consistiam geralmente em terras, a estes vassalos; eles, em troca, os reconheciam como seus senhores, juravam fidelidade e contraíam obrigações, principalmente militares.

GALLEGO, J. Gonçales e outros. *História*. Barcelona: Anaya, s.d. p. 126.

ATIVIDADES

1 Leia o texto com atenção.

Determinou que seus filhos, tanto os homens quanto as mulheres, iniciassem sua formação sendo instruídos nas artes liberais, a cujo estudo ele mesmo se dedicava. Depois quis que seus filhos, assim que chegaram à idade, fossem adestrados na equitação, ao estilo dos francos, no manejo das armas e na caça; entretanto, mandou que suas filhas se exercitassem no trabalho da lã e no manejo da roca e do fuso, para evitar que se entregassem ao ócio; também quis que fossem instruídas em tudo o que é preciso para fazer uma mulher honesta. De todos esses filhos apenas perdeu dois homens e uma mulher, que morreram antes dele: Carlos, o mais velho, Pepino, a quem havia nomeado rei da Itália e Rotrudis, a primogênita de suas filhas, que tinha sido prometida em casamento ao imperador Constantino.

EINHARD, (770-840). *Vida de Carlos Magno.*

Tradução de Luciano Vianna e Cassandra Moutinho, com base em *Medieval Sourcebook: Einhard: The Life of Charlemagne* Disponível em: <www.ricardocosta.com/textos/vidacarlos.htm>. Acesso em: jun. 2012. Texto adaptado.

a) Procure no dicionário o significado das palavras desconhecidas.

b) Quais os temas mais importantes tratados no texto?

_____

_____

_____

c) Analisando o texto e relacionando ao seu contexto histórico, responda.

• O que eram as artes liberais nas quais os filhos de Carlos Magno foram inicialmente instruídos?

_____

_____

_____

• Carlos Magno educou igualmente seus filhos e filhas?

_____

_____

_____

• Carlos Magno perdeu muitos filhos?

_____

_____

2 Faça uma pesquisa para descobrir como eram educadas as mulheres na Idade Média europeia. Procure saber:

a) O que deviam aprender as mulheres: de famílias previlegiadas;

_____

_____

_____

b) O que deviam aprender as mulheres camponesas;

_____

_____

_____

c) Qual era a maior possibilidade de as mulheres serem alfabetizadas;

_____

_____

d) A sociedade medieval estimulava a instrução das mulheres?

_____

_____

3 Analise a seguinte ilustração, pertencente ao livro *As mais ricas horas do duque de Berry* (século XV).

Ilustração do livro *As mais ricas horas do duque de Berry*, século XV.

a) Destaque os elementos que aparecem na imagem.

_____

_____

b) Relacione com o local e a época em que esta cena poderia ter ocorrido.

_____

Refletindo

4 Os germanos invadiram o Império Romano, acabando por destruí-lo, mas assimilaram muitos traços da cultura romana. Escreva fatos que justifiquem essa afirmação.

_____

_____

_____

5 Com quem teve início a Dinastia Carolíngia?

_____

6 O que foi o denominado Renascimento Carolíngio?

_____

_____

7 Releia o boxe da página 146. Reescreva-o com suas palavras, explicando como se desenvolveram, entre os séculos VII e X, os elementos básicos da sociedade feudal.

_____

_____

_____

_____

_____

_____

_____

_____

8 A Igreja católica assumiu uma posição de destaque, do ponto de vista econômico, político e cultural, durante o período medieval europeu.

a) Que fatos colaboraram para que a Igreja assumisse essa posição?

_____

_____

_____

_____

149

b) No governo de Clóvis, que fatores vieram a favorecer ainda mais essa posição?

_____

_____

_____

9 Siga os mesmos passos da atividade 3 e faça a análise da imagem *O batismo de Clóvis*, da página 142.

_____

_____

_____

_____

_____

_____

_____

_____

_____

_____

10 Leia as frases abaixo sobre a sucessão de Carlos Magno. Marque aquelas que estão corretas e reescreva, corrigindo, as incorretas.

(   ) Com a morte de Carlos Magno em 814, o filho dele Luís, o Piedoso, assumiu o trono.

_____

_____

(   ) Luís morreu em 840 e seu filho Carlos passou a governar sozinho.

_____

_____

(   ) Carlos, o Calvo, ficou com a França Ocidental.

_____

_____

(   ) Luís, o Germânico, ficou com a França Central, onde habitava uma população de tradição germânica.

_____

_____

( ) A região entre o Mar do Norte e a Calábria ficou com Lotário.

_____

_____

 Você leu no capítulo que a crise do mundo romano e as invasões bárbaras marcaram o fim do Império Romano do Ocidente e o advento da Idade Média. Como esse processo deu origem ao **feudalismo**?

_____

_____

_____

_____

Trabalho em grupo

12 Você conhece a literatura de cordel?

A **literatura de cordel** é a poesia popular, inicialmente oral, depois impressa em folhetos e vendida em feiras ou praças –, tal como é cultivada no Brasil até hoje. Em Portugal, no final da Idade Média, as **folhas volantes** (ou folhas soltas) eram vendidas nas feiras, ruas, praças ou em romarias, presas a um cordel ou barbante, para facilitar a exposição aos interessados.

Foi no Nordeste e Norte do Brasil (da Bahia ao Pará), que essa literatura de cordel se arraigou mais profundamente.

Muitos títulos de folhetos, no Brasil, evocam a presença de temas da época do Império Carolíngio e todos esses têm Carlos Magno como personagem. A partir do século XI eram comuns, na França, os poemas (chamados de **canções de gesta**), que contavam as façanhas dos heróis carolíngios. Mais de 1200 anos após o fato histórico que inspirou a lenda, a Batalha de Roncesvales travada na Espanha em 15 de agosto de 778, Carlos Magno e os Pares de França (seus cavaleiros), permanecem como modelos de valentia na literatura de cordel do Brasil do século XX.

Reúna-se com seu grupo e pesquisem sobre:
• a literatura de cordel;
• a Batalha de Roncesvales;
• Carlos Magno e os Pares de França;
• os poemas de cordel que tratam da época de Carlos Magno:
• A Batalha de Oliveiros com Ferrabrás,
• A prisão de Oliveiros,
• O cavaleiro Roldão,
• A morte dos Doze Pares de França.

151

Capítulo 11

O IMPÉRIO BIZANTINO

Constantinopla: um grande centro comercial

Enquanto o Império Romano do Ocidente caiu e fragmentou-se, o Império Romano do Oriente resistiu às migrações e invasões bárbaras e sobreviveu mais mil anos (até 1453 d.C.).

Em 330 d.C., a antiga colônia grega de Bizâncio foi estabelecida como capital pelo imperador romano Constantino (272 d.C. – 337 d.C.) que a chamou de Constantinopla (a cidade de Constantino).

Graças a sua posição estratégica junto ao Estreito de Bósforo, ligando o comércio asiático do Mar Negro com o comércio mediterrâneo pelo Mar Egeu, tornou-se um poderoso centro comercial e a capital de um grande império.

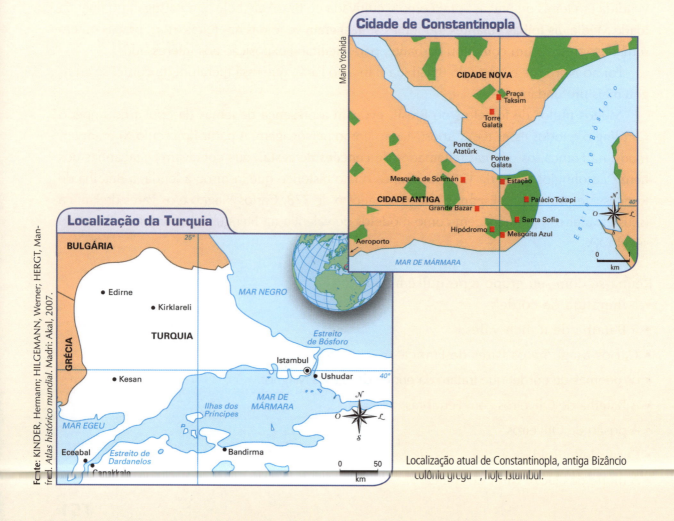

Localização atual de Constantinopla, antiga Bizâncio colônia grega", hoje Istumbul.

Fonte: KINDER, Hermann; HILGEMANN, Werner; HERGT, Manfred. *Atlas histórico mundial*. Madri: Akal, 2007.

Constantinopla possuía um grande porto, para o qual convergiam rotas comerciais que ligavam o Extremo Oriente e o ocidente europeu. Durante vários séculos, controlou o comércio de produtos de luxo (tecidos finos, marfim, pedras preciosas), especiarias (cravo, canela, pimenta, gengibre, noz-moscada) e escravos. Também foi uma cidade manufatureira, com bairros de artesãos que trabalhavam principalmente a seda e os metais preciosos.

Com quase um milhão de habitantes, Constantinopla apresentava grandes contrastes. Possuía amplas avenidas, vários edifícios públicos e uma zona residencial, onde se localizavam o palácio imperial, o Senado, o hipódromo, as escolas e a famosa Igreja de Santa Sofia. Havia também zonas pobres, com ruas estreitas e sujas, onde vivia uma população miserável.

A zona manufatureira e comercial possuía intensa movimentação. Produziam-se artigos de luxo e os produtos necessários para abastecer a população do Império. O comércio era tão desenvolvido e numeroso que havia até um bairro formado por comerciantes estrangeiros.

Constantinopla era uma cidade que valorizava as diversões. O hipódromo era um dos principais centros da vida social. Nele eram realizados torneios, corridas de carros, caça a animais, lutas com feras, espetáculos de circo e teatrais etc.

Pouco a pouco, os bizantinos voltaram às suas raízes gregas, inclusive o grego foi adotado como língua do Estado. Entretanto, a religião dominante era a cristã.

Pode-se afirmar que o helenismo e o cristianismo foram as bases da cultura bizantina.

ATIVIDADES

1. Qual era a capital do Império Romano do Oriente? Onde estava localizada?

_____

_____

2. Por que Constantinopla apresentava grandes contrastes?

_____

_____

_____

3. Explique, a partir do que você estudou antes, por que se afirma que o helenismo e o cristianismo foram as bases da cultura bizantina.

_____

_____

_____

_____

_____

153

A organização do Império

O Império Romano do Oriente ou Império Bizantino formou-se a partir da divisão que o imperador romano Teodósio fez em 395.

À frente do Estado estava o imperador ou basileus, que tinha poder absoluto graças ao exército e a uma bem organizada burocracia. Era ao mesmo tempo chefe político e religioso. Seu poder era consagrado pela Igreja por meio da coroação feita pelo patriarca de Constantinopla. A submissão da Igreja ao Estado denomina-se **cesaropapismo**.

O imperador estava sempre rodeado de nobres e chefes militares, o que era uma fonte contínua de intrigas e revoltas palacianas. A corte era muito faustosa e o imperador vivia com grande luxo, que a todos impressionava.

O governo de Justiniano

Justiniano (527 d.C. a 565 d.C.) é considerado o mais importante imperador bizantino. Seu governo marcou o apogeu do Império.

Entre os acontecimentos de seu governo, podemos destacar:

- **Expansão do Império** – um dos objetivos de Justiniano era recuperar as terras e reconstruir o antigo Império Romano. Para isso, realizou campanhas militares no norte da África, na Itália e na Península Ibérica. Durante algum tempo, o Mar Mediterrâneo voltou a ser um "mar romano", e o Império viveu uma etapa de esplendor.
- **Direito** – a maior realização de Justiniano foi a revisão e a codificação do Direito romano. Com esse objetivo, foram con-

Museu do Louvre, Paris, França. s. d.

Peça em marfim do século VI retratando o triunfo do imperador Justiniano contra os povos bárbaros.

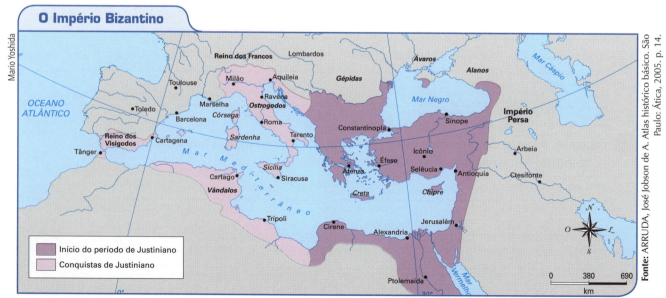

Mario Yoshida

Fonte: ARRUDA, José Jobson de A. Atlas histórico básico. São Paulo: Ática, 2005. p. 14.

Observe, no mapa, as regiões dominadas pelos generais do imperador Justiniano. No norte da África, um exército de 15 mil homens, comandados pelo general Belisário, enfrentou e derrotou os vândalos, que controlavam essa região. Na Itália, os bizantinos conseguiram derrotar o reino dos ostrogodos e, posteriormente, tomaram o sul da Península Ibérica, que estava nas mãos dos visigodos.

vocados os principais juristas bizantinos que, sob a orientação de Triboniano, publicaram o **Corpus Juris Civilis** (Código de Direito Civil). Esse código era dividido em quatro partes: **Código**, reunião das leis romanas publicadas desde o governo de Adriano; **Digesto**, compilação dos trabalhos de jurisprudência; **Novelas**, os decretos de Justiniano e de seus sucessores; e **Institutas**, espécie de manual de Direito para uso dos estudiosos.

- **Construção da Igreja de Santa Sofia** – Justiniano mandou construir essa igreja como expressão da grandiosidade de seu governo. É a obra mais representativa da arquitetura bizantina.
- **Revolta de Nika** – foi uma revolta de grande parte da população de Constantinopla, descontente com os pesados tributos e a forma agressiva como eles eram cobrados. A revolta se iniciou no hipódromo da cidade e, após oito dias de luta, os rebeldes foram derrotados pelo general Belisário, com mais de 30 mil pessoas mortas.

O declínio do Império

Após o governo de Justiniano, as fronteiras do Império começaram a ser ameaçadas por vários povos. Os bárbaros lombardos iniciaram a conquista da Península Itálica e, no século VIII, tomaram o ducado de Ravena. Nos séculos VII e VIII, os bizantinos perderam para os árabes o norte da África e o sul da Península Ibérica. Os árabes muçulmanos também acabaram dominando a Palestina, a Síria e a Mesopotâmia. O Império ficou reduzido às áreas menos ricas. Economicamente, o único centro comercial e industrial importante era a capital, Constantinopla.

Enfraquecido, o Império não teve condições de defender-se de um novo povo que avançava: os turcos otomanos, também de religião muçulmana. A partir da segunda metade do século XIV, limitava-se à capital e algumas terras costeiras dos mares Egeu e Negro. Em 1453, os turcos otomanos tomaram Constantinopla, pondo fim ao Império Bizantino.

A economia e a sociedade

O comércio era uma importante fonte de renda para a economia bizantina. Para Constantinopla convergiam importantíssimas rotas comerciais, ligando o Extremo Oriente e o ocidente europeu, principalmente a partir do século XI, quando o rendoso comércio entre as Índias e a Europa começou a ser monopolizado pelos genoveses e venezianos.

As famosas especiarias – cravo, canela, pimenta-do-reino, gengibre, noz-moscada, açúcar – e produtos de luxo eram armazenados em Constantinopla e, posteriormente, distribuídos na Europa por comerciantes italianos.

O Estado intervinha intensamente na economia, impondo regulamentos ao comércio e à indústria (dedicada especialmente aos artigos de luxo) e reservando para si o monopólio de cunhar moedas.

Na sociedade bizantina, o aspecto mais característico foi a mescla de povos asiáticos, europeus e africanos na composição da sociedade. Existiam grandes diferenças sociais. As camadas privilegiadas eram compostas pelo imperador e sua corte, os grandes proprietários de terra e os grandes comerciantes.

A imensa maioria da população vivia miseravelmente. O camponês e o trabalhador urbano não tinham possibilidade de ascensão social. A escravidão era adotada oficialmente e os escravos eram usados para realizar os trabalhos domésticos e os serviços públicos.

A Igreja cristã e o Império

A Igreja desempenhou importante papel no Império Bizantino. A religião dominante era a cristã, entretanto, o cristianismo apresentava também características orientais. O imperador, considerado sucessor dos apóstolos, tentava controlar as atividades religiosas que eram dirigidas pelo patriarca de Constantinopla, ao qual obedeciam os padres e monges.

As controvérsias teológicas entre as direções indicadas pelo papa em Roma e os interesses políticos e religiosos do clero e da nobreza da cidade deram lugar a numerosas heresias. As duas principais foram:

- **monofisista** – crença de que em Cristo havia apenas uma natureza, a divina;
- **iconoclasta** – o movimento iniciou-se com uma lei do imperador Leão III, que proibia o uso de imagens. Os seus seguidores passaram a quebrar as estátuas de santos das igrejas. Como na Igreja oriental as imagens eram chamadas de ícones, a heresia tomou esse nome.

Divergências entre o papado e o patriarcado provocaram a separação definitiva entre as Igrejas do Ocidente e do Oriente. Em 1054, deu-se o **Cisma do Oriente**, que resultou na cisão da cristandade em:

- **Igreja Católica Apostólica Romana**, na época liderada pelo papa Leão IX;
- **Igreja Católica Ortodoxa Grega**, tendo como chefe o patriarca de Constantinopla, Miguel Cerulário.

Os imperadores iconoclastas não eram infiéis ou racionalistas. Ao contrário, eram homens de fé, sinceros, que desejavam reformar a religião, purificando-a dos erros que, segundo eles acreditavam, a tinham desviado do seu caminho original: o culto às imagens e a adoração das **relíquias** eram sobrevivências do paganismo e deviam ser abolidas para devolver a pureza à fé cristã.

"Eu sou imperador e sacerdote", escreveu Leão III ao papa Gregório II.

Partindo de tal princípio, Leão III considerava um direito seu dar força de lei às suas próprias convicções, impondo-as a todos os seus súditos. Era o mesmo cesaropapismo já manifestado por Justiniano.

No entanto, apenas em 726, no décimo ano de seu reinado, Leão III começou a falar da destruição dos santos ícones, tendo publicado o primeiro edito. Pouco depois, ordenou a destruição da estátua de Cristo situada sobre uma das portas de entrada do palácio imperial. A destruição dessa imagem suscitou um motim, no qual participaram, principalmente, as mulheres. O funcionário imperial enviado para destruir a imagem foi morto; mas o imperador vingou-o castigando com dureza a quantos defenderam a imagem.

A hostilidade de Leão III contra as imagens aumentou, o que provocou revoltas a favor do culto das imagens até na Grécia e nas ilhas do Mar Egeu. Em 730 ele convocou uma espécie de Concílio que promulgou um novo edito contra as imagens.

Apenas em 787, com o Concílio de Niceia é que o culto às imagens foi restaurado, excomungando "os que chamam de ídolos às santas imagens e afirmam que os cristãos apelavam aos ícones como se estes fossem deuses".

Adaptado de VASILIEV, Alexander A. *História do Império Bizantino*. Barcelona: Ibéria, 1945. Tomo I. p. 210-215.

O desenvolvimento artístico

A cultura bizantina representou uma síntese de elementos orientais e ocidentais:

- na **produção literária**, os bizantinos conservaram o elo de ligação com a cultura grega, pois mantinham vivas a poesia e a retórica. Entretanto, o cristianismo também deixou marcas na literatura;

- na **pintura**, as imagens de ícones de aspecto austero, em metal ou madeira são apreciadas até os nossos dias, como relíquias da humanidade;

O copista ajudava a preservar informações das culturas grega e romana. Na imagem, monge copista, em ilustração do século VII.

Mosaico encontrado na Igreja de Ravena, Itália, reproduzindo a imagem do imperador Justiniano.

- no **mosaico**, considerado a expressão máxima da arte bizantina, destacaram-se na decoração de pisos, paredes e abóbadas. Essas composições serviam de fonte de instrução, pois mostravam cenas da vida de Cristo, dos profetas e dos imperadores;

- na **escultura**, destacam-se as estatuetas de marfim, de cunho religioso;

- na **arquitetura**, suas obras caracterizam-se pela riqueza da ornamentação e pelo predomínio do sistema de cúpulas nas construções, o que lhes dá caráter de suntuosidade. A mais notável manifestação artística é a Igreja de Santa Sofia.

Santa Sofia, igreja construída por Justiniano I entre 532 e 537, na antiga cidade de Constantinopla, atual Istambul, na Turquia. Sob o domínio turco, a partir de 1453, a igreja foi transformada em uma mesquita. Foto de 2003.

1 Ravena, na Itália, foi capital do Império Romano do Ocidente quando Roma entrava em decadência; depois foi capital do Reino Ostrogodo e, finalmente, transformou-se na mais bela cidade do Império Bizantino no Ocidente, quando se construíram igrejas em que os mosaicos rivalizavam com os da própria Santa Sofia de Constantinopla.

Igreja de San Vitale, Ravena, Itália

A imperatriz Teodora, esposa do imperador Justiniano, e sua comitiva. Mosaico, século VI.

a) Consulte um mapa geográfico e localize a cidade de Ravena.

_____

b) Consulte o Capítulo 10 e escreva as informações sobre o Reino Ostrogodo.

_____

_____

_____

_____

c) Qual a importância do mosaico na arte bizantina?

_____

_____

_____

_____

d) Observe a foto do mosaico. Descreva-o e diga que elementos nos permitem perceber quem é a imperatriz Teodora.

_____

_____

e) Produza em seu caderno um texto descrevendo o que você imagina estar acontecendo na cena retratada no mosaico.

Refletindo

2 O imperador ou basileu, no Império Bizantino, tinha poder absoluto.

a) O que lhe garantia esse poder?

_____

_____

b) Que funções ele acumulava?

_____

_____

c) O que se denomina cesaropapismo?

_____

_____

3 No governo de Justiniano, o Mar Mediterrâneo voltou a seu um "mar romano". Explique essa afirmação.

_____

_____

_____

4 Sobre a Revolta de Nika:

a) Por que ocorreu?

_____

_____

b) Como terminou?

_____

159

c) O que foi o Cisma do Oriente?

_____

_____

_____

5 Converse com os colegas sobre a sociedade bizantina. Depois, compare-a com a nossa sociedade atualmente e responda:

a) Há alguma semelhança entre as duas sociedades? Qual?

_____

_____

_____

_____

b) Há alguma diferença? Qual?

_____

_____

_____

_____

Trabalhando em grupo

6 Faça com seu grupo uma pesquisa sobre os mosaicos bizantinos. Procure saber:

- Como eram feitos?

- Quais os materiais utilizados?

- Quais as cores mais utilizadas?

- Como representavam as figuras?

Sintetizem as informações em um cartaz.

- Ilustrem o cartaz com um "mosaico" feito por vocês, com base em mosaicos bizantinos pesquisados.

- Utilizem folhas de revista ou papéis coloridos.

- Façam um desenho como base, depois cortem os papéis em quadradinhos e colem sobre a cartolina, preenchendo o desenho conforme sua imaginação e criatividade.

OS ÁRABES

Uma religião une diferentes povos

A história do que hoje conhecemos como povo árabe está intimamente relaciona-da à religião islâmica. O islamismo só pode ser compreendido no contexto geográfico da Península Arábica. Situada entre o Golfo Pérsico e o Mar Vermelho, a península ocu-pa uma região estratégica na história da humanidade: servia de passagem para as rotas comerciais dos povos da Ásia com os do norte da África e do Mediterrâneo europeu.

Às margens do Mar Vermelho, as terras são férteis, favoráveis ao desenvolvimen-to da agricultura. A parte central da península, ao contrário, é composta de terras desérticas, pontuadas por alguns oásis.

A religião criada no século VII por Maomé – o islamismo – proporcionou a unifi-cação da Arábia.

A palavra **islã** significa "submissão", e exprime a submissão à lei e à vontade de Alá (Deus). Seus seguidores são chamados de **muçulmanos**, que significa "aquele que se submete a Deus". Na Idade Média, eram chamados, pelos cristãos, de "sar-racenos" e "mouros" (embora este último termo designasse mais concretamente os muçulmanos naturais do Magrebe – norte da África – que se encontravam na Península Ibérica).

Entre os séculos VIII e XVI, os árabes formaram um grande império – o Império Mu-çulmano – e o islamismo foi difundido por todas as regiões conquistadas. Nesse impé-rio, houve o crescimento das cidades e um significativo desenvolvimento do comércio.

Fonte: ARRUDA, José Jobson de A. *Atlas histó-rico básico*. São Paulo: Ática, 2005. p.14.

Veja no mapa da Península Arábica a localização de Meca e Medina.

Os grupos próximos ao litoral eram urbanos e sedentários. Além das tribos agrícolas, o forte comércio entre as populações do Mediterrâneo e da Ásia criou cidades poderosas, como Meca e Iatreb, atual Medina.

O deserto era habitado por tribos dos chamados beduínos, pastores nômades que se dedicavam ao comércio, chefiadas por xeques. Suas caravanas cruzavam o deserto, carregadas de produtos a serem vendidos nos povoados. Geralmente, participavam de longas guerras pelo controle de oásis ou por disputas familiares.

A maior parte dos grupos da região praticava religião politeísta e cada um possuía suas próprias divindades. Contudo, havia um elemento religioso comum, a Caaba, um templo de forma cúbica, na cidade de Meca, onde ficavam muitos ídolos tribais, em especial a Pedra Negra, que era adorada por toda a população. Segundo a crença geral, essa pedra havia sido trazida pelo anjo Gabriel e era originalmente branca, mas se tornou negra por causa dos pecados dos homens.

As constantes peregrinações dos árabes à Caaba transformaram Meca no principal entreposto comercial de toda a península. A tribo coraixita era guardiã da Caaba e controlava todas as atividades comerciais da cidade.

A Caaba, em Meca, é um templo onde se encontravam mais de 360 ídolos das tribos do deserto. Lá também estava, como está até hoje, a Pedra Negra, um provável fragmento de meteoro, protegida por uma tenda de seda preta de forma cúbica. Foto de 1996.

Além de centro religioso, Meca era o ponto de convergência de caravanas de mercadores, não só árabes, mas também cristãos e judeus. Aliás, comunidades judaicas e cristãs haviam se instalado nos centros urbanos, e suas concepções monoteístas difundiram, entre muitos árabes, a ideia de um deus único, embora o politeísmo (culto a inúmeros deuses) e o animismo (crença em que todos os seres da natureza são dotados de alma) permanecessem como crenças da maioria.

AQUINO, Denize e Oscar. *História das sociedades*. Rio de Janeiro: Ao Livro Técnico, 1999. p. 337.

Durante vários séculos, os grupos árabes mantiveram-se dispersos, sem unificação política. Contudo, no século VIII, Abu l-Qasim Muhammad ibn 'Abd Allāh al-Hashimi al-Qurashi, mais conhecido como **Maomé** (570 d.C. – 632 d.C.), fundou uma religião monoteísta que seria base da união dos árabes e da formação de um grande Império.

ATIVIDADES

1. Qual era a localização da Península Arábica? Quais os contrastes da região?

2. Como viviam os árabes que moravam próximo ao litoral?

4. Quem habitava o deserto da Península Arábica? Como viviam?

5. Qual era a característica religiosa dos árabes antes do islamismo?

6. O que transformou Meca no principal entreposto comercial da península? Que tribo era guardiã da Caaba?

7. De que modo o monoteísmo pôde ter se difundido em Meca e em outros centros urbanos da Península Arábica?

Maomé e o surgimento do islamismo

Segundo a tradição, Maomé nasceu por volta do ano de 570 d.C., na cidade de Meca. Apesar de pertencer à poderosa tribo dos coraixitas, guardiã da Caaba, ele era de uma família pobre. Quando adulto, começou a trabalhar como condutor de caravanas e, em suas viagens, conheceu outras religiões que o influenciaram: a judaica e a cristã. Casou-se com a rica viúva Cadija, para quem antes trabalhava, e, livre de preocupações econômicas, dedicou-se à meditação religiosa.

Maomé praticava o jejum e a meditação em cavernas das montanhas ao redor de Meca. De acordo com os ensinamentos do islamismo, Maomé estava profundamente perturbado pela maneira como os árabes de Meca levavam sua vida. No ano de 610 d.C., durante uma de suas meditações no Monte Hira, Maomé foi visitado pelo arcanjo Gabriel e recebeu a missão de espalhar a palavra de Deus como seu profeta.

Pessoas das camadas mais humildes da sociedade começaram a aderir à doutrina de Maomé, pois viam nela uma possibilidade de se libertar do domínio dos aristocratas. Contudo, os coraixitas, temerosos de que a nova crença se alastrasse ainda mais e prejudicasse o comércio de Meca, começaram a perseguir Maomé e o ameaçaram de morte.

Manuscrito árabe do século XV. As figuras representam Moisés, venerado pelos judeus, cristãos e muçulmanos, e Maomé, fundador do islamismo.

Em 622 d.C., Maomé e seus seguidores fugiram de Meca e se refugiaram na cidade de Iatreb. Mais tarde, essa cidade passou a ser conhecida como Medina, que significa "cidade do profeta". Pela importância dessa fuga para os muçulmanos (que a chamam de **Hégira**), o ano em que ela ocorreu, 622 d.C., passou a ser o primeiro ano de seu calendário.

Após uma série de lutas, Maomé, em 630, voltou vitorioso para Meca. Contudo, preservou a Caaba e um dos seus ídolos, a Pedra Negra. Dedicou os últimos anos de sua vida à pregação religiosa entre os árabes. Quando morreu, em 632, toda a Arábia estava islamizada.

A fé em Alá e seu mensageiro unificava o povo árabe em um sistema político-econômico-religioso que assegurava a todos a possibilidade de uma existência sem guerras. Ser muçulmano não consistia apenas na única forma de ganhar a vida eterna, tornara-se uma exigência de ordem prática para a integração do indivíduo, do clã e da tribo na nova estrutura social do mundo islâmico: o Estado teocrático.

GRANT, Neil. *Grandes personagens da história universal*. Maomé. São Paulo: Abril Cultural, s. d. p. 216.

O islamismo

Os princípios do islamismo estão contidos no **Corão**, livro sagrado escrito pelos discípulos de Maomé e fundamentado nos ensinamentos do profeta. Para os muçulmanos, Deus utiliza profetas para reconduzir os homens aos seus ensinamentos. Maomé seria o último profeta de Deus de uma linhagem iniciada por Adão e na qual ainda encontramos Abraão, Moisés e Jesus. Alguns dos profetas receberam a missão de revelar as escrituras de Deus aos homens. Moisés teria recebido o *Torá*, Davi, os *Salmos;* Jesus, os *Evangelhos;* e Maomé, o *Corão*, o derradeiro livro.

Alguns preceitos do islamismo:

- crença em um único Deus, Alá, senhor da criação;
- crença nos profetas, sendo Maomé o último e o mais importante;
- crença na predestinação, isto é, todas as coisas que ocorrem são determinadas por Alá, por isso os muçulmanos devem sempre aceitá-las com resignação;
- crença na imortalidade da alma e no juízo final.

O Corão estabelece normas de conduta para a pessoa tornar-se um muçulmano perfeito. As mais importantes são:

- orar cinco vezes ao dia, voltado para Meca;
- peregrinar a Meca ao menos uma vez na vida;
- dar esmolas e praticar a hospitalidade para com os muçulmanos e os estrangeiros;
- jejuar do nascer do dia até o pôr do sol, durante o mês de Ramadã, nono mês do ano;
- realizar a *Jihad*, a guerra santa para revelação e conversão dos infiéis.

O Corão estabelece ainda outras normas: não comer carne de porco; não tomar bebidas alcoólicas; submissão da mulher ao homem; permissão da poligamia e do divórcio; não representar Deus de nenhuma forma (esculturas, pinturas etc.).

Os ramos do islamismo

Depois da morte de Maomé, surgiram divisões religiosas entre os muçulmanos, decorrentes de interpretações diferentes da mensagem do profeta. As duas mais importantes foram a sunita e a xiita.

Os sunitas aceitavam, além do Corão, o *Sunna*, livro que contém atos e pensamentos de Maomé, compilados por seus amigos e seguidores. Os adeptos desse grupo faziam parte das camadas privilegiadas da Arábia. Além disso, os sunitas defendiam que os muçulmanos deveriam escolher o chefe político e religioso.

Os xiitas aceitavam apenas o Corão como fonte religiosa, negando o *Sunna*. Contaram com apoio popular e eram mais rigorosos com as leis contidas no livro sagrado. Em relação ao chefe político-religioso, defendiam que ele deveria ser um descendente de Maomé.

Os muçulmanos formam um grande Império

Após a morte de Maomé, a chefia do Estado árabe ficou nas mãos dos califas, chefes políticos, religiosos e militares que se diziam sucessores do profeta. Esses novos chefes formaram um grande império usando a força militar e a expansão do islamismo. Levar os ensinamentos de Maomé, as palavras de Alá (Deus), aos infiéis era obrigação de todo muçulmano. Essa responsabilidade traduzia-se na *Jihad*, a guerra santa para a revelação da verdade de Deus.

A região controlada pelo Império Muçulmano passou por um grande desenvolvimento social e econômico. Na agricultura, novos produtos passaram a ser cultivados, como cana-de-açúcar, algodão, arroz e frutas. Em algumas regiões, foi desenvolvido o sistema de irrigação e construíram-se diques e canais.

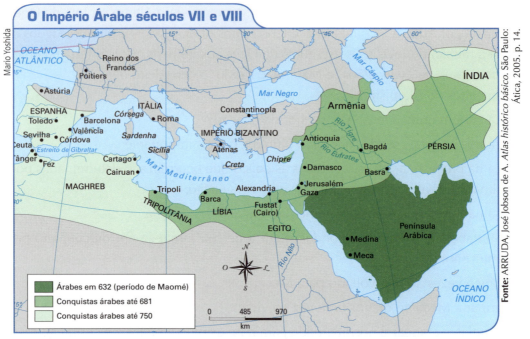

Observe, no mapa, a extensão do Império Muçulmano. Os árabes gradativamente conquistaram a Síria, o Egito, a Palestina e a Pérsia. A conversão ao islamismo de grande parte dos povos dominados fez com que contassem com recursos e homens para continuar as conquistas. No século VII, rapidamente atingiram todo o norte da África. No início do século VIII, atravessaram o Estreito de Gibraltar e invadiram a Península Ibérica. Ao tentarem entrar na França, foram detidos por Carlos Martel, que os derrotou na Batalha de Poitiers (732). Nessa mesma época, no lado oriental, alcançaram o Turquestão, o Irã, levando as fronteiras até a Índia, onde foram detidos pelos exércitos chineses.

O comércio também se expandiu, com notável desenvolvimento das rotas comerciais, monopolizadas muito tempo pelos muçulmanos. Para as cidades de Alexandria, Damasco, Bagdá, entre outras, convergiam as especiarias, a seda, a porcelana e o papel da Índia e da China; os escravos, o marfim e o ouro do Sudão; a madeira, os tecidos e o ferro da Europa. Nas grandes cidades, também se expandiu o artesanato, com a confecção de tapetes, tecidos, armas etc.

A organização do Império

O Império Muçulmano organizou-se sob um regime monárquico de governo, que tinha à frente o califa. O império estava dividido em províncias, cada uma governada por um emir. A capital foi estabelecida em Damasco, que havia sido uma importante cidade bizantina, e, no século VIII, transferida para Bagdá.

A partir do século XI, o império entrou em decadência e se fragmentou, em razão de vários fatores: lutas internas, guerras contra os cristãos, multiplicidade de povos e, finalmente, invasão dos turcos.

Cultura árabe

Do frequente contato, mantido durante séculos, entre as civilizações cristã e muçulmana, resultou um intercâmbio cultural cujos vestígios chegam até os nossos dias.

Nas Ciências, os árabes mostraram-se hábeis discípulos dos pensadores gregos e dos matemáticos hindus: foram eles que introduziram a numeração arábica, o conhecimento do zero e a utilização da álgebra no mundo ocidental europeu.

Na Astronomia, fundaram vários observatórios astronômicos, realizando observações de eclipses solares e lunares. Na Física, dedicaram-se aos estudos dos fenômenos da ótica.

Na Medicina, destacou-se Avicena (980 d.C. – 1037 d.C.) que escreveu quase 300 textos sobre os mais variados assuntos, da Filosofia à Ciência. Sua obra médica, o enciclopédico *al-Qanun* ("Cânone"), traduzida para o latim no século XIII, foi a que influenciou mais os estudos farmacêuticos na Europa até o século XVIII.

Na alquimia – que deu origem à Química moderna –, procurando produzir o elixir da longa vida e a pedra filosofal, capaz de transformar outros metais em ouro, os árabes descobriram o álcool e as propriedades dos ácidos e sais.

Nas Artes, possuíam um rico e variado estilo arquitetônico, com a presença de arcos, finas colunas e cúpulas que sustentavam as mesquitas e os palácios. Destacam-se a Mesquita de Córdova, com mais de mil

Interior da Mesquita de Córdoba, Espanha.

Pátio interno do Palácio de Alhambra, Granada, Espanha.

colunas monolíticas, e o Palácio de Alhambra, em Granada, ambas na atual Espanha.

Na Literatura, o destaque coube ao poeta Omar Khayyam, cuja principal obra foi *Rubayyat*.

ATIVIDADES

1 "A canção de Roldão" (*La Chanson de Roland*) é um poema épico de centenas de versos, escrito no final do século XI, em francês antigo, atribuído a um monge normando, Turold. O poema trata da Batalha de Roncesvalles, em 778, quando a retaguarda do exército de Carlos Magno voltava de uma tentativa fracassada de tomar a cidade de Zaragoza das mãos dos muçulmanos. Nessa batalha, teria sido destruída a elite da cavalaria franca, da qual faziam parte, especialmente, o sobrinho de Carlos Magno, Roldão e os cavaleiros mais famosos do reino, conhecidos como "os doze pares".

Segundo o poema, o rei Marsil de Zaragoza mandou que uma tropa muçulmana seguisse os francos em sua retirada até Roncesvalles e os atacasse ali, à traição. Na verdade, a derrota da retaguarda de Carlos Magno não foi uma grande batalha, embora nela tenham morrido importantes cavaleiros francos, entre eles Roldão, também não foram os muçulmanos os autores do ataque, mas os "vascões", residentes na região.

De posse dessas informações, analise no fragmento abaixo, de "A canção de Roldão", a visão que o autor tinha dos muçulmanos que ocuparam a Península Ibérica no século VIII.

Um nobre de Balaguer encontra-se entre eles. Seu corpo mostra-se cheio de galhardia e seu rosto é aberto e arrogante. Uma vez montado em seu corcel e coberto com sua armadura, é temível. Seu valor proporcionou-lhe grande fama. Se fosse cristão, quanta nobreza teria!
Diante de Marsil, exclama:

167

– *Irei a Roncesvalles; e se encontro a Roldão ele morrerá e também Oliveiros e os doze pares, todos. Os franceses morrerão com dor e vileza. Carlos Magno é velho e cocho, desfalecerá e abandonará a guerra. Espanha ficará em nosso poder, livre.*

E o rei Marsil agradeceu-lhe muito.

Adaptado de *El cantar de Roldán*. LXXII. Disponível em: <http://www.ciudadseva.com/textos/poesia/fran/roldan/roldan.htm>.

Acesso em: jul. 2012.

_____

_____

_____

_____

Refletindo

2 Maomé fugiu da cidade de Meca e foi, com alguns de seus seguidores, para a cidade de Iatreb. O que o levou a isso?

_____

_____

_____

3 Faça um quadro sobre o grande Império Árabe, informando:

a) como se formou;   b) que atividades econômicas se desenvolveram nele;

c) como estava organizado politicamente; d) que fatores levaram à sua decadência.

4 O que significa Guerra Santa e a que ela levou?

_____

_____

_____

5 As camadas mais humildes da sociedade árabe passaram a aderir à doutrina de Maomé, por verem nela a possibilidade de se libertar do domínio dos aristocratas. Converse com os colegas de classe:

a) Como vocês acham que essa religião poderia oferecer tal possibilidade às camadas mais humildes?

b) Quais são os principais motivos que levam as pessoas a abraçar uma doutrina religiosa na nossa sociedade, atualmente?

6 Comente a seguinte afirmação: Maomé, líder religioso, também foi líder político da Arábia.

_____

7 Leia e interprete em conjunto as linhas do tempo abaixo.

EVOLUÇÃO DO ISLÃ								
s. IV	s. V	s. VI	s. VII	s. VIII	s. IX	s. X	s. XI	
			↓	↓			↓	
			Início do Islã Início da expansão muçulmana	Conquista da Península Ibérica e expansão até a Índia			Fragmentação do Império Muçulmano	

EVOLUÇÃO DO IMPÉRIO BIZANTINO							
s. IV	s. V	s. VI	s. VII	s. VIII	s. IX	s. X	s. XI
↓		↓	↓				↓
Criação do Império Bizantino		Reinado de Justiniano	Crise do Império				Ruptura com Roma

a) Identifique o tempo representado.

_____

_____

_____

b) Identifique os processos representados.

_____

_____

_____

_____

c) Interprete os dados.

_____

_____

_____

Pesquisando

8 Pesquise os países que hoje adotam a religião islâmica. Faça um mapa-múndi e pinte a área correspondente a esses países com uma cor de sua escolha. Exponha o mapa no mural da classe, junto com os dos colegas. Compare-os.

Trabalhando em grupo

9 A religião islâmica sofreu influência do judaísmo e do cristianismo. Pesquisem os princípios mais importantes dessas religiões. Façam um quadro-resumo sobre as religiões islâmica, cristã e judaica e identifiquem as semelhanças e diferenças entre elas. Depois troquem ideias com a classe sobre o que descobriram.

169

A vida no feudo

Com a queda do Império Romano do Ocidente, a Europa ocidental passou por um longo período de ruralização e descentralização política conhecido como Idade Média. Por uma série de razões, entre os séculos V e XV, a maioria das pessoas vivia no campo, várias cidades do período romano desapareceram e o comércio enfraqueceu. Boa parte das terras foi organizada em feudos.

No feudo desenvolvia-se a vida econômica, social e política. Ele possuía economia autossuficiente, produzindo praticamente tudo o que era necessário para o consumo de seus habitantes. Suas terras estavam divididas em: domínios do senhor **(manso senhorial)**, área dos servos **(manso servil)** e terras comunais.

Musée Condé, Chantilly, França, s. d.

Representação do mês de março no livro *As mais ricas horas do duque de Berry* (século XV). Nesse mês, começavam os primeiros trabalhos agrícolas do ano, quando servos e camponeses lavravam e semeavam as terras, divididas em mansos. Observe, ao fundo, o castelo de Lusignan, do duque.

No domínio senhorial ficava a construção central do nobre senhor feudal, feito geralmente de pedra. Era construído numa elevação do terreno e cercado por uma muralha e um fosso. A maioria dessas edificações era pequena e precária, usando muitas vezes ruínas ou partes de antigas construções romanas. Alguns nobres mais poderosos conseguiam construir castelos. No caso de algum ataque inimigo, todos os habitantes do feudo podiam refugiar-se dentro das muralhas do seu senhor. Ao seu redor ficavam a igreja, as oficinas dos artesãos e os estábulos. Nessa área havia também terras de cultivo, exclusivas do senhor, onde os camponeses eram obrigados a trabalhar dois ou três dias por semana.

As terras comunais eram usadas tanto pelos senhores feudais quanto pelos camponeses e compreendiam as florestas, os bosques, os pastos e os pântanos. Nelas extraía-se madeira para a construção e a fabricação dos móveis e lenha para aquecer.

A principal função da nobreza era a administração do feudo e a guerra. Dedicava-se também a vigiar o trabalho dos camponeses, cavalgar, caçar, e divertia-se participando de torneios.

Na aldeia, próxima ao castelo, vivia a maioria dos habitantes do feudo, formada pelos camponeses e alguns outros trabalhadores, como o ferreiro, o carpinteiro, o fabricante de tonéis, o responsável pelo moinho. Nas imediações ficavam algumas instalações importantes do feudo: o celeiro, o forno, o moinho.

As casas eram muito simples, feitas com varas trançadas e barro, cobertas com folhas ou madeira. Em geral, tinham um único cômodo que abrigava toda a família e os animais. O mobiliário era pouco: uma mesa, alguns bancos e colchões de palha. A comida era preparada em uma fogueira central que, no inverno, servia também para aquecer.

Os camponeses trabalhavam a terra para manter a nobreza e o clero, entregando grande parte do que produziam. A maioria vivia na condição de servos, presos à terra e submetidos

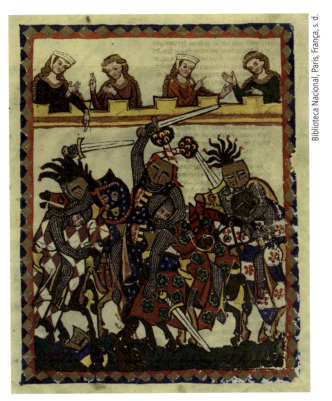

Biblioteca Nacional, Paris, França, s. d.

Torneio medieval. Ilustração do *Grande livro de canções manuscritas*, de Heidelberg (século XIII).
Henrique I, conde de Alsácia e príncipe de Anhalt (c. 1170-1252), participa de um torneio: jogo de guerra praticado durante o intervalo das campanhas militares. Nele, grupos de cavaleiros lutam entre si, para manter a forma e também apurar os reflexos.

The Morgan Library e Museum, Nova York, EUA, s. d.

Esta imagem representa a construção da Torre de Babel, extraída de uma Bíblia ilustrada, do século XIII, denominada *Bíblia Morgan*. Supõe-se que tenha sido feita sob a encomenda de Luís IX, da França. A imagem nos permite conhecer um pouco das técnicas de construção e do trabalho dos construtores medievais.

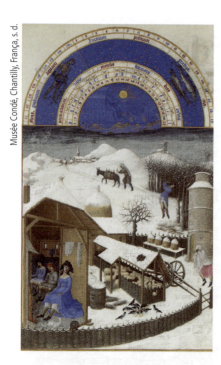

ao senhor. Dependiam também da proteção de seus senhores contra invasores.

Os servos deviam obedecer a uma série de normas, como, por exemplo: não caçar nem pescar nas terras comunais; pagar pelo uso das instalações do feudo (moinho, forno etc.); não se ausentar do feudo sem autorização; pedir permissão para casar-se. Caso um servo desrespeitasse alguma dessas normas, seria julgado e punido pelo senhor feudal, inclusive com a morte.

A mulher camponesa trabalhava muito. Além de ajudar nas tarefas do campo, cuidava da casa, dos filhos, tecia e confeccionava as roupas. Quando solicitada, prestava serviços na casa de seu senhor.

A representação de fevereiro, no livro *As mais ricas horas do duque de Berry* (século XV), nos dá uma ideia das moradias dos servos medievais.

O feudalismo não foi idêntico em todas as regiões da Europa, sendo mais acentuado na França. Na Península Ibérica estava ocorrendo a luta entre os cristãos e os mouros; na Península Itálica, convivia com a atividade urbana e comercial de algumas cidades, como Veneza, Pisa e Gênova.

ATIVIDADES

1 Faça um quadro-resumo sobre o feudo:

a) O que era o feudo;

b) O que se produzia nele;

c) Como as terras estavam divididas;

d) Como a sociedade estava organizada;

e) A que atividades as pessoas se dedicavam.

2 Com base no que você leu e nas imagens que observou na introdução do capítulo, imagine-se como um servo, vivendo em um feudo, no período medieval. Escreva um texto em 1ª pessoa contando:

a) Como era a sua casa e o que havia nela;

b) Qual era o seu trabalho;

c) Quais eram as suas obrigações com relação ao senhor feudal;

d) O que você achava da vida que levava e o que gostaria de mudar nela.

 **3** Leia com atenção os textos a seguir.

Texto 1

A própria vocação do nobre lhe proibia qualquer atividade econômica direta. Ele pertencia de corpo e alma à sua função própria: a de guerreiro. [...] um corpo ágil e musculoso não é o bastante para fazer o cavaleiro ideal. É preciso ainda acrescentar a coragem. E é também porque proporciona a esta virtude a ocasião de se manifestar que a guerra põe tanta alegria no coração dos homens, para os quais a audácia e o desprezo da morte são, de algum modo, valores profissionais.

BLOCH, Marc. *A sociedade feudal*. Lisboa: Edições 70, 1987.

Texto 2

A guerra é tão antiga quanto a Humanidade!... Ah, sire! Já tive oportunidade de dizer o quanto amo a guerra! Pode alguém negar que o tempo dos homens neste mundo não é tão-somente assinalado pelas guerras e que a História não constitui apenas um sucessivo registro das lutas e de suas consequências? Ora, a paz é apenas um tempo tedioso, de preparação para a finalidade maior que é a guerra, esta sim, a grande força propulsora do mundo.

Bem cuido que a guerra deve ser considerada como um galardão que os altos senhores outorgam aos demais homens. Um galardão inestimável, do mais alto valor.

Posso assegurar: não fossem as guerras, eu jamais teria bem aprendido o ofício de cirurgião. E bem cuido que o mesmo ocorra em relação a todas as demais ocupações nobres a que se dedicam os homens.

MUDADO, Sérgio. *Vassallu*. A saga de um cavaleiro medieval. São Paulo: Altana, 2006. p. 96-97.

a) Os dois textos são do mesmo gênero? Justifique.

_____

_____

_____

b) O que dizem os textos?

_____

_____

_____

c) Relacione os textos à época a qual se referem.

_____

_____

_____

4 Analise a imagem abaixo, relacionando-a àquelas que você observou e ao que você leu na introdução do capítulo. Converse com os colegas sobre as conclusões.

Musée Condé, Chantilly, França

Representação do mês de Junho, estação da colheita, em *As mais ricas horas do duque de Berry* (século XV). Ao fundo, o Palais de La Citè e a Sainte-Chapelle.

As origens do feudalismo

No período medieval, a Europa ocidental conheceu um sistema político, econômico e social denominado feudalismo. Predominou do século IX ao século XI, mas suas origens encontram-se na crise do Império Romano do Ocidente, a partir do século III. Começou a declinar a partir do final do século XI, quando teve início a desintegração lenta e gradual das relações servis de produção.

Os povos bárbaros que viviam na porção ocidental do Império Romano provocaram insegurança entre a população, que se afastou das áreas urbanas, reduzindo a atividade comercial. Temerosos dos constantes ataques às cidades, as pessoas abandonavam os centros urbanos em busca de proteção dos grandes proprietários de terras,levando à ruralização da sociedade.

Essa ruralização se acentuou com:
- os constantes ataques dos árabes às cidades litorâneas da Europa, forçando a população a fugir para o interior do continente (século VIII);
- o desmembramento do Império Carolíngio, o que provocou o enfraquecimento do poder real;
- as invasões dos normandos (também chamados de vikings) e magiares (habitantes da atual Hungria), no século IX, aumentaram o clima de insegurança na Europa. Em decorrência, como os senhores de terras organizavam a defesa nas suas propriedades, tiveram o seu poder político aumentado.

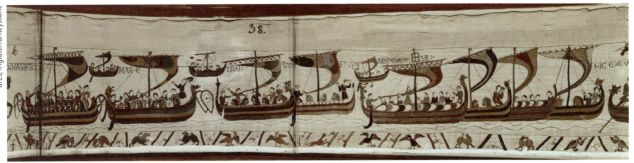

Cena do ataque normando à Inglaterra, liderado pelo rei Guilherme, O Conquistador. *Tapeçaria de Bayeux*, século XI.

A *Tapeçaria de Bayeux* é uma obra de arte bordada em linho, entre 1070-1080, com 69 m de comprimento e cerca de 50 cm de largura. Em 58 cenas, narra a história da conquista normanda da Inglaterra em 1066 (sob o ponto de vista normando) e representa magnificamente muitas cenas da vida cotidiana nobre do final do século XI, além da derrota anglo-saxã das forças de Haroldo II, rei da Inglaterra, na Batalha de Hastings.

Durante o feudalismo, algumas instituições e costumes dos romanos e dos bárbaros germanos foram usados na organização dos feudos:

- **clientela** – na antiga Roma, em busca de proteção e ajuda, os plebeus ligavam-se a um patrício. Em troca, prestavam serviços e forneciam rendas ao seu protetor. Essa relação de dependência chamada de clientela era muito semelhante à do servo com o senhor durante o feudalismo;
- **colonato** – instituição romana de organização da mão de obra rural que obrigava o colono a permanecer nas propriedades rurais;
- **comitatus** – instituição germânica pela qual os guerreiros ligavam-se voluntariamente em torno de um líder militar, ao qual deviam total obediência;
- **benefício** – instituição que vigorava no Império Carolíngio. Consistia na doação de terras como recompensa por serviços prestados, principalmente ajuda militar.

A sociedade feudal

De maneira geral, podemos dizer que a sociedade feudal europeia estava dividida em três estamentos, com funções definidas: a nobreza, o clero e os camponeses.

Os nobres protegiam e guerreavam, os elementos do clero rezavam e educavam, e os camponeses, imensa maioria, trabalhavam para o sustento de todos.

O estamento fundamenta-se na origem e na função das pessoas. Na sociedade estamental, as posições sociais são rígidas, sendo muito difícil a mudança de estamento.

Aqueles que protegiam e guerreavam

A nobreza era o estamento dominante da sociedade medieval. Entre os nobres, desenvolveram-se relações de dependência, chamadas relações feudo-vassálicas, ou de suserania e vassalagem.

O nobre que necessitasse de proteção submetia-se a outro mais poderoso, reconhecendo-o como seu senhor. Essa relação de depedência era estabelecida em uma cerimônia denominada **homenagem**, na qual o **suserano**, aquele que doava seu feudo ou algum outro benefício, como

175

o direito de cobrar pedágios nas estradas, ligava-se ao **vassalo**, aquele que recebia o benefício, por laços de lealdade. O suserano tinha obrigação de proteger seu vassalo. Por sua vez, o vassalo assumia o compromisso de ser fiel, prestar serviço militar e dar ajuda financeira. Comprometia-se também a resgatar o suserano caso ele caísse prisioneiro, além de contribuir com recursos para a armação de cavaleiro do primeiro filho do suserano.

A homenagem feudo-vassálica

Ybert não aceitou albergar-se no castelo do barão. Passou a noite na abside da capela em jejum, meditando e orando. Pela manhã, permaneceu longo tempo, em profunda circunspecção, aos pés do túmulo de Bernard [seu pai]. Em seguida, armou--se de todas as armas e, acompanhado por um bando de meninos, dirigiu-se ao castelo de Hariulf [o barão].

Para a cerimônia de autoentrega, acorreram gentes de todos os cantos do domínio do barão. Parecia mesmo festa de dia de Pentecostes.

Ah, sire, bem o sabeis: prestar homenagem a alguém é reconhecer-se seu homem! A cerimônia iniciou-se com o ritual de costume [...]. Desarmado, Ybert, de cabeça descoberta – e ajoelhado, em claro símbolo de submissão –, estendeu as mãos juntas ao barão, que as fechou entre as suas. Eis o gesto que estabelece o vínculo mais forte, sob o duplo aspecto de dependência de um e proteção do outro, que deveria durar o tempo que duravam as duas vidas que unia.

Cerrando fortemente as mãos do ajoelhado entre as suas, Hariulf perguntou:

– Desejas, sendo Deus fiador, tornar-te meu homem, sem reservas?

– Eu o desejo, barão, e aqui estou para prestar-te vassalagem com fé, disposto a tornar-me teu homem-de-boca-e-de-mão*.

– Entregas-te a mim, sem coação?

– Sim, a minha vontade é tornar-me teu homem.

– Ergue-te e coloca tua mão sobre os Evangelhos.

De pé, com a mão direita sobre a Sagrada Escritura, Ybert pronunciou o *juramentum fidelitatis***, pois não poderia haver homenagem sem fé.

– Juro e prometo, meu senhor, tendo Deus por testemunha, fé e lealdade contra tudo e todos, e defender o teu Direito, que está em meu poder.

– Aceito-te como meu vassalo, sob promessa de fé em Deus e em mim próprio, com a condição de defenderes o meu Direito.

Em seguida, senhor e vassalo beijaram-se na boca, confirmando assim as obrigações contraídas pelas partes e dignificando o trato que acabara de estreitar para sempre uma vida à outra.

MUDADO, Sérgio. *Vassallu*. A saga de um cavaleiro medieval. São Paulo: Altana, 2006. p. 75-76.

Biblioteca Nacional, Paris, França, s. d.

Juramento de vassalagem de Eduardo I, da Inglaterra, a Filipe IV, o Belo, da França, após sua coroação, recebendo os territórios ingleses em França, em 5 de junho de 1286. *Grandes chroniques de France*, iluminura de Jean Fouquet, Tours, c. 1455-1460.

* **homem-de-boca-e-de-mão**: pessoa de quem se tem a fidelidade absoluta, com a qual se pode contar para tudo: defesa, ataque, proteção, ajuda, pouso, alimento etc.
** *juramentum fidelitatis*: juramento de fidelidade.

Um suserano podia ser, ao mesmo tempo, vassalo de um nobre mais poderoso. Dessa forma, existia uma hierarquia na nobreza, sendo a posição mais alta ocupada pelo rei, que não era vassalo de ninguém. Os vassalos diretos do rei eram os condes, duques e marqueses, que eram suseranos dos barões e viscondes, os quais também podiam doar feudos aos cavaleiros. Os nobres que tinham propriedade possuíam poder sobre a terra e sobre as pessoas que nela viviam e trabalhavam; sua responsabilidade era administrar o feudo. Para tal, controlavam a justiça, criavam e cobravam impostos, cunhavam moedas, faziam a guerra ou estabeleciam a paz.

O nobre é, antes de tudo, um soldado. Desde a infância, aprende a montar a cavalo, a caçar; continua a sua aprendizagem junto a um senhor de quem é valete ou escudeiro. Pelos vinte anos, acha-se suficientemente exercitado para tornar-se cavaleiro. Na cerimônia de armar cavaleiro, um senhor, que é seu padrinho, entrega-lhe as armas; uma cota de malha ou loriga, um capacete ou elmo, um escudo ou broquel, enfim as esporas, a espada e a lança. Depois dá-lhe um soco na nuca, a colagem. O novo cavaleiro torna-se logo vassalo de um senhor. As suas ocupações continuam as mesmas, os torneios, a guerra e a caça.

ISAAC, J.; AlBA. A *Idade Média*. São Paulo: Mestre Jou, 1967.

Iluminura da Batalha de Aljubarrota (entre Portugal e Castela em 1385), em *Antigas crônicas de Inglaterra*, de Jean de Wavrin (1400-1473).

Aqueles que rezavam

A Idade Média foi um período no qual a religião ocupava papel central na vida das pessoas. Estavam sob o poder da Igreja católica as leis e o controle de vários aspectos cotidianos dos europeus.

O estamento do clero também era privilegiado. O clero dedicava-se à oração, ao ensino da doutrina cristã e à administração dos sacramentos. A Igreja exercia grande influência sobre os nobres e camponeses, impondo suas ideias e seus princípios morais.

Precisando do apoio da Igreja, muitos reis doaram-lhe terras. Assim, muitos participantes do alto clero (bispos e abades) eram senhores feudais e também se apropriavam de todo o trabalho dos servos.

A Igreja teve papel preponderante junto à nobreza, combatendo seu espírito belicoso, por meio de instituições como a **Paz de Deus,** que proibia o ataque aos mercadores, camponeses e clero, e a **Trégua de Deus**, que condenava a guerra de sexta-feira à tarde até segunda-feira pela manhã, em honra da Paixão de Cristo.

A Igreja medieval condenava a ganância, a avareza, o egoísmo, a ânsia de acumular riquezas. Os mercadores e os comerciantes tinham a obrigação moral de vender os seus produtos pelo denominado **justo preço**, ou seja, o valor do produto não devia exceder os esforços feitos no transporte. Essa regra também era aplicada ao empréstimo, pois se considerava crime grave cobrar juros pelo uso e empréstimo de dinheiro, ao que se denominava de pecado da **usura**.

Morte do usurário e do mendigo, de Gautier de Coincy (1177-1236). Ilustração do livro *La vie et les miracles de Notre-Dame*. França (c. 1260-1270).
Em seu leito de morte, com sua pobre e tosca coberta, o pobre vislumbra a Virgem e os Santos (acima à direita). A seguir, abaixo, à direita, o clérigo que o assistiu, agradece à Virgem pela graça concedida. Por sua vez, o usurário (acima, à esquerda), coberto por uma fina estampa xadrez, com um rico travesseiro colorido a lhe amparar a cabeça e cercado pelos que aguardam sua morte para serem agraciados com seus bens, apesar da presença de um clérigo, é levado por três diabos (abaixo, à esquerda).

177

Aqueles que trabalhavam

Os camponeses formavam um estamento não privilegiado, responsável pela produção da sociedade feudal e sobre o qual recaíam pesadas obrigações. Dividiam-se em duas categorias: servos e vilões.

- **Servos** – estavam ligados à terra na qual trabalhavam e não podiam abandonar os feudos em que nasceram. Quem nascia servo, morria servo.

- **Vilões** – eram trabalhadores livres. Podiam trabalhar em qualquer feudo e suas obrigações eram definidas por um contrato de trabalho.

Entre os tributos e obrigações dos camponeses, podemos destacar:

- cuidar da terra e da agricultura;
- **corveia** – trabalho compulsório nos domínios do senhor, como restaurar pontes, residências, construir estradas etc.;
- **talha** – uma parte da produção deveria ser entregue ao senhor, como forma de pagamento pelo uso da terra;
- **capitação** – tributo pago por pessoa conforme o que o senhor estipulasse. O tributo era pago somente pelo servo, o vilão estava isento;
- **censo** – tributo (renda anual em dinheiro) pago somente pelo vilão pelo uso da terra;
- **banalidade** – espécie de retribuição que os servos deviam ao senhor feudal pela utilização do forno ou do moinho;
- **taxas de justiça** – vilões e servos pagavam taxas para serem julgados no tribunal do senhor;
- **taxas de casamento** – quando o servo resolvia casar fora do seu feudo, era obrigado a pagar a taxa de consórcio;
- **mão morta** – após a morte do servo, a família era obrigada a pagar essa taxa ao senhor feudal.

Autor desconhecido, c. 1475-1500. Novas técnicas agrícolas, como a utilização da charrua e do arado puxado por cavalos, aumentaram a produção de alimentos na Europa, a partir do século XI.

The British Library, Londres, Inglaterra / Heritage / Keystone

A economia feudal

A economia feudal estava voltada para a agricultura. A posse de terras era a maior riqueza e o centro das disputas entre os nobres. Os feudos eram autossuficientes, isto é, produziam todo o necessário para sua sobrevivência. Neles havia uma pequena circulação monetária, e as trocas de gêneros, na maioria dos casos, eram feitas *in natura*.

Predominavam as **relações servis de produção**, baseadas nas obrigações compulsórias impostas pelos senhores ao servo. As técnicas de cultivo eram rudimentares, e o resultado era a baixa produtividade. Para melhor aproveitamento das terras, utilizava-se o sistema dos três campos. Enquanto dois campos eram cultivados, o terceiro permanecia em repouso. Nesse sistema havia a rotatividade de culturas. Por exemplo, num campo plantava-se trigo no primeiro ano, cevada no segundo, e no terceiro ele ficava em repouso.

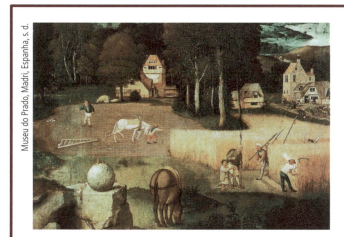

Museu do Prado, Madri, Espanha, s. d.

Detalhe da tela *Descanso na fuga para o Egito*, de Joaquim Patinir, representa como a terra era usada no feudalismo. Além da agricultura, os camponeses criavam suínos, bovinos e aves, e ainda abelhas para a produção de mel, utilizado para adoçar os alimentos.

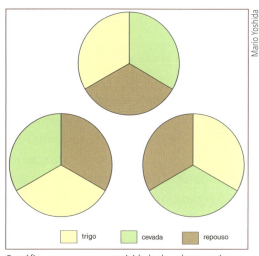

Mario Yoshida

trigo ■ cevada ■ repouso

O gráfico representa a rotatividade de cultura na época do feudalismo europeu.

A política no tempo do feudalismo

Desde que ocorreu a fragmentação do Império Carolíngio, aos poucos os monarcas passaram a ter somente o poder de direito, pois os senhores feudais eram quem exercia o poder de fato. O rei não possuía mais recursos para manter a centralização do poder e ficou cada vez mais dependente de seus nobres. Portanto, o rei continuou existindo durante o feudalismo, só que não governava.

O poder político era descentralizado, local, pois cada senhor feudal possuía todos os poderes dentro do seu feudo e detinha os seguintes privilégios:

- posse da arrecadação dos tributos;
- aplicação da justiça baseada no costume, o direito consuetudinário;
- formação de milícias locais para defender seus domínios;
- cunhagem de moedas, bem como imposição do valor dos produtos comercializáveis.

Mesmo a Igreja católica passou por um processo de descentralização. Roma perdeu poder para seus bispos devido à falta de recursos para organizar e manter a centralização de suas estruturas. Em diversas ocasiões, o poder papal foi decidido na guerra entre diferentes senhores feudais e as poderosas cidades da Península Itálica.

1 Leia os textos a seguir, analise-os e converse com os colegas sobre suas principais informações.

Texto 1

A ordem eclesiástica forma um só corpo, mas a divisão da sociedade compreende três ordens. A lei humana distingue duas condições. O nobre e o não livre não são governados por uma lei idêntica. Os nobres são os guerreiros, os protetores da igreja. Defendem a todos os homens do povo, grandes ou modestos, e também a si mesmos. A outra classe é a dos não livres. Esta desgraçada raça nada possui sem sofrimento. Provisões, vestimentas são providas para todos pelos não livres, pois nenhum homem livre é capaz de viver sem eles. Portanto, a cidade de Deus, que se crê única, está dividida em três ordens: alguns rezam, outros combatem e outros trabalham.

Adalberto, bispo de Laon. Século X. In: BOUTRUCHE, R. *Senõrio y feudalismo*. Madri: Siglo Veintiuno, 1972.

Texto 2

Como esses desgraçados camponeses marcam o tempo? A bem da verdade, sire, eles definitivamente não se preocupam com isso. Ao seu dia, de dura labuta, segue-se a noite. Conhecem o ritmo dos domingos, em que podem folgar. E, num sentido mais amplo, são sensíveis ao ciclo das duas únicas estações que definitivamente reconhecem: o verão e o inverno. São sensíveis, portanto, ao tempo da natureza, um tempo de movimento circular, repetitivo, que sempre retorna ao mesmo ponto. Então, eles pensam – se é que essa gentalha possui tal faculdade – que o mundo inteiro é um pequeno espaço fechado no qual os acontecimentos são repetidos, sempre e sempre, num tempo rítmico e recorrente.

[...]

E essa visão fatalista do mundo (afinal, não supõem, tudo não acabará retornando ao mesmo estado de coisa?) faz com que essa arraia-miúda aceite sem lamentações o destino fixado por Deus e, em resignação, continue sempre, dia após dia, semana após semana, estação após estação, com as mãos na forquilha, na grade, no arado e no gadanho, deixando-se guiar pela Igreja e proteger pelos nobres! [...] E assim permanecem – graças a Deus! – em resignação e imobilismo.

MUDADO, Sérgio. *Vassallu*. A saga de um cavaleiro medieval. São Paulo: Altana, 2006. p. 136.

Refletindo

2 Escreva, com as suas palavras:

a) O que foi o feudalismo;

_____

_____

_____

_____

b) Como se caracterizou.

_____
_____
_____
_____

3 Com a ocupação dos bárbaros na porção ocidental do Império Romano, ocorreu um movimento de populações das cidades para o campo. Responda as questões seguintes e depois troque ideias com a classe sobre elas.

a) O que aconteceu nas cidades que levou as pessoas a migrarem para o campo?

_____
_____
_____
_____

b) Quais as consequências do aumento populacional no campo?

_____
_____
_____
_____

c) Atualmente, onde a população está concentrada na maioria dos países?

_____
_____
_____

d) Quais são as causas dessa concentração populacional?

_____
_____
_____

4 Desenhe uma pirâmide social representando a forma como estava organizada a sociedade feudal.

181

5 "Os nobres eram donos da vida e da morte de todos que viviam em seus feudos." Cite fatos que justifiquem essa afirmação.

_____

_____

_____

_____

_____

6 O clero, como a nobreza, também era um estamento privilegiado. Cite fatos que justifiquem essa afirmação.

_____

_____

_____

_____

7 Faça um quadro comparativo entre os servos e os vilões.

Pesquisando

8 Pesquise, em jornais ou revistas, informações sobre os trabalhadores rurais no estado onde você mora. Anote o que achar mais importante para conversar com a classe. Procure saber, entre outros itens:

a) Como é o seu dia a dia no trabalho;

c) Que dificuldades enfrentam;

b) Quais são as suas condições de vida;

d) Como são remunerados.

Depois, escreva um texto sintetizando as informações obtidas pela turma.

_____

_____

_____

_____

_____

_____

A IGREJA MEDIEVAL E AS CRUZADAS

Em nome da fé

A Igreja católica representou papel fundamental na formação e consolidação do feudalismo. Era a maior e a mais poderosa instituição do período. Sua influência alastrou-se aos poucos entre os povos romanos e germânicos, transformando-a no principal elo de toda a população e garantindo certa uniformidade cultural à Europa ocidental.

A Igreja foi também a maior proprietária de terras da Europa ocidental, em um período em que a terra era a principal fonte de poder e de riqueza. Sua influência também era sentida na política, ao sagrar reis e legitimar o poder dos senhores feudais.

Controlando a fé, a Igreja normatizava os costumes, a produção cultural, o comportamento e, sobretudo, a ordem social. Um dos costumes amplamente difundido pela Igreja medieval eram as peregrinações. Uma peregrinação é uma jornada realizada por um devoto a um lugar considerado sagrado por sua religião. Desses peregrinos, surgiria mais tarde a ideia das Cruzadas, expedições enviadas para "reconquistar" os lugares que os cristãos consideravam sagrados e que estavam em poder de povos de outras religiões.

Todos os anos, milhares de cristãos faziam peregrinações a Jerusalém, na antiga Palestina, cidade considerada sagrada por eles, já que ali teria vivido e morrido Jesus Cristo. As pessoas de mais posses tomavam embarcações nos portos das cidades italianas, e as mais pobres faziam o longo caminho a pé, enfrentando toda sorte de perigos.

Essas peregrinações foram impedidas quando, em 1071, os turcos seldjúcidas, de religião muçulmana, tomaram Jerusalém, a cidade santa dos cristãos. Nesse mesmo ano, derrotaram as tropas do Império Bizantino. Em virtude de seu objetivo expansionista, os turcos vinham, há muito tempo, ameaçando esse império.

Em 1095, o imperador bizantino pediu auxílio ao papa Urbano II para lutar contra os turcos e libertar Jerusalém. O papa, interessado em unificar as Igrejas católica e ortodoxa, prontamente atendeu ao pedido. No mesmo ano, em Clermont, na França, o papa convocou a cristandade para que se unisse e combatesse os infiéis.

Pedro, o Eremita, mostra o caminho de Jerusalém aos cruzados. Iluminura francesa, c.1270.

Deixai os que outrora estavam acostumados a se baterem impiedosamente, contra os fiéis em guerras particulares, lutarem contra os infiéis... Deixai os que até aqui foram ladrões, tornarem-se soldados. Deixai aqueles que outrora se bateram contra seus irmãos e parentes, lutarem agora contra os bárbaros, como devem. Deixai os que outrora foram mercenários, a baixos salários, receberem agora a recompensa eterna [...]. Uma vez que a terra que vós habitais, fechada por todos os lados pelo mar e circundada por picos e montanhas, é demasiadamente pequena para vossa grande população: a sua riqueza não abunda, não fornece o alimento necessário aos seus cultivadores [...]. Tomai o caminho do Santo Sepulcro; arrebatai aquela terra à raça perversa e submetei-a a vós mesmos [...].

HUBERMAN, Leo. *História da riqueza do homem*. Rio de Janeiro: Zahar, 1986. p. 28.

A essas palavras, do papa Urbano II, milhares de pessoas responderam: *Deus o quer! Deus o quer!*. Era o início das Cruzadas. Quase dois séculos de guerra estavam para começar.

Os cavaleiros que em 1095 atenderam ao chamado do papa para fazerem parte de uma expedição à Terra Santa escolheram como símbolo uma cruz pintada na armadura ou bordada nas vestes. Por isso foram chamados cruzados. Eles seriam os guerreiros da cruz, os defensores do cristianismo. Dizia-se que as pessoas que partiam numa cruzada haviam tomado a cruz.

HILLS, Ken. *As Cruzadas*. São Paulo: Ática, 1994. p. 5. Coleção Guerras que mudaram o mundo.

Pregação da Cruzada. Iluminura de Jean Fouquet (c. 1455), numa recriação representando o papa Urbano II em pregação da Primeira Cruzada.

Biblioteca Nacional, Paris, França / The Bridgeman Art Library / Keystone

ATIVIDADES

1 Por que os cristãos faziam peregrinações a Jerusalém?

_____

_____

2 Que meios eram usados para se chegar até Jerusalém?

_____

_____

_____

3 Quando e por que foram impedidas as peregrinações?

_____

_____

4 Qual o interesse do papa ao atender ao pedido do imperador bizantino para que a cristandade ocidental ajudasse a combater os turcos?

_____

_____

_____

5 Leia o texto retirado do livro de Leo Huberman, da página 184, que se refere à formação das Cruzadas. Quais pessoas poderiam integrá-las e por quê?

_____

_____

_____

6 Nas palavras do papa Urbano II:

a) Como são retratados os turcos?

_____

b) No texto, quais os argumentos que o papa utiliza para pregar a Cruzada?

_____

_____

_____

7 Na época das Cruzadas, as pessoas, obedecendo ao papa, diziam que Deus queria que lutassem contra os infiéis. Qual a sua opinião sobre essa ideia?

_____

_____

8 Por que o nome cruzadas?

_____

_____

A Igreja no período medieval

No final do século IV, o cristianismo tornou-se a religião oficial do Império Romano. Após a queda desse império, seu poder aumentou com a conversão dos povos bárbaros. Durante o feudalismo, a Igreja católica foi a única instituição organizada e que manteve unida toda a civilização europeia.

A palavra *igreja* é de origem grega e significa "assembleia". Igreja está associada, portanto, à comunidade de fiéis, no caso, de cristãos. É por isso que essa mesma palavra pode designar o templo, o edifício em que os fiéis se encontram para celebrar a fé e a organização sob a qual a fé é mantida.

Pode-se dizer que a origem da Igreja remonta ao século I, quando os primeiros cristãos, na época perseguidos pelas autoridades, procuravam se organizar melhor para manterem-se fiéis à sua crença.

No século II, as comunidades cristãs já possuíam líderes, chamados bispos. A palavra bispo significa "pastor". Era como se os fiéis fossem "ovelhas" do rebanho cristão. A tradição atribui a São Pedro o papel de primeiro líder da Igreja em Roma. Os bispos de Roma, considerados sucessores de São Pedro, colocaram-se como "pais" das outras comunidades religiosas, por isso passaram a ser chamados papas.

MACEDO, José Rivair. *Religiosidade e messianismo na Idade Média*. São Paulo: Moderna, 1996. p. 15.

Os sacerdotes da Igreja católica dividiam-se em duas grandes categorias: clero secular (aqueles que viviam no mundo fora dos mosteiros), hierarquizado em padres, bispos, arcebispos etc., e clero regular (aqueles que viviam nos mosteiros, sob a direção de um superior: o abade), que obedecia às regras (conjunto de princípios que regem a vida dos monges em um mosteiro) de sua ordem religiosa: beneditinos, franciscanos, dominicanos, carmelitas e agostinianos.

Ordens monásticas

O monaquismo, originário do Egito, introduziu-se no Ocidente no princípio do século V, primeiro na Provença e depois na Irlanda, a seguir às missões de São Patrício e dos seus discípulos (segunda metade do século V).

São Bento de Núrcia criou para os seus monges do Monte Castelo, em 529, uma regra que exigia três votos: castidade, paciência e pobreza. O principal objetivo dos monges beneditinos é o serviço de Deus (*opus Dei*) por meio da oração e dos ofícios litúrgicos. As condições que permitem alcançar tal objetivo são a clausura e a independência econômica.

No início do século XIII, surgiu uma nova geração de ordens religiosas: as ordens mendicantes; as mais importantes foram a dos Pregadores (dominicanos) e a dos Menores (franciscanos). A primeira foi criada na Espanha, por São Domingos de Gusmão. Seus monges voltaram-se principalmente para o estudo da **Teologia**. Na segunda, criada na Itália por São Francisco de Assis, os monges dedicaram-se à **evangelização** do povo, dando exemplos de pobreza e humildade.

Os monges habitavam os mosteiros, um agrupamento de edifícios que compreendia a igreja, o claustro, alojamentos e estalagem para peregrinos e edifícios de utilização econômica. Localizavam-se, frequentemente, em locais ermos, para evitar que os monges tivessem contato com o mundo exterior.

Os mosteiros foram, na Idade Média, um foco de irradiação das técnicas, dos livros, das ideias e da espiritualidade.

Adaptado de LE GOFF, Jacques. *A civilização do Ocidente medieval*. Lisboa: Estampa, 1983. v. II. p. 325 e 327-328.

Mosteiro de São Jorge de Azuelo. Navarra, Espanha.

Dubling, s.d.

No ponto mais alto da hierarquia eclesiástica, estava o papa, bispo de Roma, considerado sucessor do apóstolo Pedro. Nem sempre a autoridade do papa era aceita por todos os membros da Igreja, mas, em fins do século VI, ela acabou se firmando, por causa, em grande parte, da atuação do papa Gregório Magno (540-604), responsável pela conversão dos anglo-saxões nas Ilhas Britânicas.

Além da autoridade religiosa, o papa contava também com o poder temporal da Igreja, isto é, o poder advindo da riqueza que acumulara com as grandes doações de terras feitas pelos fiéis em troca da possível recompensa do céu.

Calcula-se que a Igreja católica tenha chegado a controlar um terço das terras cultiváveis da Europa ocidental. Era, portanto, uma grande "senhora feudal" numa época em que a terra constituía a base de riqueza da sociedade. O poder temporal da Igreja católica levou o papa a se envolver em diversos conflitos políticos com monarquias medievais.

O papa, desde 756, era o administrador político do Patrimônio de São Pedro, o Estado da Igreja, constituído por um território italiano doado pelo rei Pepino, dos francos.

Mosteiro de Monte Cassino, Itália

Manuscrito do século XI, do Mosteiro de Monte Cassino, ilustrado com cenas da vida e da época de São Bento. Da esquerda para a direita e de cima para baixo, as ilustrações representam: São Bento escrevendo sua regra para os monges da sua ordem e nos seus últimos momentos, vítima de uma febre; o funeral de São Bento e a visão que dois monges, muito distantes um do outro, tiveram do caminho que conduziria o fundador da sua ordem ao céu; a louca milagrosamente curada depois de dormir na gruta que São Bento ocupara como eremita; e São Gregório depois de terminar sua obra, *Vida de São Bento*, de que estas ilustrações fazem parte.

Cultura e arte medieval

Durante a Idade Média, a arte europeia também foi marcada por uma forte influência da Igreja católica. Esta atuava nos aspectos sociais, econômicos, políticos, religiosos e culturais da sociedade. Pinturas, esculturas, livros, construções e outras manifestações artísticas eram influenciados e supervisionados pelo clero católico.

O chamado estilo românico prevaleceu na Europa no período da Alta Idade Média (entre os séculos XI e XIII). Na arquitetura, principalmente de mosteiros e basílicas, prevaleceu o uso dos arcos de volta-perfeita e abóbadas (influências da arte romana). Os castelos seguiram um estilo voltado para o aspecto de defesa. As paredes eram grossas e existiam poucas e pequenas janelas. Tanto as igrejas quanto os castelos passavam uma ideia de construções "pesadas", voltadas para a defesa.

Com relação às esculturas e pinturas, podemos destacar o caráter didático-religioso. Numa época em que poucos sabiam ler, a Igreja utilizou as esculturas, os vitrais e as pinturas, principalmente dentro das igrejas e catedrais, para ensinar os princípios da religião católica. Os temas mais abordados foram: vida de Jesus e dos santos, passagens da Bíblia e outros temas cristãos.

No período da Baixa Idade Média (final do século XIII ao XV), predominou o estilo gótico. As cons-

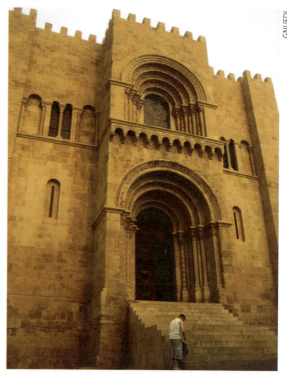

Sé Velha de Coimbra, Portugal. Exemplo de arquitetura em estilo românico. Foto de 2006

truções (igrejas, mosteiros, castelos e catedrais) seguiram, no geral, algumas características em comum. O formato horizontal foi substituído pelo vertical. Os detalhes e elementos decorativos também foram muitos usados. As paredes passaram a ser mais finas e de aspecto leve. As janelas apareciam em grande quantidade. As torres eram em formato de pirâmides. Os arcos de volta-quebrada e ogivas foram também recursos arquitetônicos utilizados.

Com relação às esculturas góticas, o realismo prevaleceu. Os escultores buscavam dar um aspecto real e humano às figuras retratadas

Interior da Catedral de Colônia, em Colônia, Alemanha. Exemplo de arquitetura em estilo gótico. Foto de 2004.

(anjos, santos e personagens bíblicos). No tocante à pintura, podemos destacar as iluminuras, os vitrais, painéis e afrescos.

No campo da literatura, percebe-se na Idade Média a preocupação religiosa do homem de retratar sua época. Na poesia, procurou-se mostrar os valores e as virtudes do cavaleiro, entre elas a justiça, o amor e a cortesia. Destacou-se a **poesia épica**, ou seja, que fala das ações corajosas dos cavaleiros; e a **poesia lírica,** que fala do amor cortês, dos sentimentos dos cavaleiros em relação as suas amadas damas.

Educação: as universidades

Ao longo da Idade Média, uma grande parte da população não tinha acesso ao conhecimento. Ler e escrever eram privilégio de uma estreita parcela da população composta por integrantes da igreja e comerciantes.

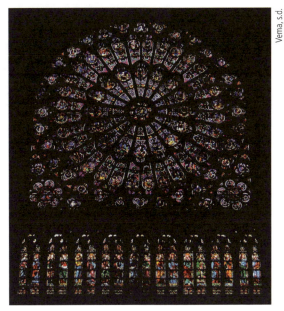

Rosácea da catedral de Notre Dame de Paris. Um dos exemplos mais famosos de vitrais no mundo.

As primeiras escolas medievais se instalavam e eram regidas pelas igrejas e mosteiros. A partir do século XII, houve uma conscientização acerca da educação, pois a formação torna-se importante para o comércio, que utilizava a escrita e o cálculo, e nesse mesmo período surgiram escolas fora da Igreja católica.

As primeiras universidades da Europa foram fundadas na Itália e na França para o estudo de Direito, Medicina e Teologia. As universidades da Idade Média permitiam dentro de suas dependências o livre pensamento e ideologias e, por isso, representavam uma quebra no monopólio do saber, até então concentrado nas mãos dos religiosos.

As heresias medievais

Para o cristianismo, heresia significa uma doutrina contrária àquela pregada por Jesus Cristo. Era considerada heresia qualquer contestação ou divergência às orientações da Igreja católica. As heresias, no período medieval, foram movimentos que contestavam dogmas da Igreja. Nos séculos XII e XIII, surgiram heresias que criticavam a maneira de viver de alguns elementos do clero; apontavam o afastamento cada vez maior da Igreja dos valores de humildade e caridade.

Os hereges eram combatidos veementemente até pela força das armas. As formas de punição iam desde a excomunhão até o confisco de bens, prisão e condenação à morte na fogueira.

A mais famosa heresia foi a dos albigenses, também conhecida como heresia dos cátaros (puros). Segundo ela, só os puros poderiam chegar até Deus. Adotavam a pobreza absoluta e condenavam o luxo e a ostentação da Igreja.

O papa Inocêncio III organizou a luta contra os cátaros. Houve uma matança generalizada, na qual não foram poupadas nem as mulheres e crianças.

Em 1231, foi criado o **Tribunal do Santo Ofício** ou **Tribunal da Inquisição**, com a responsabilidade de prender, julgar e estabelecer a punição para todos os que fossem considerados uma ameaça para a Igreja e a fé católica. Era frequente a prática de torturas para obter a confissão dos acusados.

189

As Cruzadas

As Cruzadas foram expedições militares organizadas com o apoio da Igreja. Sua finalidade era combater os turcos seldjúcidas que dominavam os lugares santos do cristianismo e impediam a peregrinação de cristãos à Terra Santa.

Também colaboraram para o movimento das Cruzadas:

- o interesse dos nobres que não possuíam terras de fazer fortuna e instalar novos feudos fora do Ocidente;
- o desejo de lucro dos comerciantes das cidades italianas de Veneza, Gênova e Pisa que, impedidos pelos turcos de comercializar, encontravam nas Cruzadas uma maneira de expandir os seus empreendimentos. Os comerciantes de Veneza, em particular, apesar de terem boas relações com os muçulmanos, viam nas Cruzadas uma oportunidade de conseguir a hegemonia do comércio no Mediterrâneo.

O movimento das Cruzadas

As Cruzadas começaram a ocorrer em 1095 e se estenderam até 1270, sendo as principais:

- **Cruzada dos Mendigos** (1096)
  Cruzada não oficial, comandada por Pedro, o Eremita, foi realizada antes da primeira cruzada e massacrada pelos turcos.

- **Primeira Cruzada** ou **Cruzada dos Nobres** (1095-1099)
  Comandada por Godofredo de Bulhão, Raimundo de Toulouse e Boemundo. Atingiu seu objetivo, pois Jerusalém foi tomada das mãos dos turcos. Consequentemente, formaram-se os Estados latinos no Oriente e também as ordens monásticas **militares,** como a dos **Hospitalários** e a dos **Templários**.

A Ordem dos Hospitalários (ou Ordem de São João de Jerusalém) começou como uma Ordem Beneditina fundada no século XI na Terra Santa, mas que rapidamente se tornaria uma Ordem militar cristã, uma congregação de regra própria, encarregada de assistir e proteger os peregrinos àquela terra.

A mais famosa ordem militar, porém – e que se tornou uma das mais poderosas organizações na história da Europa medieval –, era conhecida com uma variedade de nomes: Pobres Soldados de Cristo e do Templo de Salomão, Milícia de Cristo ou, mais comumente, Cavaleiros Templários.

Com o objetivo de proteger as rotas de peregrinação, os Cavaleiros Templários construíram, em menos de 200 anos, um império econômico sem igual na Idade Média. Os anos de glória desta ordem de monges guerreiros deram vazão ao surgimento de várias lendas e histórias.

Capela dos Templários, Cressac, França, s. d.

Cavaleiro Templário, afresco na Capela dos Templários (século XII), em Cressac, França.

- **Segunda Cruzada** (1147-1149)

  Organizada porque os turcos recuperaram vários territórios perdidos. Comandada por Luís VII (rei da França) e Conrado III (imperador do **Sacro Império Romano-Germânico**), atingiu Constantinopla e passou à Ásia Menor, onde os cruzados sofreram sucessivos fracassos.

- **Terceira Cruzada** ou **Cruzada dos Reis** (1189-1192)

  Na segunda metade do século XII, agravou-se a situação dos Estados latinos no Oriente. Além disso, o sultão Saladino retomou Jerusalém. O papa Inocêncio III passou a pregar uma nova cruzada, da qual participaram os reis: Ricardo Coração de Leão, da Inglaterra; Felipe Augusto, da França; e Frederico Barba-Roxa, do Sacro Império. Quem obteve vitória sobre os turcos foi o rei da Inglaterra, que assinou com o sultão Saladino um armistício, o qual permitia aos cristãos peregrinarem à Terra Santa.

- **Quarta Cruzada** (1202-1204)

  Novamente o papa Inocêncio III convocou os cristãos para outra cruzada. O governador de Veneza forneceu os navios com o objetivo de conquistar mercados no Mar Negro. Nesse ínterim, o príncipe bizantino Aleixo propôs aos venezianos que o ajudassem na tomada do trono e, em troca, ficariam com o monopólio comercial de Constantinopla. Em virtude desse acordo, os cruzados foram primeiro para Constantinopla e colocaram no trono Aleixo. Porém, ele não cumpriu sua parte do acordo e novamente os cruzados guerrearam, saquearam a cidade e colocaram Balduíno de Flandres como imperador bizantino. Surgia o Império Latino de Constantinopla, que durou até 1258.

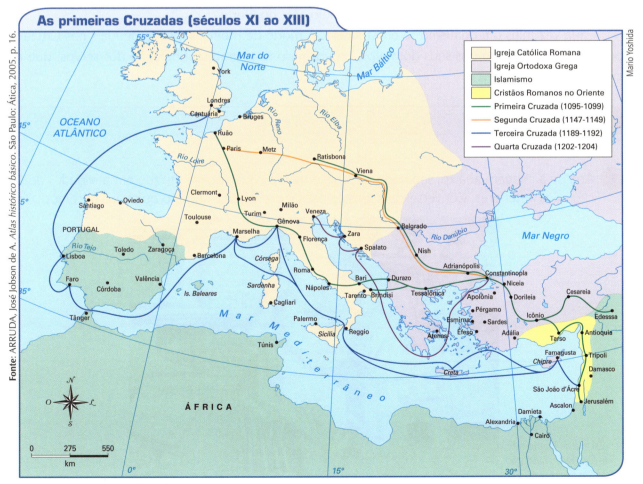

Fonte: ARRUDA, José Jobson de A. *Atlas histórico básico*. São Paulo: Ática, 2005. p. 16.

Veja no mapa as rotas das Cruzadas.

- **Quinta Cruzada** (1217-1221)

  Jerusalém continuava nas mãos do turcos, por isso foi decidida a organização de uma nova cruzada à Terra Santa. Os cruzados não atingiram seu objetivo, pois foram derrotados pelos muçulmanos.

- **Sexta Cruzada** (1228-1229)

  Chefiada por Frederico II, imperador do Sacro Império. Ao chegar à Palestina, tratou com o sultão Medelin a entrega de Jerusalém, com a condição de manter a mesquita de Omar e o culto muçulmano. Frederico, receoso de perder seu trono no Sacro Império, regressou à Europa.

- **Sétima e Oitava Cruzadas**

  Ocorreram por iniciativa do soberano francês Luís IX. Na sétima (1248-1250), ele seguiu para o Egito. Após alguns vitórias, o exército foi dizimado por uma epidemia de tifo. O rei foi feito prisioneiro e, depois do pagamento de um resgate, foi colocado em liberdade. Em 1270, Luís IX organizou a Oitava Cruzada, rumando para Túnis, no norte da África. Uma nova epidemia matou centenas de cruzados, inclusive o rei.

O movimento cruzadista foi responsável pelo extermínio de milhares de cristãos, que morreram em combate, de fome ou de doença.

A partir das Cruzadas, intensificaram-se as relações comerciais do Ocidente com o Oriente, fazendo progredir as cidades italianas. O artesanato e o comércio da Europa ocidental foram favorecidos com os artigos e as matérias-primas vindas do Oriente. Também ocorreu o incremento da circulação monetária, o que favoreceu a abertura do Mediterrâneo. O comércio expandiu-se pelo noroeste da Europa, pelas costas do Báltico e pelo Mar do Norte.

Cada vez mais o feudalismo se enfraquecia. A morte de muitos senhores feudais nas Cruzadas ocasionou a alienação dos seus domínios, provocando uma gradual liberação dos servos, que migraram para as cidades.

ATIVIDADES

1. Analise a imagem abaixo, seguindo os procedimentos que você já utilizou em atividades dos capítulos anteriores. Converse com seus colegas e o professor sobre o que você observou.

Biblioteca Nacional, Paris, França

Escriba de Burgundian, de Jean Milót. Ilustração do livro *Miracles de Notre Dame*, 1456.

192

2 Quais as diferenças entre as ordens dos beneditinos e as mendicantes?

_____

_____

_____

_____

_____

3 O que a Igreja católica considerava heresia? Por que os cátaros (ou albigenses) foram considerados hereges?

_____

_____

_____

_____

4 Faça em seu caderno um quadro comparativo dos estilos românico e gótico das construções medievais.

5 Quais os interesses dos nobres em participar das Cruzadas?

_____

_____

_____

6 As Cruzadas também aconteceram por motivos econômicos? Quais foram eles?

_____

_____

_____

7 O Tribunal da Inquisição mandava prender, julgava, condenava e estabelecia punições a todos que a Igreja considerava uma ameaça. Qual a sua opinião sobre essa atitude?

_____

_____

_____

Refletindo

 8 Leia com atenção os trechos a seguir:

Prólogo

1. Escuta, filho, os preceitos do Mestre, e inclina o ouvido do teu coração; recebe de boa vontade e executa eficazmente o conselho de um bom pai **2.** para que voltes, pelo labor da obediência, àquele de quem te afastaste pela desídia da desobediência. **3.** A ti, pois, se dirige agora a minha palavra, quem quer que sejas que, renunciando às próprias vontades, empunhas as gloriosas e poderosíssimas armas da obediência para militar sob o Cristo Senhor, verdadeiro Rei. [...]

Capítulo 7 – Da humildade

[...] **56.** O nono grau da humildade consiste em que o monge negue o falar a sua língua, entregando-se ao silêncio; nada diga, até que seja interrogado, **57.** pois mostra a Escritura que "no muito falar não se foge ao pecado" **58.** e que "o homem que fala muito não se encaminhará bem sobre a terra". **59.** O décimo grau da humildade consiste em que não seja o monge fácil e pronto ao riso, porque está escrito: "O estulto eleva sua voz quando ri". **60.** O undécimo grau da humildade consiste em, quando falar, fazê-lo o monge suavemente e sem riso, humildemente e com gravidade, com poucas e razoáveis palavras e não em alta voz, **61.** conforme o que está escrito: "O sábio manifesta-se com poucas palavras". **62.** O duodécimo grau da humildade consiste em que não só no coração tenha o monge a humildade, mas a deixe transparecer sempre, no próprio corpo, aos que o veem, **63.** isto é, que no ofício divino, no oratório, no mosteiro, na horta, quando em caminho, no campo ou onde quer que esteja, sentado, andando ou em pé, tenha sempre a cabeça inclinada, os olhos fixos no chão [...]

Capítulo 39 – Da medida da comida

1. Cremos que são suficientes para a refeição cotidiana, quer seja esta à sexta ou à nona hora, em todas as mesas, dois pratos de cozidos, por causa das fraquezas de muitos, **2.** a fim de que aquele que não puder, por acaso, comer de um prato, coma do outro. **3.** Portanto dois pratos de cozidos bastem a todos os irmãos; e se houver frutas ou legumes frescos, sejam acrescentados em terceiro lugar. **4.** Seja suficiente uma libra de pão bem pesada, para o dia todo, quer haja uma só refeição, quer haja jantar e ceia. [...] **11.** Abstenham-se todos completamente de carnes de quadrúpedes, exceto os doentes demasiadamente fracos. [...]

São Bento de Núrcia, em 529.
Disponível em: <www.osb.org.br/regra.html>. Acesso em: jul. 2012.

Analise os trechos, relacionando-os ao contexto histórico da época.

9 No interior do Brasil, ainda podem ser vistas dramatizações de lutas entre mouros e cristãos. Costumam ocorrer por ocasião das Festas Juninas ou da Festa do Divino. Às vezes recebem o nome de "chegança" ou "mourama" e, em geral, participam do que se convencionou chamar de "cavalhadas". O ritual participa das tradições folclóricas da maioria das áreas rurais do país. Faça com seu grupo uma pesquisa sobre uma festa folclórica existente na sua região ou estado, em que se preserve a dramatização da luta entre mouros e cristãos. Com os dados da pesquisa, elaborem um cartaz (vocês podem ilustrá-lo com desenhos e fotos), expondo-o no mural da classe.

A CRISE DO FEUDALISMO

As cidades medievais

A partir do século XI, a Europa ocidental passou por uma série de transformações. Mudanças climáticas, novas técnicas agrícolas e o aproveitamento de terras antes não utilizadas (charcos e florestas) aumentaram a produção de comida. Os ataques dos vikings e magiares, recém-convertidos ao cristianismo, diminuíram, trazendo um período de relativa paz. A expansão moura na Península Ibérica foi contida. A Europa ocidental assistiu a um crescimento populacional sem nenhum planejamento.

O crescimento populacional nos feudos reacendeu o comércio. As cidades, antes relegadas a segundo plano, começaram a atrair cada vez mais pessoas que se dedicavam ao comércio e ao artesanato. Antigas cidades ganharam importância e novas foram formadas ao redor de santuários, próximas a castelos ou em locais de encontro de mercadores: portos, margens de rios, cruzamentos de estradas etc. Essas cidades eram conhecidas como burgos e os seus habitantes, no início, eram chamados de burgueses (os que habitavam os burgos).

A cidade era antes de tudo um mercado. Nela existiam inúmeras lojas onde se comercializavam produtos variados. Era procurada pelos camponeses que moravam nos arredores para vender animais, verduras e frutas e comprar o que necessitassem e não produzissem, como ferramentas e roupas. Havia a constante presença de vendedores ambulantes, que iam de aldeia em aldeia, de cidade em cidade, oferecendo produtos.

A cidade era também o centro da atividade artesanal, que produzia armas, utensílios, ferramentas, móveis, joias etc. Os artesãos de cada ofício agrupavam-se em ruas e bairros.

O quadro de Pieter Brueghel, *Provérbios Flamengos* (1559), apesar de ter sido pintado no século XVI, mostra a agitação em uma cidade medieval.

Staatliche Museen, Gemäldegalerie, Berlim, Alemanha

Mesmo com grande atividade, as cidades medievais eram pequenas e com um número reduzido de habitantes. Para a proteção, eram geralmente cercadas por uma muralha e as portas de acesso eram defendidas por torres. As ruas eram estreitas, sem pavimentação ou simplesmente cobertas com pedras. Na praça central, ficava o mercado, onde os comerciantes armavam suas barracas e ofereciam seus produtos. A agitação era intensa. As pessoas circulavam para comprar produtos, os comerciantes anunciavam o que tinham para vender, os carros puxados por animais transportavam mercadorias e os animais domésticos corriam pelas ruas.

O Castelo de Óbidos, em Portugal, construído no século XII, possui uma extensa rede de túneis por sob suas muralhas, o que permitia o abastecimento do castelo mesmo quando estivesse sob ataque. Foto de 2011.

Em geral, as casas eram de construção rudimentar, frias e úmidas, com horta e curral para cultivar verduras e criar animais.

A família vivia e trabalhava no mesmo edifício. Na parte de cima, ficavam as dependências particulares e, embaixo, a loja ou a oficina do artesão. Toda a família trabalhava. Os filhos ajudavam os pais, e as mulheres cuidavam da casa e confeccionavam as roupas.

A limpeza da cidade era muito deficiente. A falta de higiene favorecia a proliferação de doenças e epidemias.

Em compensação, inúmeras festas alegravam esses burgos.

ATIVIDADES

1 Muitas cidades medievais surgiram próximas a portos, nas margens de rios, nos cruzamentos de estradas etc. Por que você acha que isso acontecia?

_____

_____

_____

_____

2 Faça uma pesquisa para conhecer a origem da sua cidade, o lugar onde ela se iniciou. Escreva em seu caderno um pequeno texto contando essa história. Depois, leia-o para a classe.

3 Sobre as cidades medievais, responda:

a) Qual era a sua principal função?

_____

b) Que atividades eram desenvolvidas nelas?

_____

c) Atualmente, qual é a principal função das cidades?

_____

_____

4 Os camponeses se dirigiam para as cidades medievais a fim de vender o que produziam e comprar o que não produziam. Atualmente, é diferente? Com que finalidades as populações rurais se dirigem para as cidades?

_____

_____

5 Releia com atenção todo o início do Capítulo 15, prestando atenção nas características das cidades medievais. Depois escreva um texto descrevendo a cidade onde você mora ou outra cidade que você conheça, destacando as semelhanças e diferenças entre as cidades europeias do final da Idade Média e a que você escolheu. Não se esqueça de citar o modo de viver de seus habitantes.

6 Observe a imagem da página 196, de um castelo medieval da Europa.

a) Por que a cidade era, na Idade Média, cercada por muralhas?

_____

_____

_____

b) Por que hoje as cidades não são mais cercadas assim?

_____

_____

c) Foi importante terem conservado, até hoje, as muralhas desse castelo?

_____

_____

As inovações técnicas

A partir do século XI, ocorreu na Europa ocidental uma série de inovações técnicas importantes. O antigo arado de madeira foi substituído pelo de ferro, mais pesado, que fazia sulcos mais profundos no solo, facilitando a semeadura. O atrelamento do cavalo no peitoral deu-lhe mais mobilidade e muitos instrumentos agrícolas passaram a ser feitos de ferro, ganhando mais resistência. Os moinhos movidos pela água ou pelo vento tiveram seu movimento melhorado e sua produtividade ampliada.

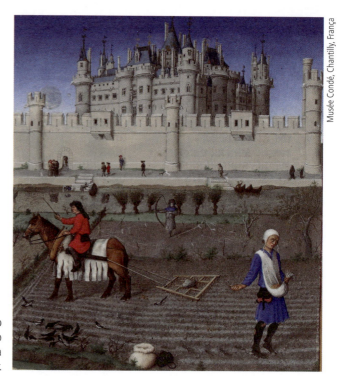

Podemos observar na imagem, pertencente ao manuscrito medieval *As mais ricas horas do duque de Berry*, representando o mês de outubro, o peitoral colocado no cavalo que arrasta uma grade, feita especialmente para arar.

Aumenta a população no campo

Com a produtividade melhorada e uma população maior, para poder sobreviver, muitos camponeses começaram a desbravar terras incultas do feudo, como os pântanos e as florestas. Esse desbravamento foi chamado de **arroteamento**.

Percebendo que poderiam fazer crescer suas rendas com o arroteamento, os senhores feudais incentivaram-no. Começaram a arrendar para os camponeses as áreas de reserva do feudo.

Como os instrumentos de trabalho agora eram de melhor qualidade, os camponeses conseguiam produzir mais. Esse aumento da produção garantia-lhes melhor alimentação, tornando-os mais resistentes às doenças. A taxa de mortalidade caiu, provocando acelerado aumento da população.

Renasce o comércio

Os senhores feudais e os servos passaram a vender a produção excedente nos mercados locais. A população e o consumo continuavam aumentando, intensificando-se as trocas. Com isso, muitas pessoas passaram a viver do comércio e do artesanato. A moeda voltou a ter importância. As estradas tornaram-se movimentadas e novos povoados formaram-se ao longo delas.

Começaram a surgir mercados temporários – as **feiras** – nos cruzamentos das rotas de comércio, às margens dos rios ou perto de fortalezas. Essas feiras reuniam mercadores de diferentes pontos da Europa, que se encontravam para realizar o comércio de seus produtos e operações financeiras.

Os senhores feudais incentivavam a realização desses mercados em suas terras, interessados na renda que poderiam obter com os impostos que cobravam dos mercadores. Ofereciam proteção e cobravam várias taxas.

As feiras entraram em declínio a partir do século XIII, com o crescimento das cidades.

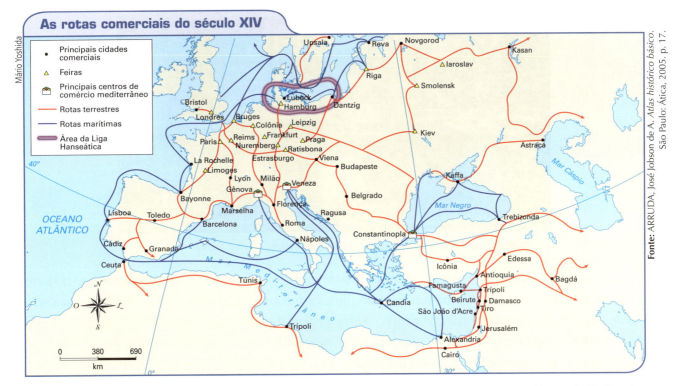

As rotas comerciais do século XIV

Principais cidades comerciais
Feiras
Principais centros de comércio mediterrâneo
Rotas terrestres
Rotas marítimas
Área da Liga Hanseática

Fonte: ARRUDA, José Jobson de A. *Atlas histórico básico*. São Paulo: Ática, 2005. p. 17.

Observe as rotas comerciais terrestres e a localização das mais importantes feiras. Existiam duas importantes rotas marítimas: a do **Mediterrâneo** e a do **Norte da Europa**. Pelo Mediterrâneo, vendiam-se armas, barcos, madeiras para os árabes e compravam-se especiarias (cravo, canela, noz-moscada, gengibre) e produtos de luxo. A partir do século XI, essa rota foi conquistada pelas cidades italianas de Gênova e Veneza. O Mar do Norte e o Mar Báltico eram o eixo econômico do comércio no Norte da Europa. O principal porto era o de Bruges, na região de Flandres, onde encontravam-se os mercadores de várias rotas terrestres e marítimas. Nessa região, os mercadores estabeleceram associações (chamadas *ligas* ou *hansas*) para monopolizar a venda de determinados produtos. A mais importante foi a Liga Hanseática, que reunia mais de 80 cidades. Dentre as rotas terrestres, destacou-se a que atravessava a França, ligando o Mediterrâneo (Porto de Marselha) e o Norte da Europa (Bruges). Esse eixo fez com que se desenvolvessem, na região central da França, as famosas **feiras de Champagne**.

As cidades renascem

O renascimento das cidades coincide com a crise do sistema feudal. A agricultura continua sendo uma atividade muito importante. O campo produz alimentos e matérias-primas; a cidade concentra a atividade artesanal. Entre o campo e a cidade, estabelecem-se relações comerciais.

Muitas cidades nasceram em áreas pertencentes aos senhores feudais e, por isso, estavam sujeitas ao seu controle e pagavam-lhes impostos. Essa situação levava a constantes conflitos entre os habitantes das cidades e os senhores feudais.

As cidades começaram a reivindicar autonomia. Para isso, organizaram associações. Algumas compraram a liberdade e outras conquistaram gradativamente a autonomia. Quando conquistavam a liberdade, esse fato era registrado num documento chamado Carta de Franquia.

Nas cidades, os artesãos se organizam

Os artesãos agruparam-se por ofício, surgindo as **corporações de ofícios**. Havia corporações de tecelões, sapateiros, padeiros, ferreiros etc. A corporação procurava defender os interesses dos associados. Nenhum artesão podia trabalhar em seu ofício se não estivesse inscrito na corporação correspondente, que o protegia, evitando a concorrência. Ela fiscalizava a produção, estabelecia o preço das matérias-primas e dos produtos acabados. Além disso, garantia assistência a seus membros e familiares.

Biblioteca Nacional, Paris, França

Fabricação de pães, 1450-1500. Ilustração da obra *Missel franciscain*, Lyon, França.

A produção era realizada em oficinas, tendo como proprietário o **mestre-artesão**, o dono da matéria-prima e dos instrumentos de trabalho. O mestre era ajudado pelos **oficiais** (ou companheiros), trabalhadores especializados. Além de receberem uma remuneração pela jornada de trabalho, ainda poderiam abrir seu próprio empreendimento, caso a corporação autorizasse. Também existia o **aprendiz**, em geral um rapaz novo no ofício. Seu aprendizado durava de três a sete anos e, nesse período, morava na casa do mestre.

A partir do século XIII, a situação do artesão mudou, pois os mestres começaram a concentrar em suas mãos poder e capital, impedindo a ascensão dos oficiais e aprendizes. Surgia assim uma elite composta por grandes artesãos e comerciantes, que controlavam a matéria-prima, os instrumentos de trabalho e a venda do produto no mercado. O termo **"burguesia"**, então, passará a denominar exclusivamente essa elite e não mais todos os habitantes da cidade.

Os artesãos

Alguns artesãos saíram de suas lojas e oficinas e se reuniram para beber na taberna. São todos vidreiros, especialistas na difícil arte de fazer garras, copos, contas de vidro. A taberna fica no fim da rua onde se concentram vidreiros, assim como há ruas onde só existem ourives ou toneleiros (fabricante de tonéis, pipas, barris, etc.).

Enquanto o taberneiro traz o vinho dos grandes tonéis, os vidreiros discutem problemas da eleição dos mestres de sua corporação. Como outros artesãos, eles também se reúnem em uma "corporação de ofício", composta de mestres e aprendizes. Destes, muitos são filhos de vidreiros, mas há também filhos de servos, que fugiram para a cidade. [...]

As corporações de artesãos são exigentes. Para ser aceito, o candidato precisa agradar a um mestre e trabalhar para ele com salário reduzido, até ser considerado apto para aprender os segredos da profissão. Cada oficina tem seus segredos: a dose certa de corante, a temperatura que se pode ler na cor da chama etc. E em cada corporação desenvolvem-se elementos que possibilitarão, aos poucos, um acúmulo de conhecimento técnico. Elas são as guardiãs de um saber que não deve ser divulgado, porque é a base da riqueza dos artesãos e da sua crescente influência sobre as cidades.

Adaptado de COLOMBI, Cesare. *A grande aventura do homem*. São Paulo: Abril, 1976. v. 3. p. 259.

Organização política das cidades

As cidades eram administradas por Assembleias de Magistrados, com número de membros variado. Nos primórdios, a escolha era democrática, porém, com o tempo, começou a ser aplicado o critério da hereditariedade, para que as famílias mais ricas pudessem controlar o poder político municipal.

Somente os ricos tinham o direito à cidadania. O núcleo central que mandava na cidade era formado pela burguesia, pelos grandes comerciantes e artesãos.

Afresco (detalhe) de Ambrogio Lorenzetti, *A vida na cidade. Os efeitos do bom governo* (c. 1337-1340).

A arrecadação de tributos destinava-se à urbanização, à defesa militar (cada cidade procurava ter uma milícia própria para se defender dos possíveis inimigos) e à construção dos prédios públicos.

Século XIV – a crise se acentua

A grande crise do sistema feudal aconteceu no século XIV, em razão do esgotamento das terras de cultivo e as técnicas não progrediram, provocando o aumento dos preços dos produtos.

No início desse século, uma sucessão de más colheitas, por causa das chuvas abundantes durante três anos seguidos, provocou grave crise econômica. A fome alastrou-se pela Europa, a mortalidade aumentou e a moeda desvalorizou. O grande número de mortes, principalmente entre os camponeses, levou à redução da mão de obra.

Estimuladas pelas disputas de terras e por interesses comerciais, várias guerras acontecem na Europa. A mais famosa foi a **Guerra dos Cem Anos**, entre a França e a Inglaterra. A instabilidade política comprometeu ainda mais a produção de alimentos, agravando o problema da fome.

A fome e a desorganização social, somadas à precariedade de higiene, em especial nas cidades, formaram um terreno fértil para a explosão da epidemia de peste bubônica, a famosa **Peste Negra**. Causada pela bactéria *Yersinia pestis* e transmitida ao ser humano pelas pulgas dos ratos, a doença matou quase um terço da população europeia.

Em algumas regiões do continente, os senhores feudais, para superar a crise, aumentaram a pressão so-

Monges contaminados pela peste recebem a bênção. *Omne Bonum*, por James le Palmer, 1360-1375.

Imagem retrata a *Jacquerie* (revolta camponesa), em Meaux, França, 1358.

bre os camponeses. Isso fez com que eclodissem várias revoltas camponesas na França, na Inglaterra, em Portugal e nos reinos cristãos da Península Ibérica.

Essa combinação de fatores acabou desorganizando os feudos e desestabilizando a sociedade feudal. Mais fracos, os nobres feudais não conseguiram se aproveitar ou conter o avanço do poder dos comerciantes. A burguesia rica encontrará no rei o poder necessário para controlar os nobres e impulsionar o comércio.

O Casal Arnolfini é o mais famoso quadro do pintor flamengo Jan van Eyck, elaborado em 1434. A obra exibe o rico comerciante Giovanni Arnolfini e sua esposa Giovanna Cenami, que se estabeleceram e prosperaram na cidade de Bruges (Bélgica), entre 1420 e 1472.

ATIVIDADES

1 O desenvolvimento tecnológico provocou grandes mudanças na Europa no século XI.

a) Quais foram as invenções técnicas do período?

_____

_____

_____

_____

b) De que modo essas inovações influenciaram a produção agrícola dos feudos?

_____

_____

_____

c) Que mudanças os camponeses experimentaram em seu trabalho e em sua alimentação?

_____

_____

d) Como essas mudanças influenciaram o crescimento da população?

_____

_____

_____

2 Leia com atenção os textos a seguir.

Texto 1

Robert Wace, um cônego anglo-normando de Bayeux, escreveu uma crônica literária (incompleta), em forma de versos rimados, dos duques da Normandia. Intitulada *Roman de Rou* (Romance de Rollon, c.1170-1175), nela há um trecho que se refere ao que disseram e fizeram os camponeses da Normandia (França):

— Por que nos deixamos maltratar? / Livremo-nos da sua maldade! / Nós somos homens como eles / Temos membros como os seus / E corpo de igual tamanho / E do mesmo modo sofremos / Só nos falta a coragem / Unamo-nos por um juramento...

Os camponeses, com a divisa "O nosso inimigo é o nosso senhor" (Notre ennemi, c'est notre maître) se uniram por um juramento, elegendo "os mais hábeis, os que melhor falavam" (Les plus adroits, les mieux parlant) para que nunca tivessem senhor ou mediador. Ao saber disso, o duque enviou um conde, de nome Raoul, com forte cavalaria, para reprimir os insurretos:

— Raoul exaltou-se de tal modo / Que não fez julgamentos / Pô-los todos tristes e doloridos / A muitos arrancou os dentes / E a outros mandou empalar / Arrancar os olhos, cortar os pulsos / A todos mandou assar os jarretes / Mesmo que com isso morressem / Outros foram queimados vivos / Ou metidos em chumbo a ferver / Assim mandou tratar a todos / Ficaram com aspecto horroroso / Não foram depois disso vistos em parte nenhuma / Onde não fossem bem reconhecidos / A comuna ficou reduzida a nada / E os vilãos portaram-se bem / Retiraram-se e demitiram-se / Daquilo que tinham começado.

COSTA, Ricardo da. Revoltas camponesas na Idade Média. 1358: a violência da Jacquerie na visão de Jean Froissart. In: CHEVITARESE, André (Org.). *O campesinato na História*. Rio de Janeiro: Relume Dumará; Faperj, 2002. p. 97-115. (Texto adaptado).

Texto 2

A condição das bestas é mais feliz que a nossa, pois não são obrigadas a trabalhar mais do que a sua força lhes permite. E nós, pobres asnos, carregamos fardos e mais fardos [...] Força então meus bons amigos; despertemos e mostremos que somos homens e não bestas.

Palavras atribuídas a Guillaume Carle (Cale ou Karle) que se destacou como líder da *Jacquerie* (século XIV). Citado por Ricardo da Costa, *op. cit.*

Texto 3

Nesse tempo revoltaram-se os Jacques* em Beauvoisin [...] quando os Jacques se viram em grande número, perseguiram os homens nobres, mataram vários e ainda fizeram pior, como gente tresloucada e de baixa condição. Na realidade, mataram muitas mulheres e crianças nobres [...].

Extraído de Chronique des catre premiers Valois (Crônica dos quatro primeiros Valois) (1237-1393). In: ESPINOZA, Fernanda. *Antologia de textos históricos medievais*. Lisboa: Livraria Sá Costa, 1976. p. 332. * Jacques (ou Jacques Bonhomme): denominação depreciativa que a nobreza dava aos camponeses.

a) Identifique cada um dos textos.

_____

_____

_____

_____

b) Qual o tema de cada um deles?

_____

_____

_____

_____

c) Que relação podemos estabelecer entre os três textos?

_____

_____

_____

_____

3 Sobre as feiras medievais, troque ideias com a classe e em seguida informe:

a) Como surgiram;

_____

_____

_____

b) Onde surgiram;

_____

_____

_____

c) Quais as suas características;

_____

_____

_____

d) Quem fazia o comércio;

_____

_____

e) Quem incentivava as feiras e por quê.

_____

_____

_____

4 Compare as feiras medievais com aquelas que são realizadas hoje em muitas cidades brasileiras. Aponte as semelhanças e diferenças entre elas.

_____

_____

_____

_____

_____

5 Leia a frase:

"Surgia assim uma elite composta por grandes artesãos e comerciantes, que controlavam a matéria-prima, os instrumentos de trabalho e a venda do produto no mercado".

Converse com os colegas de classe:

- Na sociedade atual, quem são as pessoas que formam a elite?

- O que elas têm em seu poder?

- O que controlam?

- Reescreva a frase, caracterizando a elite na sociedade atual.

_____

_____

Pesquisando

6 Um dos motivos da crise do sistema feudal foi o esgotamento das terras de cultivo. Faça uma pesquisa para saber que fatores levam o solo ao esgotamento e anote. Procure saber também se no estado onde você mora ocorreram ou estão ocorrendo crises por causa do esgotamento do solo e declínio da produção. Converse com a classe sobre as informações que você obteve.

Trabalhando em grupo

7 Releiam o item sobre a organização política das cidades medievais e comparem com a organização política das cidades brasileiras hoje. Registrem as semelhanças e diferenças entre os tipos de organização.

Capítulo 16

AS MONARQUIAS
NACIONAIS

Os reis se fortalecem

Durante a Idade Média, na Europa ocidental, a maioria dos reis não possuía recursos suficientes para controlar grandes áreas. A maior parte recorria ao sistema de vassalagem para organizar e proteger suas terras. Apesar de dever obediência e fidelidade ao rei, os nobres acabavam tendo um poder muito grande já que o monarca dependia dos recursos destes para manter o seu reino e lutar suas guerras. Dessa maneira, boa parte dos reis era apenas a figura simbólica para unir diferentes nobres em torno de um nome na hora da guerra ou na resolução de disputas. Na prática, a autoridade do rei limitava-se a seu próprio feudo.

Com as mudanças no final da Idade Média, em especial o renascimento urbano e comercial, essa situação começou a se alterar. Um comércio mais forte passou a pressionar as relações de poder feudais. Em busca de mais segurança para seus negócios, os comerciantes criaram redes de alianças para lutar contra a descentralização feudal e o poder incontestável dos nobres. Cada feudo possuía suas próprias medidas, pesos, moedas, tributos e leis, o que dificultava e encarecia qualquer atividade comercial. Os comerciantes tinham a riqueza, mas não tinham poder, e estavam, portanto, nas mãos dos nobres.

Biblioteca Nacional, Paris, França

Iluminura da tradução em francês da *Cidade de Deus*, de Santo Agostinho. A obra é considerada o texto fundador da cultura política medieval, conferindo à monarquia francesa uma dimensão sagrada. Mâcon, 1450-1500, *Cité de Dieu*, (Trad. Raoul de Presles), Saint Augustin, Paris.

No capítulo anterior, vimos que os comerciantes passaram a ser reconhecidos como burgueses por serem moradores dos burgos, antigas fortalezas a partir da qual cresceram desordenadamente várias cidades.

Para o pleno desenvolvimento do comércio, a burguesia estava interessada na centralização do poder político. Ao mesmo tempo, os reis necessitavam da ajuda financeira da burguesia para limitar o poder da nobreza e da Igreja católica, formar seus exércitos e centralizar o poder. O interesse comum de controlar o poder dos nobres favoreceu a aliança entre o rei e a burguesia. Essa aliança significava a supremacia dos interesses da cidade sobre o campo. Aproveitando o apoio econômico dos burgueses, os monarcas foram gradativamente dominando a nobreza e aumentando seu poder político, e esse processo levou à formação dos Estados nacionais.

Coroamento de Felipe Augusto da França. Em 1º de novembro de 1179, em Reims, Felipe Augusto é coroado pelo arcebispo Guilherme de Champanhe, na presença de Henri Court-Mantel, do conde de Flandres, do bispo de Langres, clérigos e barões do reino. Iluminura de Jean Fouquet, *Grandes Crônicas de França*. Tours, 1455-1460.

Biblioteca Nacional, Paris, França

ATIVIDADES

1 Como era o relacionamento entre os reis e os nobres em muitos países europeus?

_____

_____

2 Explique a seguinte afirmação: "O renascimento do comércio e da vida urbana provocou o enfraquecimento da nobreza e o fortalecimento da burguesia e do poder real"?

_____

_____

_____

3 Por que a descentralização feudal criava dificuldades para o comércio?

_____

_____

4 Por que a burguesia estava interessada na centralização do poder político?

_____

_____

5 Qual era o interesse dos reis medievais em se aliar à burguesia?

_____

207

A monarquia nacional francesa

Em 987, Hugo Capeto assumiu o trono francês, dando início à Dinastia Capetíngia. Durante o governo dessa dinastia, iniciou-se o processo de luta contra o poder dos senhores feudais e o consequente fortalecimento do poder real. Nesse processo, destacaram-se os seguintes monarcas: Felipe Augusto, Luís IX e Felipe IV, o Belo.

- **Felipe Augusto ou Felipe II** (1180-1223) – é considerado o fundador da monarquia nacional francesa, pois conseguiu iniciar o processo de fortalecimento do poder real. Lutou contra o rei da Inglaterra, João Sem Terra, conseguindo retomar territórios que esse monarca possuía em território francês. Organizou o governo, formando um conselho para assessorá-lo e nomeando funcionários. Iniciou a formação de um exército nacional.

- **Luís IX** (1226-1270) – continuou o processo de centralização do poder real. Em seu governo, foi criada uma moeda nacional, aumentou o poder dos tribunais e ocorreu a emancipação de milhares de servos. Combateu na África, na Sétima e Oitava Cruzadas, quando veio a falecer. Foi canonizado pela Igreja católica.

- **Felipe IV, o Belo** (1285-1314) – com o apoio da burguesia, conseguiu a consolidação do poder real. Para obter verbas, expulsou da França os judeus e os banqueiros italianos, confiscando suas propriedades. Além disso, para lançar tributos sobre as terras da Igreja, convocou, em 1302, pela primeira vez, o Parlamento francês, que ficou conhecido como Estados Gerais. Dele participavam representantes da nobreza, do clero e da burguesia.

Nos século XIV e XV, a monarquia nacional francesa foi consolidada com a Guerra dos Cem Anos, que reduziu sensivelmente o poder político e econômico dos senhores feudais.

A monarquia nacional inglesa

No século V, tribos germanas, principalmente dos anglos e saxões, ocuparam o território inglês, onde estabeleceram reinos. No século XI, ocorreu a união dos reinos e a formação de um Estado.

Em 1066, o duque da Normandia, Guilherme, o Conquistador, invadiu e dominou a Inglaterra. A Normandia era uma região ao norte da França.

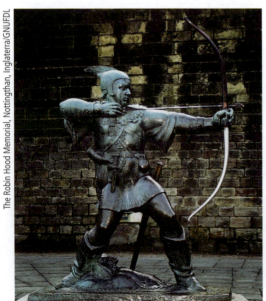

The Robin Hood Memorial, Nottingthan, Inglaterra/GNUFDL

Em 1154, Henrique II, bisneto de Guilherme, assumiu o trono inglês, dando início à dinastia Plantageneta. Reis dessa nova dinastia foram responsáveis pela formação da monarquia nacional inglesa.

- **Henrique II** (1154-1189) – para aumentar o seu poder, lutou contra a nobreza feudal, destruindo seus

Robin Hood é um herói mítico inglês, dos tempos do rei Ricardo Coração de Leão, hábil no arco e flecha, que teria vivido na floresta de Sherwood.

A sua história é conhecida há 700 anos. Uma das primeiras referências a tal personagem é o poema épico *Piers Plowman*, escrito por William Langland em 1377. Os muitos que a narraram mudaram-lhe a data ou local de nascimento, acrescentaram-lhe amigos e ornamentaram as suas paixões. Muito do que conhecemos foi pelo livro do estadunidense Howard Pyle (1853 – 1911) ou pelos filmes de Hollywood. De acordo com a investigação de Joseph Hunter, em 1852, Robin era Robert Hood e tornou-se fugitivo por ter ajudado o conde de Lancaster, que se rebelara contra a cobrança abusiva de impostos do príncipe João, que por sua vez, usurpara o trono de seu irmão, o rei Ricardo "Coração de Leão", desaparecido numa Cruzada. Robin tornou-se um herói popular por lutar contra as injustiças e a favor dos pobres. Foto de 2001.

castelos. Além disso, organizou o exército e nomeou juízes reais, que tinham autoridade sobre todas as partes do reino.

• **Ricardo Coração de Leão** (1189-1199) – não teve as mesmas oportunidades de continuar a obra de integração nacional, pois, durante a maior parte de seu reinado, lutou no Oriente, sendo um dos comandantes da Terceira Cruzada.

• **João Sem Terra** (1199-1216) – seu governo foi marcado por disputas com o rei da França, Felipe Augusto, para recuperar as terras perdidas; contra o papa Inocêncio III, por ter confiscado terras da Igreja; e contra os nobres da Inglaterra, para aumentar o seu poder. Em razão das crises políticas e dos altos impostos que estabeleceu, em 1215 foi obrigado a assinar a **Magna Carta**. Por esse documento, o monarca se comprometia a respeitar os direitos dos nobres e da Igreja, a evitar os abusos da administração e da justiça e a não estabelecer impostos sem prévio consentimento da nobreza.

• **Henrique III** (1216-1272) – pretendeu governar a Inglaterra de modo absoluto e, por isso, violou algumas disposições da Magna Carta. Essa violação gerou nova revolta por parte dos nobres que, após vencê-lo, obrigaram-no a assinar o **Estatuto de Oxford**, pelo qual o rei se comprometia a governar de acordo com o Conselho dos Barões. Durante seu reinado, houve ainda a convocação, pela primeira vez, do Parlamento inglês.

Em meados do século XIV, o Parlamento inglês foi dividido em duas Câmaras: a dos Lordes, formada por representantes da nobreza e do clero, e a dos Comuns, com representantes da burguesia.

A Guerra dos Cem Anos

A chamada Guerra dos Cem Anos, a mais longa das guerras medievais (de 1337 até 1453), foi provocada pela disputa entre a França e a Inglaterra pela região de Flandres, situada ao norte da França.

No final do período medieval, a região de Flandres possuía uma significativa indústria de tecidos de lã, sendo por isso cobiçada pela Inglaterra, que era a maior fornecedora de lã para a região, e pela França, porque Flandres era um feudo desse país.

Um problema de sucessão ao trono francês também afetou os dois países. Como os descendentes do rei Felipe, o Belo, morreram sem deixar descendentes masculinos, o rei da Inglaterra, Eduardo II, neto de Felipe IV pelo lado materno, reclamou seus direitos ao trono francês.

Os franceses não aceitaram essa situação, alegando que, pela **lei sálica,** o trono francês não poderia ser ocupado por mulheres ou pelos seus descendentes. Os nobres flamengos apoiavam a França, mas a burguesia dessa região ficou ao lado da Inglaterra. O rei inglês enviou tropas militares e dominou Flandres. Em 1337, a França declarou guerra à Inglaterra.

Os ingleses obtiveram vitórias no início. A destruição de plantações e os altos impostos tornaram a vida dos camponeses da França muito difícil. Estouraram as revoltas populares, conhecidas como *jacqueries*. Os movimentos foram dominados e os líderes, presos.

No início do século XV, na fase decisiva da guerra, apareceu a figura de Joana D'Arc (1428-1431), que se dizia enviada de Deus para libertar a França. Conseguiu reunir um exército e venceu os ingleses em Órleans. Fez coroar, em Reims, o rei Carlos VII, mas, em seguida, foi presa por nobres franceses e vendida para os ingleses. Julgada pela Inquisição, Joana D'Arc foi acusada de bruxaria e condenada à morte na fogueira.

Em 1453, o exército francês conseguiu expulsar definitivamente os ingleses do território da França.

Miniatura de Joana D'Arc, pintada entre 1450 e 1500.

A Guerra das Duas Rosas

Após o término da Guerra dos Cem Anos, a situação econômica da Inglaterra era muito difícil. A perda dos territórios na França e a paralisação do comércio com Flandres enfraqueceram ainda mais a nobreza.

Ao mesmo tempo, ocorreu uma disputa pela sucessão ao trono inglês entre as famílias Lancaster (ligada ao feudalismo), que tinha como símbolo uma rosa vermelha, e York (ligada aos interesses mercantis), cujo símbolo era uma rosa branca.

Em 1485, Henrique Tudor, descendente dos Lancaster, mas casado com uma mulher da família York, pôs fim à guerra, tornando-se rei da Inglaterra com o título de Henrique VII.

National Portrait Gallery, Londres, Inglaterra

Henrique VII (1457-1509), rei da Inglaterra de 1485 a 1509. O retrato mostra Henrique segurando a rosa vermelha da casa de Lancaster. Quadro de 1500, artista desconhecido.

As monarquias ibéricas

O processo de unificação política dos países ibéricos, Portugal e Espanha, está ligado à guerra dos cristãos contra os mouros, conhecida como Guerra de Reconquista.

A monarquia espanhola

Os muçulmanos invadiram a Península Ibérica em 711, destruindo o reino visigodo e estabelecendo-se na região. Muitos cristãos conseguiram refugiar-se no norte da península, em uma região montanhosa, e organizaram a resistência contra os invasores.

Nas terras libertadas do domínio muçulmano formaram-se reinos cristãos que, no final do século XI, eram: Leão, Castela, Aragão e Navarra. No final no século XII, os reinos cristãos já haviam ocupado mais da metade do território peninsular.

Em 1230, o rei de Castela, D. Fernando I, recebeu de herança o reino de Leão, tornando-se assim senhor de dois reinos e o monarca mais importante da península.

O Reino de Castela, a partir do século XIV, e o de Aragão, no século XV, passaram a ser governados por uma mesma dinastia: a Trastâmara. D. Fernando, o último rei dessa dinastia em Aragão, casou-se com Dona Isabel, rainha de Castela e Leão, em 1469. Dessa forma, houve a união das duas coroas sob uma mesma monarquia, formando-se o reino da Espanha. Mas ainda restava a região de Granada nas mãos dos muçulmanos.

Em 1492, Fernando de Aragão conseguiu conquistar Granada, encerrando o processo de formação da monarquia nacional espanhola.

Museu do Prado, Madri, Espanha

Após o casamento de Fernando de Aragão e Isabel de Castela (vistos no detalhe da tela *A virgem e os reis católicos*), foi possível a conquista de Granada.

A monarquia portuguesa

O rei de Leão, Afonso VI (1076-1109), em luta contra os mouros, contou com o auxílio de nobres franceses, interessados em receber concessões e benefícios. Entre esses nobres, destacou-se Henrique de Borgonha que, como recompensa, casou-se com a filha do rei, Dona Teresa, e ganhou a posse do **Condado Portucalense**, região entre os rios Minho e Douro.

O conde Henrique de Borgonha expandiu o seu domínio até o sul do Douro. Seu filho e sucessor, D. Afonso Henriques, continuou a luta pela posse de novas terras e, em 1139, declarou a independência do condado. Nascia, assim, o reino de Portugal. O reconhecimento da independência pelo reino de Leão ocorreu em 1143.

A dinastia de Borgonha governou de 1139 até 1385. Esse período caracterizou-se por uma economia ligada às atividades agrárias; pela importação e exportação de produtos agrícolas; pelos choques constantes entre o rei e a nobreza; pela extrema miséria da maioria da população, que trabalhava nas terras dos nobres. Houve a expansão do território português em direção ao sul, adquirindo a atual configuração geográfica.

Detalhe de escultura em madeira na sacristia da Capela Real, em Granada, Espanha, mostra a rendição dos mouros aos cristãos na Península Ibérica.

A atividade comercial era bastante significativa em Portugal. Graças à sua posição geográfica, esse país comercializava com o norte da Europa, incluindo o norte da Itália. O comércio era praticado pelos judeus que haviam fixado residência nas cidades reconquistadas.

Veja no mapa da esquerda a localização dos reinos cristãos de Navarra, Aragão e Leão e Castela. No sul da península, os mouros ainda dominavam um extenso território. O reino português também já se definia. O mapa da direita mostra a situação do território mouro no século XIII, já bastante reduzido, praticamente limitado à região de Granada. Portugal, nesse século, já possuía praticamente a conformação atual.

Em 1383, morreu D. Fernando, último rei da dinastia de Borgonha, sem deixar descendentes homens para ocupar o trono. Sua única filha era casada com o rei de Castela. O temor do domínio estrangeiro levou a burguesia e as camadas populares a organizarem uma revolução que colocou no poder D. João, o Mestre da ordem militar de Avis.

No governo de D. João I, a nobreza enfraqueceu-se ainda mais e a burguesia ascendeu econômica e politicamente. Foi durante o governo dessa dinastia que Portugal teve sua expansão marítima e comercial.

211

1 O texto a seguir conta um episódio ocorrido em 1385, durante a Revolução de Avis. Ele é parte da obra *Chronica de El-Rei D. João I*, de Fernão Lopes (1380/90-1460), cronista português. Leia-o com atenção.

El-Rei de Portugal tinha quatro mil peões [homens a pé]. Ao todo, seis mil e quinhentos. Os castelhanos... seis mil lanças..., dois mil ginetes [cavaleiros armados]; oito mil besteiros [arqueiros] e quinze mil de pé. Ao todo, pouco mais de trinta mil... Ao encontrarem-se nas linhas de batalha, puseram as lanças uns nos outros..., os peões e besteiros lançavam muitas pedras e virotões [grandes flechas] de uma parte à outra... Ali se acendeu uma forte e cruel peleja [luta]... E sendo a batalha cada vez maior e com muito ferido de ambos os lados, aprouve a Deus que a bandeira de Castela fosse derrubada...; e alguns castelhanos começaram a voltar atrás. Os moços portugueses que guardavam as bestas e muitos dos outros que estavam com eles começavam a dizer: – Já fogem, já fogem! – E os castelhanos... começaram cada vez a fugir mais.

FREITAS, Gustavo de. *900 textos e documentos de história*. Lisboa: Plátano Editorial, s. d. v. 1. p. 185.

a) Identifique o texto (autor, obra, data/época, tipo de texto, tema).

_____

_____

_____

_____

_____

b) Relacione o documento com o contexto histórico a que ele se refere.

_____

_____

_____

_____

c) A frase abaixo está correta? Justifique sua resposta.

De acordo com o cronista português Fernão Lopes, o desfecho da batalha foi possível graças à superioridade do exército português.

_____

_____

2 Faça um quadro-resumo das principais medidas adotadas pelos reis franceses Felipe Augusto, Luís IX e Felipe IV, o Belo, no processo de luta contra os senhores feudais e de fortalecimento do poder real.

3 Sobre a Magna Carta assinada pelo rei inglês João Sem Terra, responda:

a) Por que o rei foi obrigado a assiná-la?

_____

_____

_____

b) O que ela estabelecia?

_____

_____

_____

4 Escreva os principais fatos que levaram à formação:

a) Da monarquia nacional espanhola;

_____

_____

_____

_____

_____

b) Do reino de Portugal.

_____

_____

_____

_____

_____

_____

5 Que mudanças ocorreram no reinado de D. João I, em Portugal:

a) Com relação à nobreza?

_____

_____

_____

_____

_____

b) Com relação à burguesia?

_____

_____

_____

_____

_____

c) Com relação à expansão marítima e comercial?

_____

_____

_____

_____

_____

6 Faça um quadro-resumo sobre a Guerra dos Cem Anos, informando:

a) Os países envolvidos;
b) Os motivos da guerra;
c) As consequências da guerra.

Trabalho em grupo

7 Faça uma pesquisa, junto com seu grupo, sobre a vida de Joana D'Arc. Anotem o que acharem mais importante e escrevam um texto com as informações obtidas.

Glossário

Abside: o lugar onde fica o altar-mor (altar principal) de uma igreja.

Alabastro: rocha pouco dura e muito branca, translúcida, finamente granulada.

Aristocracia: sociedade politicamente organizada, cujo controle estatal é privativo de uma camada social privilegiada. A classe nobre, os fidalgos.

Arte rupestre: conjunto de desenhos ou pinturas feito pelo homens pré-históricos nas paredes das cavernas.

Artefato: objeto produzido pelo homem.

Audácia: ousadia, coragem.

Avaro: usurário, avarento; aquele que tem apego exagerado ao dinheiro.

Báculo: bastão com a extremidade superior arqueada.

Blasfêmia: insulto à divindade, à religião ou àquilo que é considerado sagrado.

Bordão: corda.

Canonizado: declarado santo.

Coação: ato de forçar alguém a alguma coisa; constrangimento.

Concubina: mulher que vive como esposa de um homem, sem estar legalmente casada com ele.

Dádiva: aquilo que se dá; donativo, dom, presente, oferta.

Democracia: forma de governo na qual o poder emana do povo. Na Grécia antiga, somente os cidadãos livres e do sexo masculino tinham o direito de exercê-la ou usufruí-la.

Desídia: desleixo, falta de zelo, descuido, negligência.

Dessecar: retirar a água.

Estulto: insensato, tolo.

Evangelização: ato de difundir os ensinamentos de Cristo, do Evangelho.

Faiança: louça de barro esmaltado ou vidrado.

Feudo: terra ou bem que um senhor concede ao seu vassalo, termo do qual deriva o nome feudalismo.

Forquilha: pequeno instrumento agrícola: uma haste terminada em três pontas.

Fundiário: relativo à propriedade de terra; agrário.

Gadanho: espécie de ancinho (instrumento agrícola de cabo longo com uma travessa dentada na ponta).

Galardão: recompensa, prêmio.

Gentio: pagão, selvagem.

Grade: instrumento para aplanar a terra lavrada.

Horda: tribo nômade.

Imobilismo: indiferença, desprezo ou oposição às mudanças, ao progresso, às inovações.

Iridescente: que apresenta ou reflete as cores do arco-íris.

Labor: trabalho.

Legião: denominação dos regimentos romanos.

Longevidade: expectativa de vida.

Oligarquia: governo de poucas pessoas. Predomínio de um grupo na direção dos negócios públicos.

Outorgar: consentir em; aprovar, conceder, dar.

Pagão: o que não foi batizado (no cristianismo).

Pântano: terra baixa e alagadiça.

Pictograma: desenho figurativo estilizado que funciona como signo de uma língua escrita.

Púnico: derivado da palavra latina *punicus*, cujo significado é fenício.

Relíquia: nome dado aos restos mortais de um santo ou a qualquer objeto que lhe pertenceu ou que teve contato com seu corpo.

Resignação: paciência com o sofrimento, aceitação.

Ressarcir: fornecer compensação a (alguém), indenizar.

Sacro-Império Romano-Germânico: o Sacro Império Romano-Germânico foi um conglomerado de Estados da Europa ocidental e central remanescentes de parte do Império do Ocidente dos Carolíngios, desaparecido em 924. Foi formado na Idade Média, em 962.

Saga: narrativa de aventuras (as sagas eram, originalmente, narrativas medievais de origem escandinava, que tinham como ponto de partida uma história verdadeira e como figura central um herói, mas embelezadas com episódios imaginários).

Setentrional: localizado no Norte; do Norte.

Tedioso: que causa tédio, aborrecimento, chateação.

Teocrático: relativo à teocracia, forma de governo em que a autoridade, emanada dos deuses ou de Deus, é exercida por seus representantes na Terra.

Teologia: ciência da religião, das coisas divinas.

Tirania: exercício arbitrário, despótico e cruel do poder. Governo legítimo, mas injusto e cruel. Opressão, violência. Na Grécia, usava-se esse termo para o governo usurpado, não significando opressão ou crueldade.

Tresloucada: louca, desvairada.

Ungir: aplicar óleo sagrado.

Vestal: jovem que cultuava a deusa Vesta e que tinha de se manter casta.

Indicação de leituras complementares

- **No tempo das cavernas**
  Françoise Lebrun
  São Paulo: Scipione, 1995.
  Com base no relato da vida de um menino, essa obra fornece
  informações importantes sobre os tempos pré-históricos.

- **A Pré-História**
  Teófilo Otoni Vasconcelos Torronteguy: São Paulo: FTD, 1997.
  A obra analisa a origem do homem, sua relação com a natureza e sua evolução,
  incluindo algumas informações sobre a pré-história brasileira.

- **Os povos da América**
  Ana Maria Bergamin Neves e Flávio Ricca Humberg
  São Paulo: Atual, 1997.
  O livro faz uma análise das origens do homem americano do período Paleolítico,
  abrangendo os índios norte-americanos e os brasileiros; as civilizações maia, asteca
  e inca complementam a obra.

- **Egito – terra dos faraós**
  Olavo Leonel Ferreira
  São Paulo: Moderna, 1996.
  O livro aborda a evolução política e econômica da civilização egípcia,
  sua estrutura social e produção cultural.

- **Como seria sua vida no Antigo Egito?**
  Jacqueline Morley
  São Paulo: Scipione, 1997.
  Com essa obra, o leitor é levado a vivenciar a sociedade egípcia sob todos os aspectos.

- **Trabalho e sociedade**
  Margaret Embuy
  São Paulo: Ática, 2000.
  A autora analisa a vida cotidiana nos tempos bíblicos:
  como as pessoas viviam e trabalhavam.

- **As guerras árabes-israelenses**
  Ken Hills
  São Paulo: Ática, 1992.
  O autor relata o conflito entre judeus e árabes; a luta dos palestinos pela
  recuperação dos direitos perdidos e as negociações diplomáticas entre os dois povos.

- **Explorando a Índia**
  Anita Ganeri
  São Paulo: Ática.
  A autora conta a história da Índia da Antiguidade até hoje.

- **A democracia grega**
  Martim César Feijó
  São Paulo: Ática
  Coleção O Cotidiano da História.

- **O mundo grego**
  Vitor Biasoli
  São Paulo: FTD, 1998.
  Analisa a importância da cultura grega para o desenvolvimento do mundo
  ocidental, destacando, entre outros, os conceitos de democracia e cidadania.

- **Como seria sua vida na Grécia?**
  Fiona Macdonald
  São Paulo: Scipione, 1996.
  O leitor, por meio desse livro, conhece a sociedade grega, sob todos os aspectos.

- **Visita à Roma antiga**
  Olavo Leonel Ferreira
  São Paulo: Moderna, 1997.
  Analisa a história da cidade de Roma e sua evolução política, econômica e social.

- **As conquistas romanas**
  Neil Grant
  São Paulo: Ática, 1998.
  A obra se concentra na abordagem da expansão romana e todas
  as suas implicações para a história de Roma.

- **Como seria sua vida na Roma antiga?**
  Anita Ganeri
  São Paulo: Scipione, 1997.
  Nessa obra, o leitor, com este livro, conhece a sociedade romana, sob todos os aspectos.

- **Os reinos bárbaros**

  Luciano Ramos
  São Paulo: Ática, 1998.
  Por meio do relato de um escravo celta, o leitor vai conhecer a história dos francos.

- **A Espanha muçulmana**

  Mustafa Yazbeck
  São Paulo: Ática, 1993.
  Por meio da história de dois árabes que vivem na cidade de Sevilha, no século XI, o leitor entra em contato com a expansão islâmica e com a Guerra de Reconquista.

- **A marcha do Islã**

  José Arbex Jr.
  São Paulo: Moderna
  A obra faz a análise das origens do Islã, da religião islâmica e sua expansão, chegando até o século XX.

- **Religiosidade e messianismo na Idade Média**

  José Rivair Macedo
  São Paulo: Moderna, 1996.
  A obra analisa principalmente a força da fé e da religiosidade das populações europeias, sob o poder da Igreja católica.

- **No tempo do feudalismo**

  Heloisa Steinmann e Maria José Acedo Del Olmo

  São Paulo: Ática, 1998.

  O livro conta a história de dois garotos que vivem no século XIII, na França, enfocando a vida europeia durante o feudalismo.

- **As Cruzadas**

  Ken Hills
  São Paulo: Ática, 1994.
  Uma abordagem das conquistas turcas no Oriente e o confronto com os cruzados, incluindo o desenvolvimento comercial entre o Oriente e o Ocidente.

- **O despertar da Europa**

  Marco Antônio de Oliveira Pais
  São Paulo: Atual, 1992.
  O leitor encontra nessa obra a análise de todo o processo da crise e decadência do feudalismo, com textos explicativos, documentos e textos da época.

- **Movimentos populares da Idade Média**

  José Rivair Macedo
  São Paulo: Moderna, 1996.
  O livro analisa a vida das camadas populares e suas revoltas no campo

  e na cidade, durante o feudalismo na Europa.

Saiba pesquisar na internet

"É melhor ensinar a pescar do que dar um peixe." Esse ditado vale, e muito, para a internet. Como os nomes dos sites mudam constantemente, é melhor você aprender como achar informações nessa rede mundial.

Há vários tipos de programas de busca na internet, entre eles sugerimos:

Google (**www.google.com.br**) – em português.

Busca Uol (**http://busca.uol.com.br**) – site brasileiro.

Yahoo! Cadê? (**http://cade.search.yahoo.com**) – em português.

AltaVista (**www.altavista.com**)

Para começar o trabalho, depois de abrir a página de busca, é preciso digitar um assunto e pressionar o botão Busca (para *sites* em português) ou Search (para *sites* em inglês). Ou simplesmente pressionar a tecla Enter.

Os sites de programas de busca mais tradicionais permitem fazer uma pesquisa mais refinada, eliminando ou acrescentando palavras.

Se você quer *sites* que falem sobre a Era Vargas, por exemplo, deve digitar as duas palavras usando a conjunção e: era e vargas (leia mais no quadro a seguir).

Outros sites já embutem o método em campos. Você preenche um formulário dizendo se quer sites que contenham todas as palavras digitadas ou se quer *sites* em que as palavras apareçam em uma determinada ordem. Alguns *sites* permitem que você escolha o idioma do resultado de sua pesquisa. Por exemplo, você pode solicitar informações sobre o Museu do Louvre, mas somente informações em português. Nesse caso, podem existir sites no Brasil (geralmente de universidades) para esse museu.

Uma das dúvidas que pode surgir durante o trabalho é quando o mecanismo de busca não traz nenhum resultado para sua pesquisa. Nesse caso, tente sinônimos ou palavras genéricas.

Adaptado de *Folha Informática*, out./1999.

Dicas para busca na internet

(aspas) – para definir uma frase na ordem desejada.

Exemplo: "*imperador Dom Pedro II*". Assim, evita resultados como *imperador Dom Pedro*.

(asterisco) – após digitar uma palavra, a fim de conseguir respostas que comecem com parte de uma palavra.

Exemplo: *comunis** vai trazer resultados como *comunista* e *comunismo*.

(o sinal menos) para eliminar uma palavra ou frase no resultado.

Exemplo: *revolta – chibata* vai trazer sites que contenham a palavra revolta sem o tópico *chibata*.

a letra e se o objetivo for achar as palavras em uma mesma página.

Exemplo: *revolta* dos marinheiros e revolta da *chibata* e *João Cândido*.

ou para encontrar qualquer uma das palavras digitadas.

Exemplo: *revolta dos marinheiros* **ou** *revolta da chibata* **ou** *João Cândido*.

Obs.: em alguns *sites*, em vez de usar **e/ou**, prefira **and** e **or** ("e" e "ou", em inglês).

Alguns *sites* de interesse na internet

(Acesso em: jun. 2012.)

No Brasil

Arquivo Histórico Municipal Washington Luís/SP:
www.prefeitura.sp.gov.br/cidade/secretarias/cultura/arquivo_historico

BBC Brasil: www.bbc.co.uk/portuguese/

Biblioteca Mario de Andrade: www.prefeitura.sp.gov.br/mariodeandrade

Biblioteca Nacional/RJ: www.bn.br

Centro Cultural São Paulo: www.centrocultural.sp.gov.br

Departamento do Patrimônio Histórico da Cidade de São Paulo:
www.patrimoniohistorico.sp.gov.br

Fundação Casa de Rui Barbosa: www.casaruibarbosa.gov.br

Fundação Cultural Palmares: www.palmares.gov.br

IBGE: www.ibge.gov.br

Instituto de Estudos Brasileiros/USP: www.ieb.usp.br

Instituto do Patrimônio Histórico e Artístico Nacional.: www.iphan.gov.br

Jornal *A Tarde*: www.atarde.com.br

Jornal *Correio Braziliense*: www.correioweb.com.br

Jornal do Brasil online: www.jb.com.br

Jornal *Folha de S.Paulo* online: www1.folha.uol.com.br/fsp

Jornal *O Estado de Minas*: www.estaminas.com.br

Jornal *O Estado de S. Paulo*: www.estado.com.br

Jornal *O Globo* online: www.oglobo.globo.com

Jornal *Zero Hora*: www.zh.com.br

Le Monde Diplomatique Brasil: www.diplomatique.org.br

Museu de Arqueologia e Etnologia da USP (MAE): www.mae.usp.br

Museus Castro Maya: www.museuscastromaya.com.br

Museu Histórico Nacional: www.museuhistoriconacional.com.br

Museu Imperial: www.museuimperial.gov.br

Museu do Índio: www.museudoindio.org.br

Museu Paulista (Museu do Ipiranga): www.mp.usp.br

Museu da República: www.museudarepublica.org.br

Revista *Aventuras na História*: www.historia.abril.com.br

Revista *Ciência Hoje* (Inst. Ciência Hoje – SBPC): www.cienciahoje.uol.com.br

Revista *ComCiência* (SBPC): www.comciencia.br/comciencia

Revista Eletrônica de História do Brasil: www.rehb.ufjf.br

Revista *Época*: www.revistaepoca.globo.com

Revista *Galileu*: www.revistagalileu.globo.com

Revista de História: www.revistadehistoria.com.br

Revista *História Hoje* (Ampuh): www.anpuh.org/revistahistoria/public

Revista *História Viva*: www2.uol.com.br/historiaviva

Revista *IstoÉ*: www.istoe.com.br/

Revista *Nova Escola*: http://www.revistaescola.abril.com.br/

Revista *Superinteressante* (arquivo de todas as edições):
http://super.abril.com.br/superarquivo/index_superarquivo.shtml

Revista *Veja*: http://vejaonline.abril.com.br/

Revista Virtual de História *Klepsidra*: www.klepsidra.net

No exterior

Biblioteca Britânica: www.bl.uk (em inglês)

Biblioteca do Congresso/EUA: www.lcweb.loc.gov (em inglês)

Biblioteca Nacional Central de Roma (Itália): www.bncrm.librari.beniculturali.it

Biblioteca Nacional de Espanha: www.bne.es (em espanhol)

Biblioteca Nacional/Paris-França: www.bnf.fr (em francês)

Bibliotecas Nacionais do Mundo: http://pesquisa.bn.pt/bn-mundo/ (em português)

Galeria dos Ofícios (Florença – Itália): www.florence-museum.com/br/reffizi.htm (em português)

Guia de Museus da Cultura Pré-Colombiana: www.sobresites.com/culturaprecolombiana/museus.htm (em português)

Museu Arqueológico de Atenas: www.culture.gr (opção em inglês)

Museu Britânico (Londres – Inglaterra): www.britishmuseum.org (em inglês)

Museu do Estado Russo: www.rusmuseum.ru (opção em inglês)

Museu de Israel: www.english.imjnet.org.il (em inglês)

Museu do Louvre (Paris – França): www.louvre.fr (em francês)

Museu d'Orsay (França): www.musee-orsay.fr (em francês)

Museu do Prado (Madri-Espanha): www.meuseodelprado.es (em espanhol)

Museu Egípcio (Cairo – Egito): www.egyptianmuseum.gov.eg (em inglês)

Museu Histórico Alemão: www.dhm.de/ENGLISH (em inglês)

Museu Metropolitano de Nova York: www.metmuseum.org (em inglês)

Referências bibliográficas

ANDERSON, P. *Linhagens do Estado absolutista*. Porto: Afrontamento, 1984.

_____. *Passagens da Antiguidade ao feudalismo*. Porto: Afrontamento, 1982.

AUSTIN, M. ; VIDAL-NAQUET, P. *Economia e sociedade na Grécia antiga*. Lisboa: Edições 70, 1986.

BALANDIER, Georges. *O poder em cena*. Brasília: Editora da Universidade de Brasília, 1982.

BANNIARD, Michel. *A Alta Idade Média*. Lisboa: Europa-América, s.d.

BAUMER, F. *O pensamento europeu moderno*. Lisboa: Edições 70, 1990. v. 1.

BLOCH, Marc. *A sociedade feudal*. Lisboa: Edições 70, 1982.

CARDOSO, Ciro Flamarion S. *Antiguidade e religião*. Os povos do Oriente Próximo. São Paulo: Contexto, 1990.

DUBY, G. *Guerreiros e camponeses*. Os primórdios do crescimento econômico europeu. Séc. VII-XII. Lisboa: Estampa, 1980.

_____. *A Idade Média na França*. Rio de Janeiro: Jorge Zahar, 1992.

_____. *O ano mil*. Lisboa: Edições 70, 1980.

_____. *O tempo das catedrais*. A arte e a sociedade (980-1420). Lisboa: Estampa, 1979.

_____. *São Bernardo e a arte cisterciense*. São Paulo: Martins Fontes, 1990.

ELIADE, Mircea. *Ferreiros e alquimistas*. Rio de Janeiro: Zahar, 1979.

ESPINOSA, Fernanda. *Antologia de textos históricos medievais*. Lisboa: Livraria Sá da Costa, 1976.

FINLEY, M. I. *Economia e sociedade na Grécia antiga*. São Paulo: Martins Fontes, 1989.

FLORENZANO, M. B. B. *O Mundo antigo*: economia e sociedade. São Paulo: Brasiliense, 1982.

FRANCO JÚNIOR, Hilário. *A Idade Média e o nascimento do Ocidente*. São Paulo: Brasiliense, 1999.

_____. *Peregrinos, monges e guerreiros: feudo-clericalismo e religiosidade em Castela medieval*. São Paulo: Hucitec, 1990.

FUNARI, Pedro Paulo. *A vida quotidiana na Roma antiga*. São Paulo: Annablume, 2003.

_____. *Grécia e Roma*. São Paulo: Contexto, 2002.

_____. Roma. *Vida pública e vida privada*. 3. ed. São Paulo: Atual, 1994. (História Geral em Documentos).

GINZBURG, Carlo. *Mitos, emblemas e sinais*. Rio de Janeiro: Zahar, 1990.

GIORDANI, Mário Curtis. *História da Grécia*. Antiguidade Clássica I. 3. ed. Petrópolis: Vozes, 1984.

_____. *História de Roma*. Antiguidade Clássica II. 8. ed. Petrópolis: Vozes, 1985.

GRIMBERG, Carlos. *História Universal*. Madri: Daimon, 1981.

HAVELOCK, Eric. *A equação oralidade-cultura escrita*: uma fórmula para a mente moderna. In: TORRANCE, Nancy; OLSON, David (Org.). *Cultura escrita e oralidade*. São Paulo: Ática, 1995.

HOURANI, Albert. *Uma história dos povos árabes*. São Paulo: Companhia das Letras, 1995.

HUISMAN, Denis. *Dicionário dos filósofos*. São Paulo: Martins Fontes, 2001.

KOENNING, Viviane. *Às margens do Nilo, os egípcios*. São Paulo: Augustus, 1990.

LE GOFF, Jacques; TRUONG, Nicolas. *Uma história do corpo na Idade Média*. Rio de Janeiro: Civilização Brasileira, 2006.

_____. *Em busca da Idade Média*. Rio de Janeiro: Civilização Brasileira, 2005.

_____. *O homem medieval*. Lisboa: Presença, 1989.

_____. *O imaginário medieval*. Lisboa: Estampa, 1994.

_____. *O maravilhoso e o quotidiano no ocidente medieval*. Lisboa: Edições 70, 1985.

_____. *Para um novo conceito de Idade Média*. Lisboa: Estampa, 1980.

_____. *São Francisco de Assis*. 8. ed. Rio de Janeiro: Record, 2007.

LEICK, Gwendolyn. *Mesopotâmia*. A invenção da cidade. Rio de Janeiro: Imago, 2003.

LOPEZ, Roberto. *O nascimento da Europa*. Lisboa; Rio de Janeiro: Cosmos, 1965.

LOT, Ferdinand. *O fim do mundo antigo e o princípio da Idade Média*. Lisboa: Edições 70, 1980.

MACEDO, José Rivair. *A mulher na Idade Média*. São Paulo: Contexto, 2002.

MARQUES, Adhemar; BERUTTI, Flávio; FARIA, Ricardo (Org.). *História Moderna através de textos*. São Paulo: Contexto, 1989. v. 3. (Textos e Documentos).

MOLLAT, Michel. *Os pobres na Idade Média*. Rio de Janeiro: Campus, 1989.

PEDRERO-SÁNCHEZ, Maria Guadalupe. *História da Idade Média*. Textos e testemunhas. São Paulo: Editora da Unesp, 2000.

PINSK, Jaime. *100 textos de História Antiga*. São Paulo: Contexto, 2005.

_____. *As primeiras civilizações*. São Paulo: Atual, 1994.

PIRENNE, H. *Maomé e Carlos Magno. Lisboa:* Dom Quixote, s.d.

QUESNEL, Alain. *O Egito, mitos e lendas.* São Paulo: Ática, 1998.

REDE, Marcelo. *A Mesopotâmia*. São Paulo: Saraiva, 1997.

VAUCHEZ, André. *A espiritualidade na Idade Média Ocidental (séculos VIII a XIII)*. Rio de Janeiro: Jorge Zahar, 1995.